최고의 적중률로 합격을 보장하는

국제인증
자격증 **MOS**
**파워포인트
2013 CORE**

MOS Microsoft PowerPoint 2013 CORE

| 김종철 지음 |

www.cyber.co.kr

■ **도서 A/S 안내**

성안당에서 발행하는 모든 도서는 저자와 출판사, 그리고 독자가 함께 만들어 나갑니다.

좋은 책을 펴내기 위해 많은 노력을 기울이고 있습니다. 혹시라도 내용상의 오류나 오탈자 등이 발견되면 "좋은 책은 나라의 보배"로서 우리 모두가 함께 만들어 간다는 마음으로 연락주시기 바랍니다. 수정 보완하여 더 나은 책이 되도록 최선을 다하겠습니다.

성안당은 늘 독자 여러분들의 소중한 의견을 기다리고 있습니다. 좋은 의견을 보내주시는 분께는 성안당 쇼핑몰의 포인트(3,000포인트)를 적립해 드립니다.

잘못 만들어진 책이나 부록 등이 파손된 경우에는 교환해 드립니다.

저자 문의 e-mail : kjc006@nate.com(김종철)
본서 기획자 e-mail : coh@cyber.co.kr(최옥현)
홈페이지 : http://www.cyber.co.kr   전화 : 031) 950-6300

머리말

MOS(Microsoft Office Specialist)는 컴퓨터 활용 능력을 신뢰성 있게 평가하는 국제 IT자격증입니다. 현재 170여 개국, 9,500여 개 시험센터에서 시행되는 국제 자격증은 세계 어디서나 인정받을 수 있습니다. 국내에서는 기업 및 대학에서 신입사원 선발, 인사고과, 학점인증, 졸업인증 등 다양한 분야에서 활용되고 있습니다.

필자는 MOS 2013이 도입되면서 가장 많이 받는 질문과 시험을 대비하면서 어려웠던 점을 체계적으로 정리하여 고득점으로 합격할 수 있도록 준비하였습니다. 필자를 믿고 하나하나 따라하다 보면 반드시 합격의 기쁨을 만끽하실 수 있을 것입니다.

■ 초보자도 쉽게 따라하고 이해하기 쉬운 문제 위주의 해설

불필요한 설명을 쏙 뺀 전 과정을 문제 풀이 위주로 집필하였습니다. 문제들은 MOS Test에서 자주 출제되는 문제로 실제 응시장에서 당황하지 않도록 작성되었습니다. MOS에서 공식으로 제시한 평가 항목을 문제 형식으로 바꾼 것으로 어느 문제 하나 버릴 것 없는 귀중한 문제만을 담았습니다.

■ 자격증 취득만이 아닌 MS Office의 고급 기능 습득!

필자는 자격증 취득만을 위해서 집필하지 않았습니다. 자격증 취득은 물론 MS Office의 숨어있는, 하지만 업무에서는 알아두면 너무 좋은 기능들을 '멘토의 한 수' 등을 이용해 설명하였습니다. 파워포인트의 고급 기능 습득, 고득점으로 자격증 획득은 필자가 교육 시 가장 우선으로 하는 교육목표입니다. 두 마리 토끼를 모두 잡으세요.

■ 한 번에 합격할 수 있는 노하우 제시

MOS는 응시료가 고가입니다. 또한 아깝게 1점 차이로 불합격이 되면 그 아쉬움은 표현하기조차 큽니다. 재시험을 보아도 되지만 시간낭비, 응시료낭비… 더구나 어떤 항목이 틀린 것인지를 명확히 몰라 다시 본다고 합격을 보장하지도 못합니다. 이제 아쉽게 떨어지는 일은 결코 일어나지 않기를 바랍니다.

■ 해설과 정답이 포함된 최신 경향의 기출유형 모의고사 3Set 풀이 수록

MOS는 100% 실기시험입니다. Test의 가장 큰 특징 중 하나는 문제의 말뜻이 이해하기 어렵다는 것입니다. 즉, 이런 방법으로? 저런 방법으로? 어떻게 풀어야 하는 건지… 이제 이런 고민은 다 버리시기 바랍니다. 최신 유행의 문제를 3Set 수록하여, 친절한 해설과 정답으로 고득점을 받을 수 있습니다.

■ 온라인 강좌로 완벽하게 준비를

도서와 동일한 순서대로 완벽한 온라인 강의를 준비하였습니다. 교재 내용은 물론 시험 볼 때 주의사항과 보충 설명 등을 충분히 담았습니다. 교재 내용만으로 이해하기 어려운 부분이 있다면 사이버 강좌(http://bm.cyber.co.kr)로 완벽하게 준비해 보세요.

MOS 도서가 출간되도록 지체없이 허락하고 공부하기 편하도록 편집해 주신 ㈜성안당 관계자들께 깊은 감사의 마음을 전합니다.

끝으로 이 책으로 공부하시는 모든 분들에게 고득점으로 합격의 행운이 있으시기를 기원합니다.

2017년 3월 김종철

MOS 자격증 시험안내

1. MOS(Microsoft Office Specialist)

❶ Microsoft 사 제품인 Microsoft Office 소프트웨어의 활용 능력을 측정합니다.

MOS(Microsoft Office Specialist)는 Microsoft Office에 들어 있는 Word, Excel, Powerpoint, Access, Outlook) 등의 활용 능력을 정확하고 신뢰성 있게 측정합니다.

❷ Microsoft 사가 인증하는 국제 IT자격증입니다.

MOS는 Microsoft 사가 인증하는 만큼 그 공신력과 정확성을 인정받을 수 있으며, 현재 미국, 프랑스, 영국, 독일, 홍콩 등 170여 개국 9,500여 개 시험 센터에서 그 나라 언어로 시행되는 국제 IT자격증입니다. 한국에서는 한국어로 시행됩니다.

❸ 100% 컴퓨터상에서 진행됩니다.

MOS는 시작부터 종료까지 100% 컴퓨터상에서 진행되는 CBT(Computer Based Test)로, 평가 방식이 정확함은 물론 시험 종료 시 즉시 시험 결과를 확인할 수 있습니다.

❹ 100% 실기시험입니다.

MOS는 컴퓨터의 실제 활용 능력을 측정하는 것이 그 목적입니다. 따라서 이론 문제나 객관식 유형이 없이 모든 문제는 실제 프로그램상에서 직접 조작하여 답을 얻는 100% 실기시험입니다.

2. MOS 자격증 합격기준

합격 점수는 1,000점 만점에 700점 이상입니다. 시험 응시 시간은 50분입니다.

3. MOS 성적표

MOS 성적표에는 취득 점수와 합격 여부는 물론 기능별로 0~100%의 성취도를 확인할 수 있어, 취약 부분을 분석할 수 있습니다(합격 후 2~3주 후 우편으로 배송).

4. MOS 2013 주요 시험환경

MOS 2013은 이전 버전과는 다른 시험 환경을 제공합니다. 가장 중요한 버튼은 〈프로젝트 파일 초기화〉입니다. 이 버튼을 누르면 작업하고 있는 내용이 모두 사라지면서 초기 상태로 되돌리기 때문에 주의해야 합니다. 따라서 작업 초기 부득이한 경우가 아니면 누르지 않는 것이 좋습니다. 또한 최종 결과 파일을 가지고 평가하기 때문에 응시 도중 수시로 저장하는 것이 좋습니다.

5. MOS 2013 마스터 취득 방법

구분	필수 취득	선택 취득(택1)
Master A안(Excel 주)	• Excel 2013 Expert Part1 • Excel 2013 Expert Part2 • Word 2013 Core	• PowerPoint 2013 Core • Access 2013 Core • Outlook 2013 Core • OneNote 2013 Core
Master B안(Word 주)	• Word 2013 Expert Part1 • Word 2013 Expert Part2 • Excel 2013 Core	• PowerPoint 2013 Core • Access 2013 Core • Outlook 2013 Core • OneNote 2013 Core
Master C안	• Word 2013 Expert Part1 • Word 2013 Expert Part2 • Excel 2013 Expert Part1 • Excel 2013 Expert Part2	

6. MOS 평가항목(Powerpoint 2013 Core)

항목	내용
프레젠테이션 만들기 및 관리	프레젠테이션 만들기, 슬라이드 마스터를 사용한 프레젠테이션 서식 지정, 프레젠테이션 옵션 및 보기 사용자 지정, 프레젠테이션 인쇄 및 저장 구성 슬라이드 쇼 구성 및 표시
슬라이드 삽입 및 서식 지정	슬라이드 삽입 및 서식 지정, 도형 삽입 및 서식 지정, 도형과 슬라이드 정렬 및 그룹화
슬라이드 내용 만들기	텍스트 삽입 및 서식 지정, 표 삽입 및 서식 지정, 차트 삽입 및 서식 지정, SmartArt 삽입 및 서식 지정, 이미지 삽입 및 서식 지정, 미디어 삽입 및 서식 지정
전환 및 애니메이션 적용	슬라이드 간 전환 적용, 슬라이드 내용에 애니메이션 효과 주기, 전환 및 애니메이션 타이밍 설정
여러 프레젠테이션 관리	여러 프레젠테이션 내용 병합, 변경 내용 추적 및 차이 확인, 프레젠테이션 보호 및 공유

MOS Q&A

Q 시험 결과는 언제 확인 할 수 있나요?

A. 시험 종료 후 화면에서 바로 결과를 확인할 수 있습니다.

Q 불합격하는 가장 큰 원인은 무엇인가요?

A. 여러 가지 원인이 있을 수 있지만 시간이 부족해서 떨어지는 경우가 아주 많습니다. 50분 중 35분 이내에 끝내는 경우에는 그렇지 못한 경우보다 합격률이 상당히 높습니다.

Q 예제 문제는 응시생이 직업 불러와야 하나요?

A. 아닙니다. 작업을 시작하면 예제는 자동으로 불러옵니다. 따라서 특별히 불러오는 문제를 제외하고 모든 예제는 자동으로 보여집니다.

Q 채점은 누가 하나요?

A. MOS는 채점을 컴퓨터가 자동으로 합니다. 따라서 결과도 시험 종료 후 바로 알 수 있습니다.

Q 시험 문제는 프린트물을 배포하나요?

A. 아닙니다. 문제는 컴퓨터 화면 아래에 나타납니다. 따라서 화면을 보면서 작업을 해야 합니다.

Q 국제자격증은 일정한 기간이 지나면 자격증을 갱신해야 하는데, MOS도 그런가요?

A. MOS는 자격증을 갱신할 필요가 없습니다.

Q MASTER를 취득해야 자격증이 나오나요?

A. MOS는 한 과목만 합격해도 자격증이 배부됩니다. MASTER 과목(4개)을 취득하면 별도로 MASTER 자격증이 배부되지만 각 과목별로도 자격증 취득이 가능합니다.

Q 시험 난이도는 버전별로 많이 다른가요?

A. 현재 시행중인 MOS는 각 버전별로 다루는 분야가 조금씩 다릅니다. 따라서 어떤 버전이 특별히 쉽거나 어렵지는 않습니다. 다만, 각 버전에서 특별히 다루는 분야가 있기 때문에 취득하려는 버전을 정한 후 해당 버전에 맞게 공부하는 것이 좋습니다.

자료 다운로드

Microsoft Office Specialist

1. 본 도서의 자료 파일을 다운로드하기 위해서는 우선 성안당 사이트(http://www.cyber.co.kr)에 로그인 한 후 [자료실]을 클릭합니다.

2. [자료실 바로가기]를 클릭합니다.

- [정오표] : 도서의 틀린 내용을 다운로드 받을 수 있습니다.
- [부록CD] : 도서에 수록된 CD/DVD가 파손될 경우를 대비해서 같은 자료를 다운로드 받을 수 있습니다.
- [자료실] : 도서와 관련된 학습자료를 다운로드 받을 수 있습니다.

3. 검색란에서 "MOS"을 입력하고 [검색] 버튼을 누른 후 다운로드 받을 도서명을 클릭합니다.

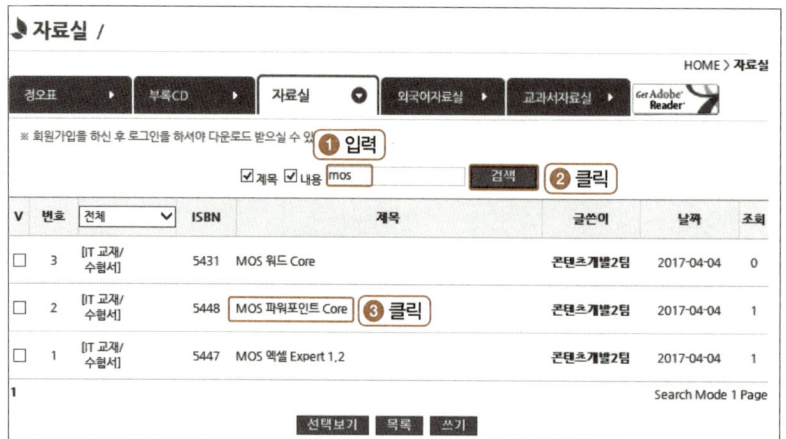

4. [자료 다운로드 바로가기] 버튼을 클릭하여 자료를 다운로드 합니다. 로그인을 하지 않으면 해당 버튼이 보이지 않습니다.

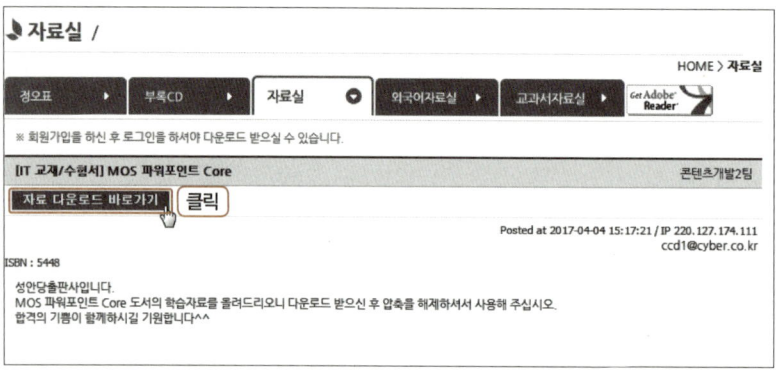

5. 다운로드 받은 압축파일을 해제한 후 실행파일을 더블클릭하면 C드라이브에 자동 설치됩니다.

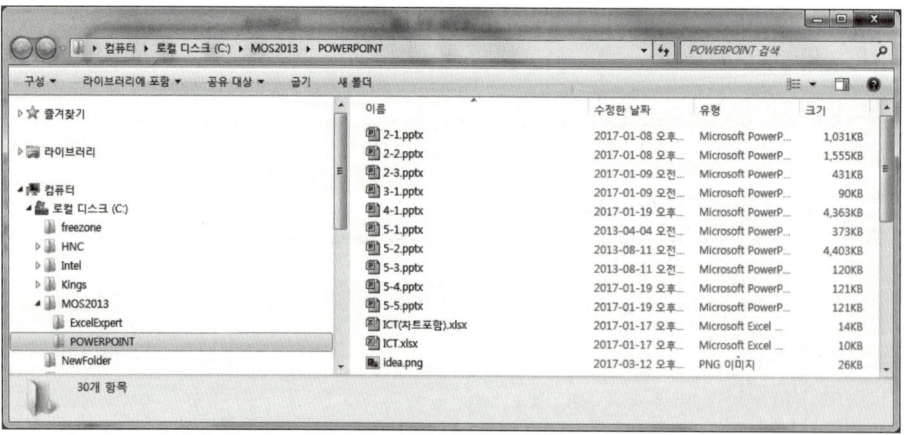

목차

Microsoft Office Specialist

PART 1 프레젠테이션 만들기 및 관리

Chapter 01. 프레젠테이션 만들기
- **1-1**_새 프레젠테이션 만들기 ··· 14
- **1-2**_온라인 서식 파일을 이용한 새 프레젠테이션 만들기 ············ 17
- **1-3**_Word 문서를 이용한 슬라이드 추가하기 ··························· 18

Chapter 02. 슬라이드 마스터를 사용한 프레젠테이션 서식 지정
- **2-1**_슬라이드 마스터에서 테마 설정하기 ······························· 21
- **2-2**_슬라이드 마스터의 기본 글꼴 모두 변경하기 ···················· 23
- **2-3**_모든 슬라이드에 그림 삽입하기 ····································· 25
- **2-4**_슬라이드 번호 삽입하기 ··· 28
- **2-5**_새로운 레이아웃 추가하기 ·· 29

Chapter 03. 프레젠테이션 옵션 및 보기 사용자 지정
- **3-1**_슬라이드 크기 변경하기 ··· 32
- **3-2**_컬러/회색조로 변경하기 ··· 33
- **3-3**_슬라이드 보기 화면 전환하기 ·· 34
- **3-4**_프레젠테이션 속성 변경하기 ··· 38

Chapter 04. 프레젠테이션 인쇄 및 저장 구성
- **4-1**_인쇄 옵션 설정하기 ··· 40
- **4-2**_이전 버전으로 프레젠테이션 저장하기 ··························· 42
- **4-3**_CD용 패키지로 저장하기 ·· 44
- **4-4**_OneDrive에 저장하기 ·· 47

Chapter 05. 슬라이드 쇼 구성 및 표시
- **5-1**_슬라이드 쇼 보기 ·· 50
- **5-2**_쇼 재구성 ··· 53
- **5-3**_쇼 설정 ·· 56
- **5-4**_예행 연습 ··· 57

PART 2 슬라이드 삽입 및 서식 지정

Chapter 01. 슬라이드 삽입 및 서식 지정
- 1-1_새로운 슬라이드를 추가한 후 레이아웃 설정하기 ··············· 60
- 1-2_슬라이드 복제 ··············· 62
- 1-3_슬라이드 숨기기 ··············· 62
- 1-4_슬라이드 배경 ··············· 64

Chapter 02. 도형 삽입 및 서식 지정
- 2-1_도형 삽입하기 ··············· 66
- 2-2_도형 복사하기 ··············· 70
- 2-3_도형 병합하기 ··············· 70
- 2-4_순서 변경하기 ··············· 74
- 2-5_도형 서식 변경하기 ··············· 74

Chapter 03. 도형과 슬라이드 정렬 및 그룹화
- 3-1_구역 ··············· 76
- 3-2_슬라이드 순서 ··············· 78
- 3-3_눈금 표시하기 ··············· 80
- 3-4_정렬 ··············· 81
- 3-5_그룹으로 묶고 해제하기 ··············· 83

PART 3 슬라이드 내용 만들기

Chapter 01. 텍스트 삽입 및 서식 지정
- 1-1_가로/세로 텍스트 상자 삽입하기 ··············· 86
- 1-2_텍스트 서식 지정하기 ··············· 87
- 1-3_WordArt ··············· 89
- 1-4_다단 ··············· 90
- 1-5_하이퍼링크 ··············· 91
- 1-6_글머리 기호 및 번호 매기기 ··············· 93

Chapter 02. 표 삽입 및 서식 지정

2-1_표 삽입 ··· 96

2-2_표 편집 ··· 97

2-3_표 서식 ··· 99

2-4_표 가져오기 ··· 100

Chapter 03. 차트 삽입 및 서식 지정

3-1_차트 삽입 ··· 101

3-2_차트 편집 ··· 103

3-3_차트 서식 ··· 104

3-4_차트 가져오기 ··· 106

Chapter 04. SmartArt 삽입 및 서식 지정

4-1_SmartArt 삽입 ··· 107

4-2_SmartArt 변환 ··· 108

4-3_SmartArt 서식 ··· 109

4-4_SmartArt 편집 ··· 110

Chapter 05. 그림 삽입 및 서식 지정

5-1_그림 삽입 ··· 112

5-2_그림 편집 ··· 114

5-3_그림 서식 ··· 116

Chapter 06. 미디어 삽입 및 서식 지정

6-1_미디어 삽입 ··· 118

6-2_미디어 옵션 ··· 120

PART 4 전환 및 애니메이션 적용

Chapter 01. 슬라이드 간 전환 적용

1-1_화면 전환 ··· 124

1-2_화면 전환 옵션 ··· 126

Chapter 02. 슬라이드 내용에 애니메이션 효과주기
  2-1_애니메이션 적용하기·· 127
  2-2_애니메이션 편집하기·· 128
  2-3_추가 이동 경로를 이용해 애니메이션 효과 지정하기 ········· 129

Chapter 03. 전환 및 애니메이션 타이밍 설정
  3-1_전환 효과 타이밍 설정··· 131
  3-2_애니메이션 효과 타이밍 설정······································ 132
  3-3_애니메이션 효과 타이밍 설정······································ 134

PART 5   여러 프레젠테이션 관리

Chapter 01. 여러 프레젠테이션 내용 병합
  1-1_창 정렬·· 136
  1-2_다른 슬라이드 사용하기··· 138

Chapter 02. 변경 내용 추적 및 차이 확인
  2-1_프레젠테이션 비교하기·· 141
  2-2_변경 내용 추적하기·· 142
  2-3_메모··· 144

Chapter 03. 프레젠테이션 보호 및 공유
  3-1_프레젠테이션 교정하기·· 145
  3-2_프레젠테이션 검사하기·· 147
  3-3_프레젠테이션 배포하기·· 148
  3-4_프레젠테이션 암호 설정하기·· 150

PART 6   기출유형 모의고사

기출유형 모의고사 01회·· 152
기출유형 모의고사 02회·· 167
기출유형 모의고사 03회·· 182

Microsoft Office Specialist

PART 1

프레젠테이션 만들기 및 관리

> **학습목표**
>
> 새로운 프레젠테이션 만들기, 슬라이드 마스터를 이용하여 슬라이드를 한꺼번에 꾸미기, 프레젠테이션 옵션 수정하기, 인쇄에 관한 다양한 옵션 변경하기, 슬라이드 쇼를 구성하는 방법 등에 대해 알아봅니다.

Chapter 01. 프레젠테이션 만들기

Chapter 02. 슬라이드 마스터를 사용한 프레젠테이션 서식 지정

Chapter 03. 프레젠테이션 옵션 및 보기 사용자 지정

Chapter 04. 프레젠테이션 인쇄 및 저장 구성

Chapter 05. 슬라이드 쇼 구성 및 표시

Chapter 01 프레젠테이션 만들기

1-1 새 프레젠테이션 만들기

파워포인트를 실행한 후 빈 화면의 슬라이드를 만드는 것으로 서식 파일이나 마법사를 이용하지 않는, 기본 디자인에 원하는 배경과 색상을 조합해서 나만의 프레젠테이션을 만들 때 사용합니다. 독특한 디자인을 꾸밀 때는 [디자인] 탭을 이용해서 변경할 수 있습니다.

✤ 다음과 같이 빈 화면의 새로운 프레젠테이션을 만든 후 저장하시오.

제목	부제목	파일 이름	저장 위치
사업계획서	모자이크아이씨티	사업계획서	내 문서

❶ [파일] 탭을 클릭합니다.

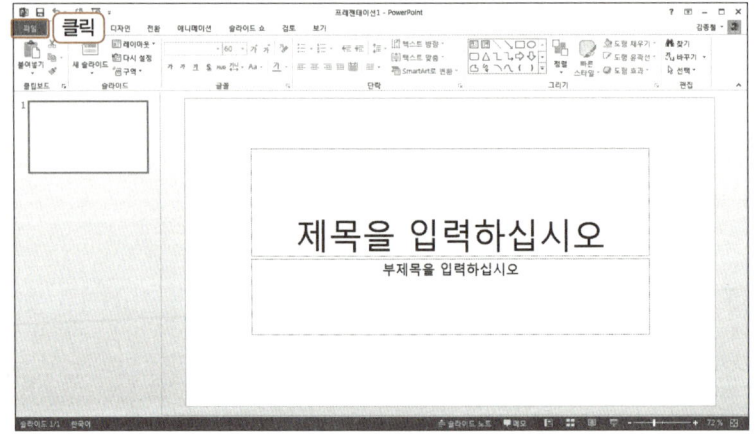

❷ [새로 만들기]를 클릭합니다.

❸ '새 프레젠테이션'을 클릭합니다.

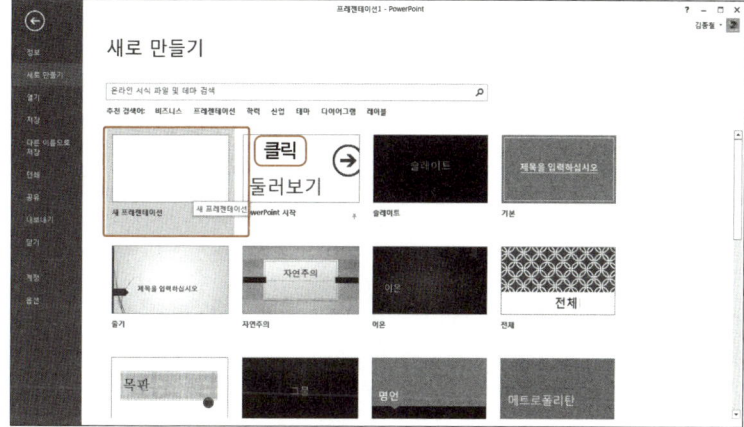

멘토의 한 수
단축키 Ctrl + N 을 누르면 비어 있는 새 프레젠테이션을 바로 만들 수 있습니다.

❹ 제목(사업계획서)과 부제목(모자이크아이씨티)을 입력합니다.

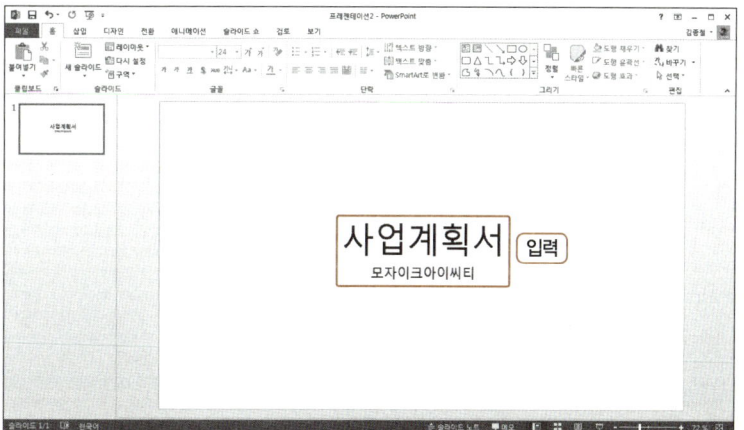

멘토의 한 수
MOS는 주어진 문제에 대한 결과를 보고 채점하기 때문에 제목/부제목을 입력할 때 오타에 주의해야 합니다.

Chapter 01 프레젠테이션 만들기 | 15

❺ 빠른 실행 도구 모음에 있는 [저장(🖫)] 명령 단추를 클릭합니다.

> **멘토의 한 수**
> [파일] 탭을 클릭한 후 [저장]을 클릭해도 되고, 단축키 Ctrl + S 나 F12 를 눌러도 됩니다.

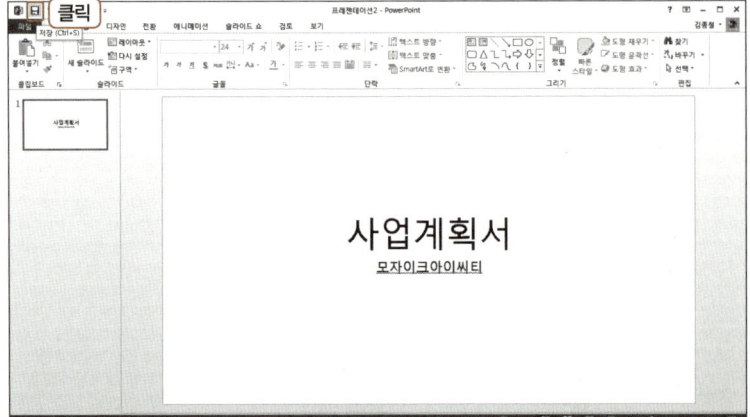

❻ [컴퓨터]-[내 문서]를 클릭합니다.

> **멘토의 한 수**
> '찾아보기'를 클릭한 후 지정해도 됩니다.

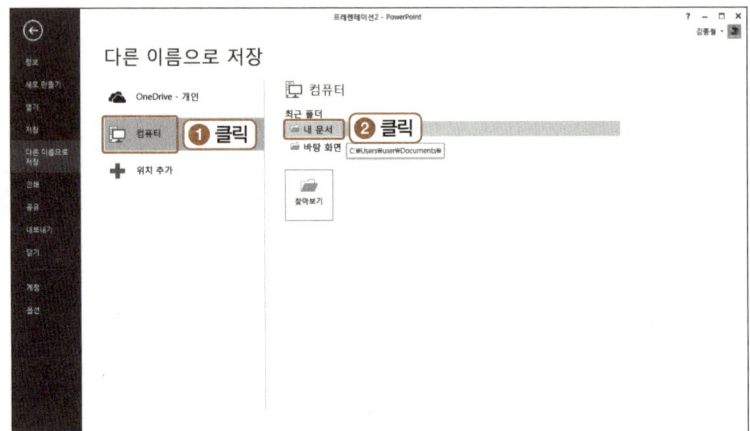

❼ '파일 이름 : 사업계획서'를 입력한 후 〈저장〉을 클릭합니다.

> **멘토의 한 수**
> MOS에서는 지정된 경로가 아닌 다른 곳에 저장하면 감점되기 때문에 주의해야 합니다.

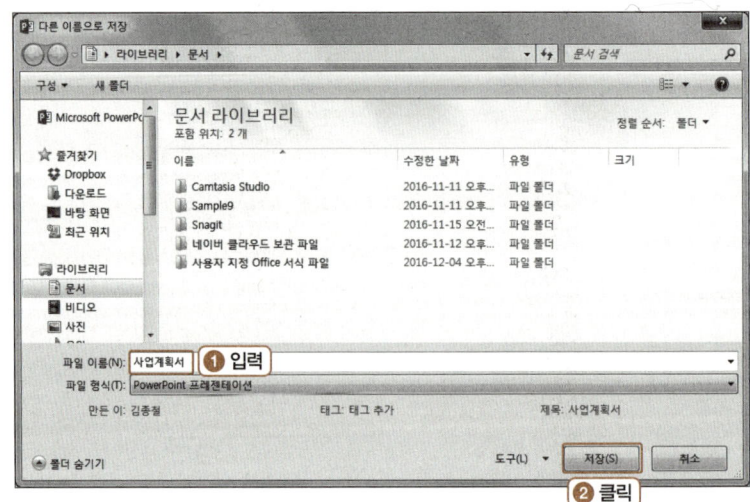

1-2 온라인 서식 파일을 이용한 새 프레젠테이션 만들기

'서식 파일'을 이용하면 파워포인트를 많이 사용하지 않은 사용자도 자동으로 쉽게 프레젠테이션을 만들 수 있습니다. 각 주제별로 원하는 항목을 선택하면 빠르고 간편하게 슬라이드를 만들기 때문에 초보자에게 적합한 방법입니다. 특히, 파워포인트는 온라인으로 서식 파일을 다운로드 받은 후 사용할 수 있는 방법을 제공합니다.

✦ '이온' 디자인 서식 파일을 이용하여 새로운 프레젠테이션을 만드시오(색상은 2행 2열에 위치한 것으로 할 것).

❶ [파일] 탭을 클릭한 후 [새로 만들기]를 클릭합니다.

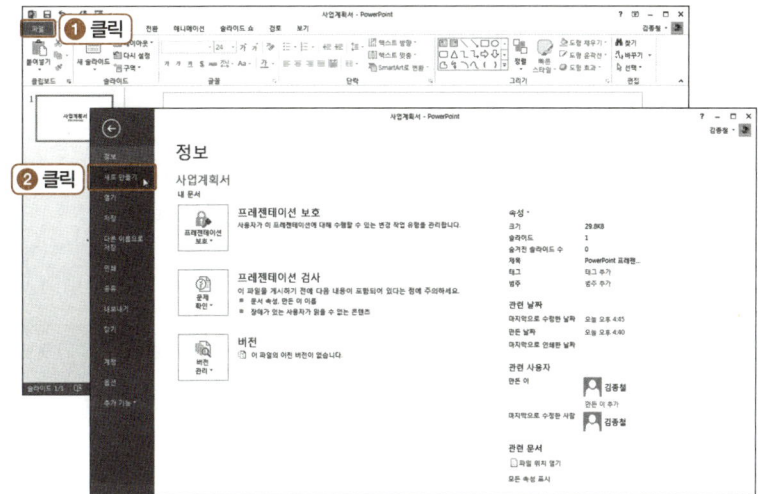

❷ '이온' 서식 파일을 클릭합니다.

> **멘토의 한 수**
>
> '온라인 서식 파일 및 테마 검색'에서 만들려고 하는 프레젠테이션의 주제를 입력한 후 Enter 를 누르면 서식 파일을 다운로드 할 수 있습니다.

❸ 2행 2열에 위치한 색상을 선택한 후 〈만들기〉를 클릭합니다.

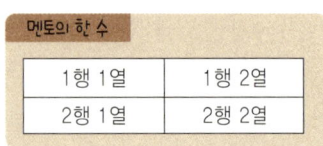

멘토의 한 수	
1행 1열	1행 2열
2행 1열	2행 2열

❹ 온라인 서식 파일을 이용한 슬라이드가 나타납니다.

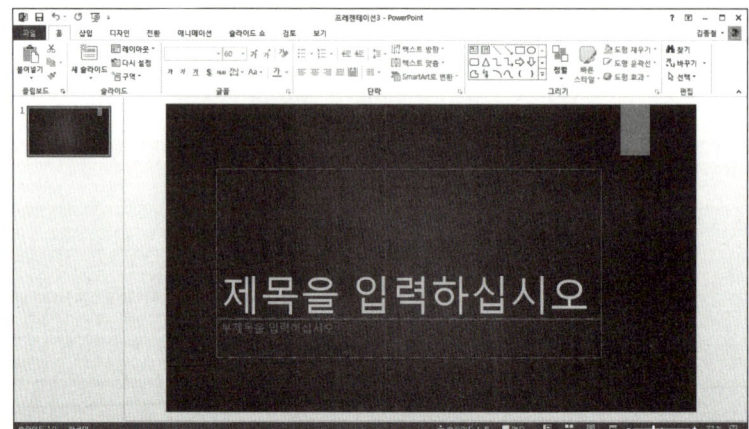

멘토의 한 수
- MOS에서는 색상을 지정할 때 스크린 팁이 나타나지 않을 경우 기본값이나 위치(행/열)를 알려주면서 문제가 출제됩니다.
- 문제에서 저장을 하라는 지시가 있으면 앞의 문제와 동일한 방법으로 저장하면 됩니다.

1-3 Word 문서를 이용한 슬라이드 추가하기

파워포인트에서는 프레젠테이션 파일뿐만 아니라 MS워드 문서 형식으로 된 파일도 가져 올 수 있습니다. 또한 MS워드 문서에 목록 수준이 설정되어 있으면, 파워포인트 형식에 맞게 가져올 수 있어 편리하게 프레젠테이션을 만들 수 있습니다.

✤ 'C:\MOS2013\POWERPOINT\전략계획서.docx' Word 문서를 이용하여 슬라이드를 추가하시오.

❶ [홈] 탭-[슬라이드] 그룹-[새 슬라이드] 명령 단추의 목록 (▼) 단추를 클릭한 후 '슬라이드 개요'를 선택합니다.

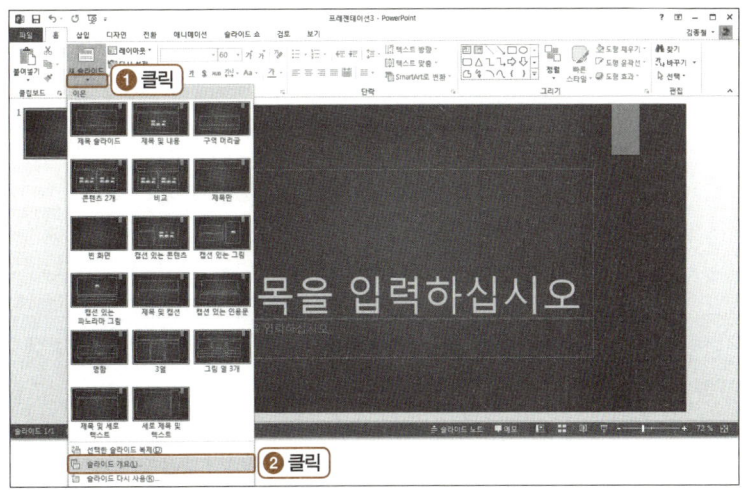

❷ 'C:\MOS2013\POWERPOINT\전략계획서.docx'를 선택한 후 〈삽입〉을 클릭합니다.

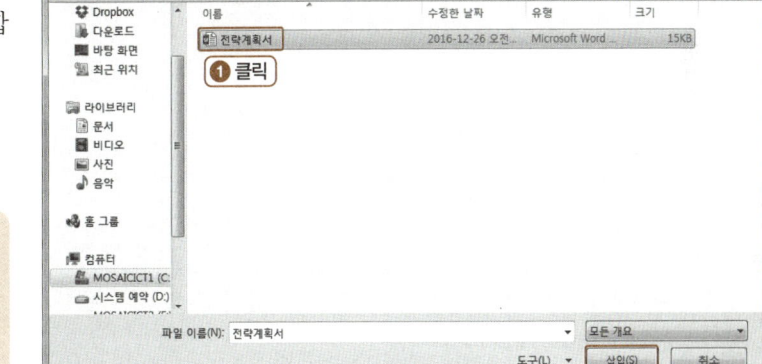

> **멘토의 한 수**
> • '개요' 파일은 *.doctx, *.rtf, *.txt 등이 있습니다.
> • 파일 확장자 '.docx'는 컴퓨터에 따라 나타나지 않을 수도 있습니다.

❸ 슬라이드가 추가되면서 만들어집니다.

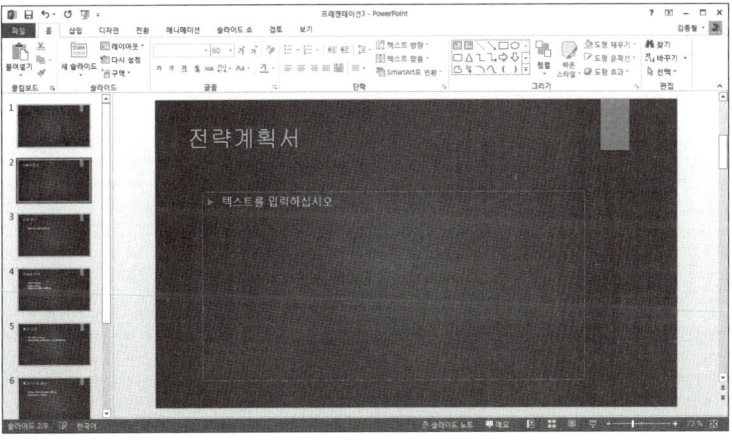

- '슬라이드 개요' 파일을 불러와서 슬라이드를 추가할 때는 현재 선택되어 있는 슬라이드 뒤에 배치됩니다.
- '워드' 파일을 가져올 때는 제목 스타일에 따른 수준을 조정하면 됩니다. 즉 제목1, 제목2, 제목3 스타일에 따라 제목과 본문의 수준이 결정됩니다.
- '텍스트' 파일을 불러와서 슬라이드를 추가할 때도 동일한 방법으로 진행합니다.
- '텍스트' 파일을 가져올 때는 Tab을 이용하여 수준을 조정하면 됩니다. 즉, 첫 번째 단락은 제목으로 변환되고, 본문 영역은 Tab을 눌러 설정합니다.

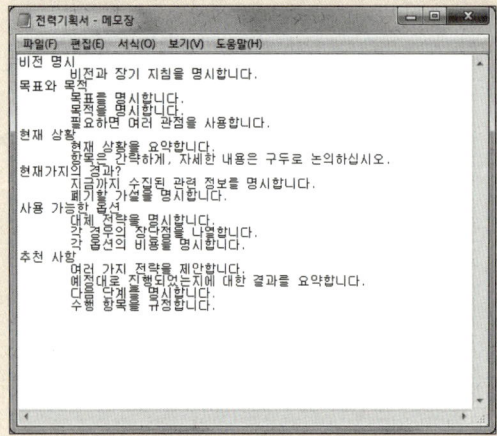

- [파일] 탭-[열기]를 클릭한 후 WORD 문서, 텍스트 파일을 불러와도 프레젠테이션을 만들 수 있습니다. 단, [열기] 대화 상자에서 '파일 형식'을 '모든 파일'로 변경해야 합니다. '열기'를 이용하여 불러올 경우는 기존 프레젠테이션의 슬라이드로 추가되는 것이 아니라 새로운 프레젠테이션이 만들어지면서 추가됩니다.

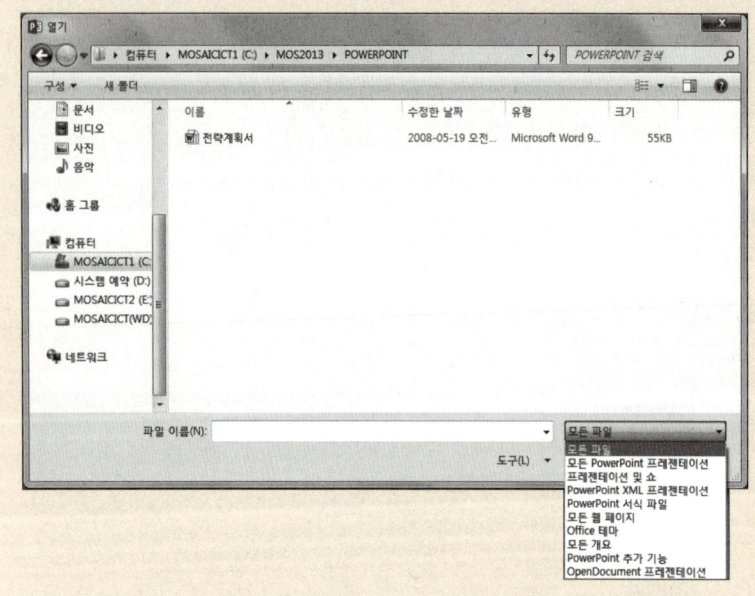

Chapter 02 슬라이드 마스터를 사용한 프레젠테이션 서식 지정

2-1 슬라이드 마스터에서 테마 설정하기

슬라이드 마스터를 이용하여 테마를 변경하면 동일한 레이아웃을 가진 슬라이드가 모두 같은 디자인으로 변경됩니다. 많은 수의 슬라이드 디자인을 일일이 변경할 경우 마스터를 이용하면 편리합니다.

✦ 슬라이드 마스터를 이용하여 프레젠테이션에 '깊이' 테마를 설정한 후 기본 보기로 전환하시오.

❶ [보기] 탭-[마스터 보기] 그룹-[슬라이드 마스터] 명령 단추를 클릭합니다.

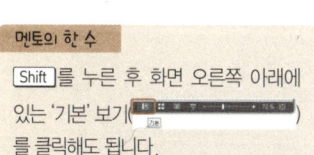

멘토의 한 수

Shift 를 누른 후 화면 오른쪽 아래에 있는 '기본' 보기( )를 클릭해도 됩니다.

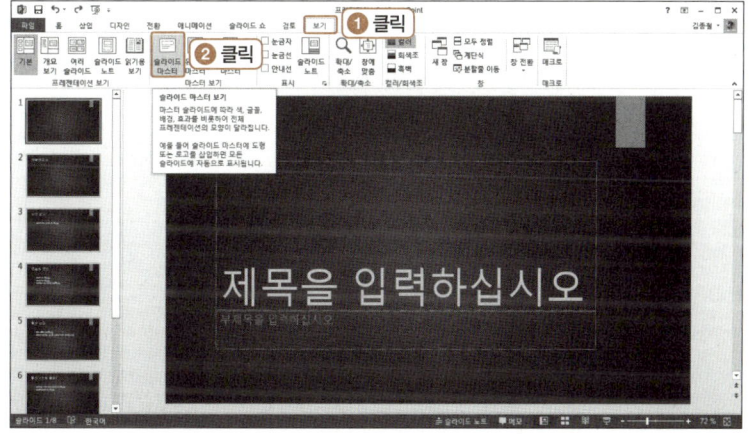

❷ 슬라이드 마스터 화면으로 전환되면 [슬라이드 마스터] 탭-[테마 편집] 그룹-[테마] 명령 단추를 클릭합니다. 그런 다음 테마 목록이 나타나면 '깊이' 테마를 선택합니다.

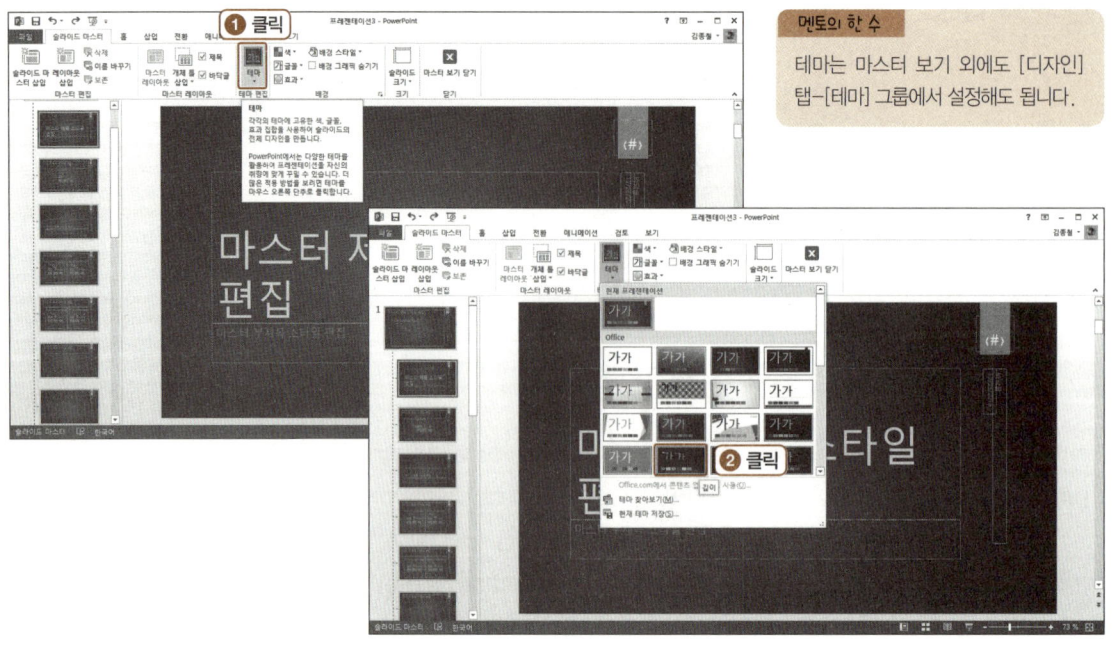

> **멘토의 한 수**
>
> 테마는 마스터 보기 외에도 [디자인] 탭-[테마] 그룹에서 설정해도 됩니다.

> **멘토의 한 수**
>
> 테마는 색, 글꼴, 효과도 원하는 디자인으로 변경할 수 있습니다.

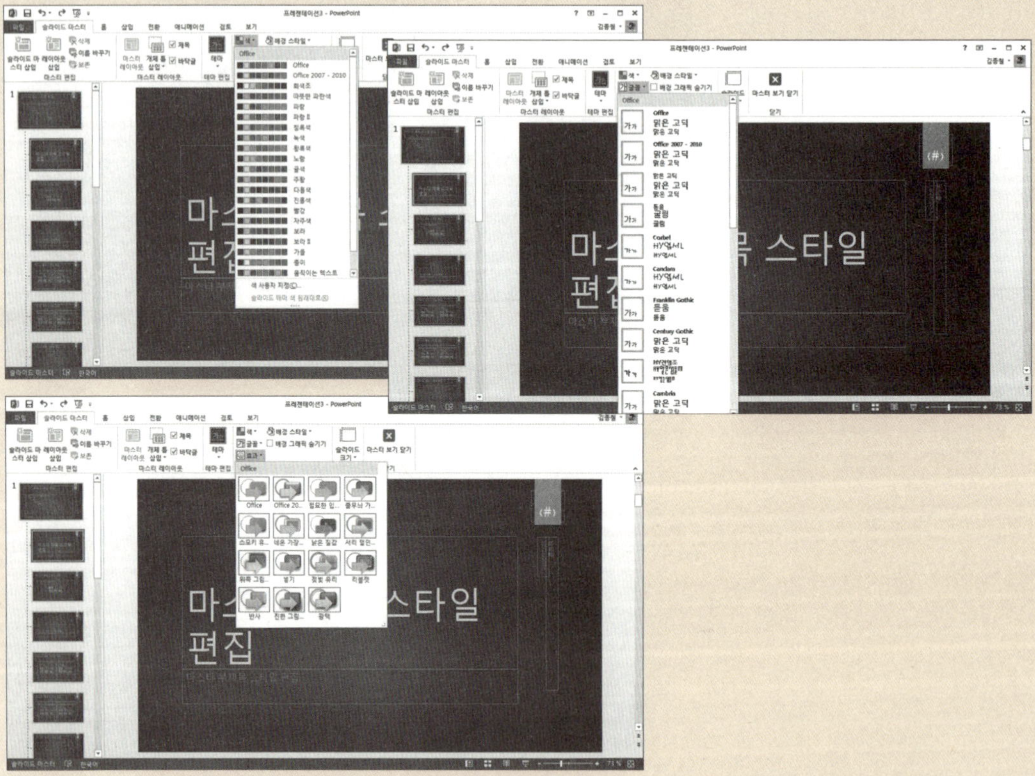

❸ 기본 보기 화면으로 전환하기 위해 [슬라이드 마스터] 탭-[닫기] 그룹-[마스터 보기 닫기] 명령 단추를 클릭합니다.

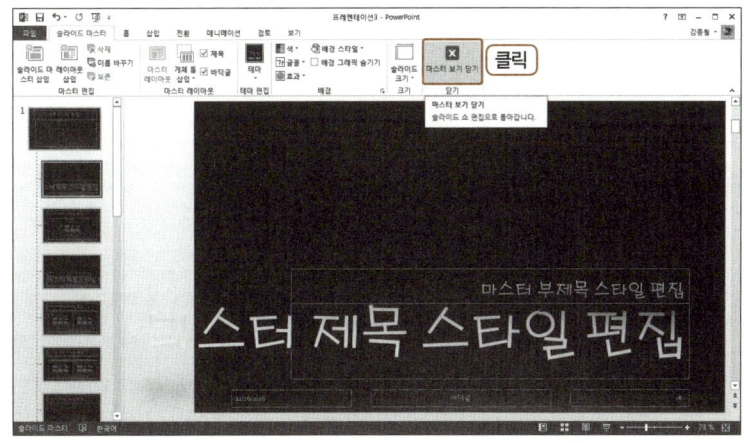

2-2 슬라이드 마스터의 기본 글꼴 모두 변경하기

프레젠테이션을 만든 후 모든 슬라이드의 글꼴을 한 번에 변경할 때 마스터를 이용하면 편리하게 작업할 수 있습니다. 특히, 제목이나 내용 등의 글꼴을 동일하게 변경할 때 사용하면 편리합니다.

✤ 슬라이드 마스터를 이용하여 '디지털 슬라이드 마스터'의 제목을 '굵게', 글머리 기호 목록을 '화살표 글머리 기호'로 설정하시오.

❶ [보기] 탭-[마스터 보기] 그룹-[슬라이드 마스터] 명령 단추를 클릭합니다.

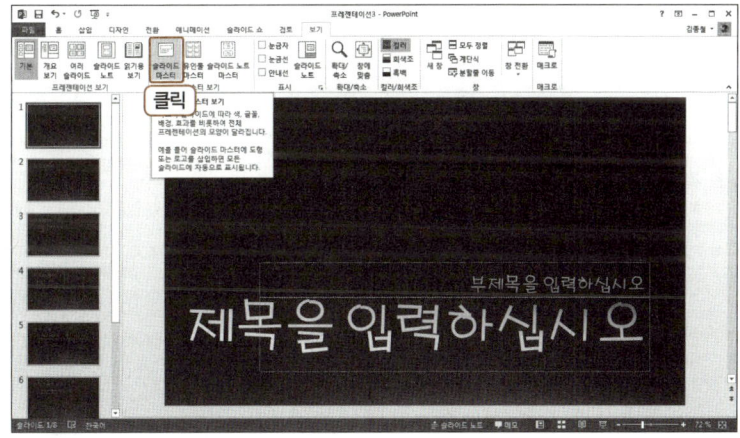

❷ 슬라이드 마스터 화면으로 전환되면 '깊이 슬라이드 마스터'를 선택한 후 Shift 를 누른 상태에서 '마스터 제목 스타일 편집'을 클릭합니다.

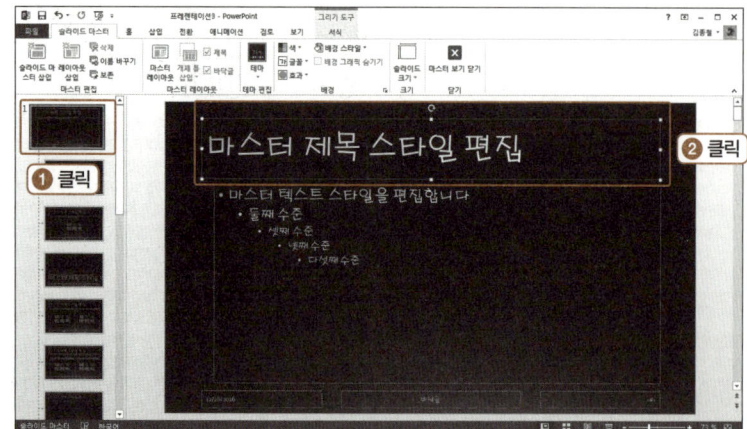

> **멘토의 한 수**
> • Ctrl 을 누른 상태에서 '마스터 제목 스타일 편집'을 클릭하거나 드래그해서 블록으로 지정해도 됩니다.

> **멘토의 한 수**
> • 슬라이드 마스터는 최상위 슬라이드 마스터와 레이아웃별 슬라이드 마스터가 있습니다

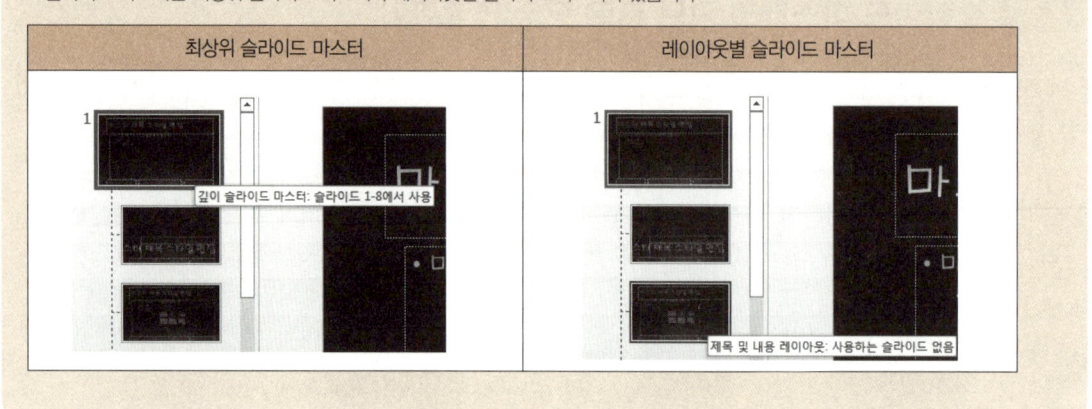

❸ [홈] 탭-[글꼴] 그룹-[굵게] 명령 단추를 클릭합니다.

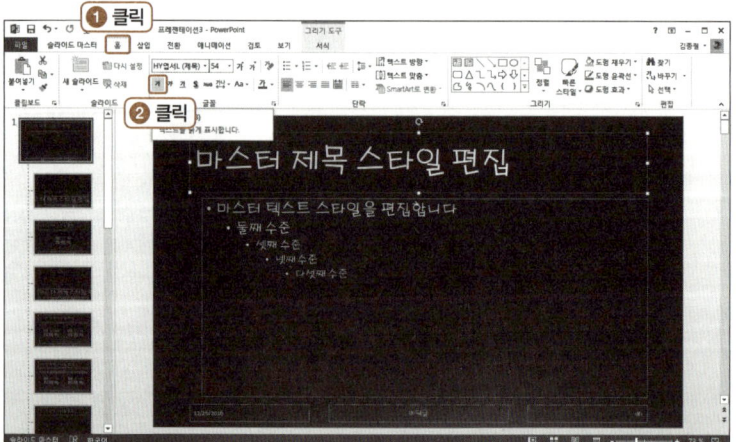

❹ '글머리 기호' 개체 틀의 내용을 드래그해서 선택합니다.

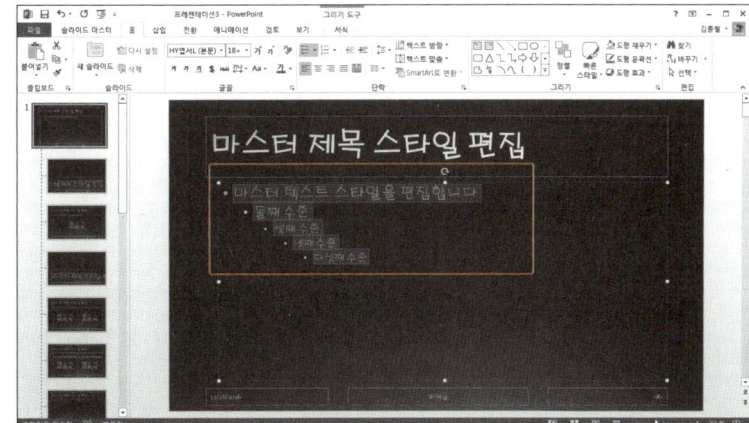

멘토의 한 수
Shift 를 누른 상태에서 '글머리 기호' 개체 틀을 클릭해도 됩니다.

❺ [홈] 탭-[단락] 그룹의 '글머리 기호' 목록 단추를 클릭한 후 '화살표 글머리 기호'를 선택합니다.

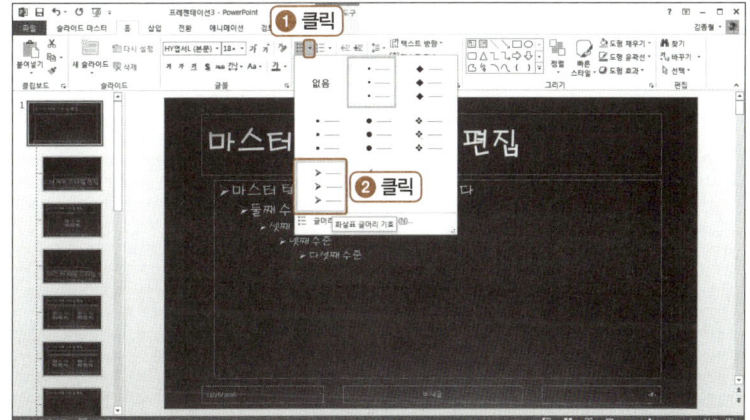

멘토의 한 수
글머리 기호에 마우스를 올려놓으면 이름이 나타납니다. MOS에서는 다른 글머리 기호를 선택하면 감점되므로 정확히 지정해야 합니다.

2-3 모든 슬라이드에 그림 삽입하기

일반적으로 머리글/바닥글을 이용하여 프레젠테이션에 날짜, 슬라이드 번호, 바닥글 등을 삽입하여 표현할 수 있지만 그림은 삽입할 수 없습니다. 따라서 슬라이드에 바닥글 대신 그림을 삽입할 때는 마스터를 이용해야 합니다. 마스터를 이용하면 일일이 각 슬라이드에 그림을 삽입하는 것이 아니라 한 번만 그림을 넣으면 모든 슬라이드에 동일하게 표시되기 때문에 편리합니다.

✤ 모든 슬라이드의 왼쪽 하단에 'C:\MOS2013\POWERPOINT\MOSAICICT_LOGO.png' 그림 파일을 삽입하시오.

❶ '깊이 슬라이드 마스터'를 선택한 후 [삽입] 탭-[이미지] 그룹-[그림] 명령 단추를 클릭합니다.

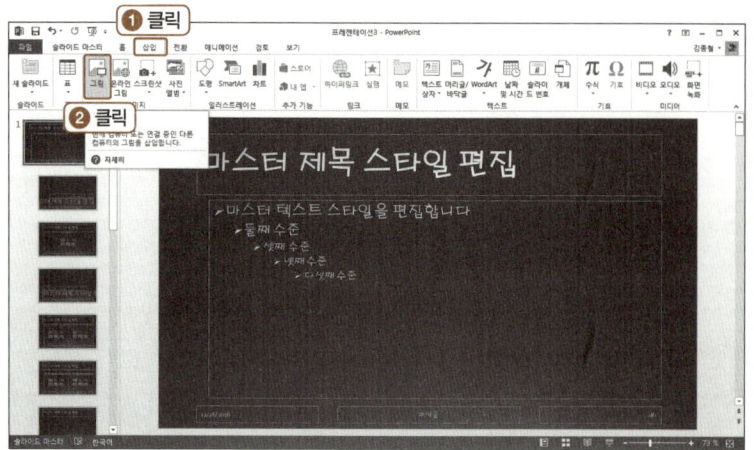

❷ 그림 파일(C:\MOS2013\POWERPOINT\MOSAICICT_LOGO.png)을 선택한 후 〈삽입〉을 클릭합니다.

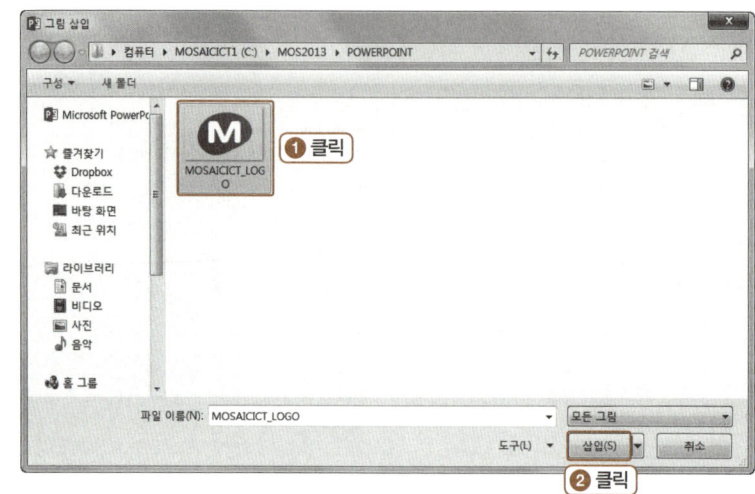

❸ 그림이 삽입되면 왼쪽 하단으로 이동합니다.

멘토의 한 수

그림 위에서 마우스 오른쪽 단추를 클릭한 후 '크기 및 위치'를 선택하면 정확한 '크기 및 위치'를 설정할 수 있습니다.

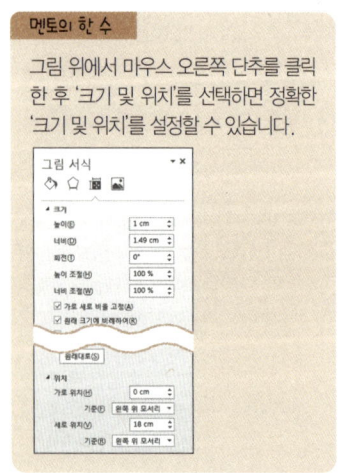

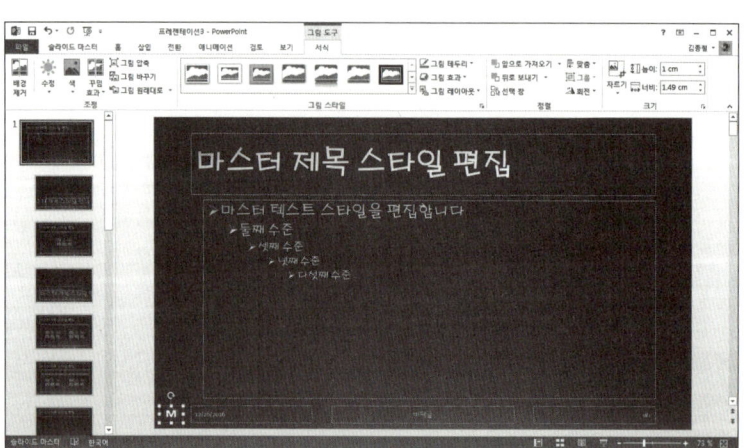

멘토의 한 수

배경을 그림으로 변경할 때는 [슬라이드 마스터] 탭-[배경] 그룹-[배경 스타일]을 클릭한 후 '배경 서식'을 선택합니다. 그런 다음 '그림 또는 질감 채우기'를 선택한 후 〈파일〉을 클릭합니다. 〈모두 적용〉을 클릭하면 슬라이드의 모든 배경에 그림이 삽입됩니다.

❹ 기본 보기 화면으로 전환하기 위해 [슬라이드 마스터] 탭-[닫기] 그룹-[마스터 보기 닫기] 명령 단추를 클릭합니다.

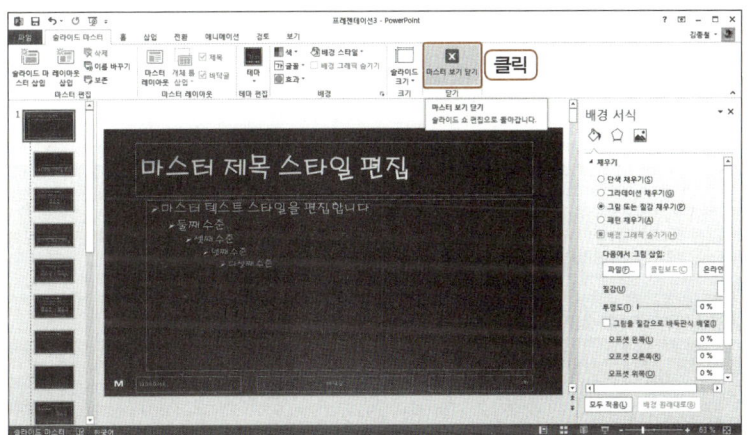

멘토의 한 수

'제목 슬라이드' 레이아웃에는 로고 이미지를 표시하지 않을 경우 '제목 슬라이드 레이아웃'을 선택한 후 [슬라이드 마스터] 탭-[배경] 그룹-[배경 그래픽 숨기기]의 체크를 표시합니다. 마스터에서 '배경 그래픽 숨기기'에 체크 표시하여 배경 그래픽을 제거하면 실제 그래픽 요소를 삭제하는 것이 아니라 화면에서만 숨기는 것입니다. 따라서 나중에 '배경 그래픽 숨기기'의 체크 표시를 없애면 배경을 다시 표시할 수 있습니다.

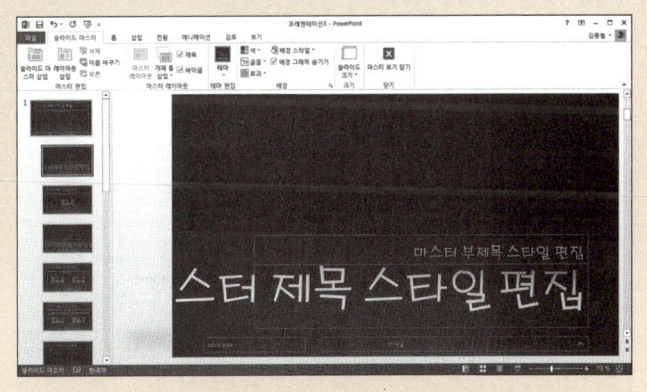

2-4 슬라이드 번호 삽입하기

'머리글/바닥글' 기능을 이용하면 슬라이드에 날짜, 시간, 번호 등을 삽입할 수 있습니다. 보통 슬라이드의 첫 페이지는 제목 슬라이드이기 때문에 다른 것들이 포함되지 않는 경우가 대부분인데, 이럴 경우에는 '제목 슬라이드에는 표시하지 않음'을 설정하고 작업합니다.

❖ 모든 슬라이드에 번호를 삽입하시오(제목 슬라이드는 제외할 것).

❶ [삽입] 탭-[텍스트] 그룹-[슬라이드 번호] 명령 단추를 클릭합니다.

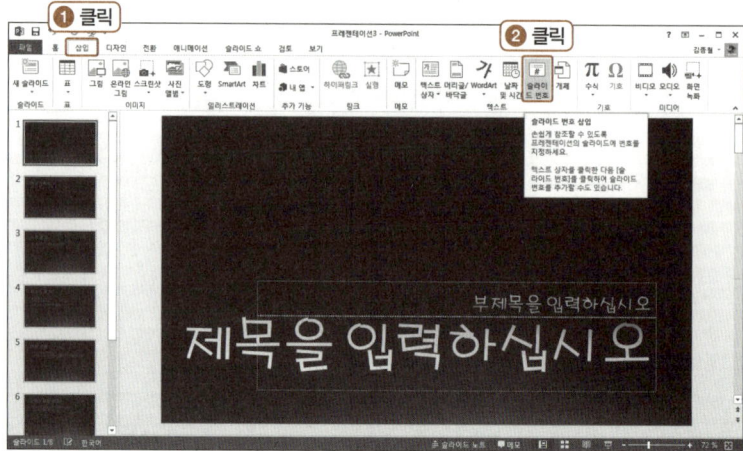

❷ [슬라이드] 탭에서 '슬라이드 번호'는 선택, '제목 슬라이드에는 표시 안 함'에 체크 표시한 후 〈모두 적용〉을 클릭합니다.

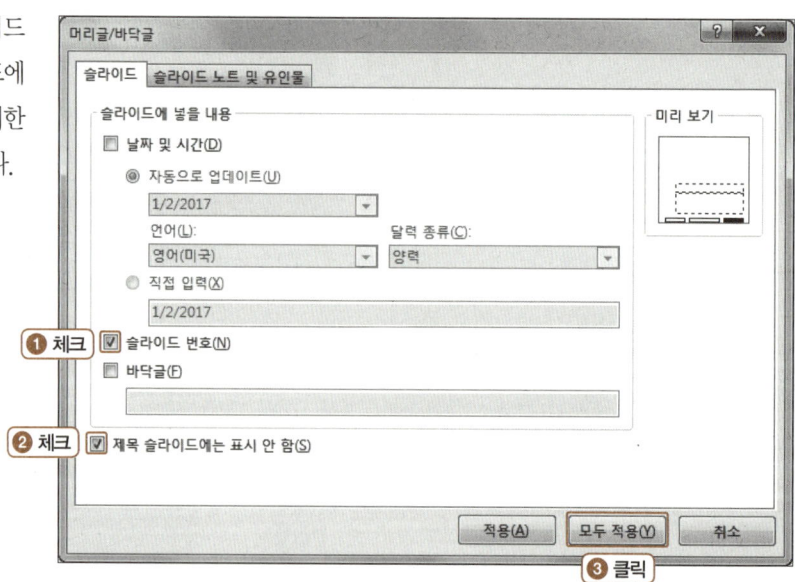

> **멘토의 한 수**
> - '모두 적용'은 모든 슬라이드에 설정한 내용이 적용되는 것이고, '적용'은 현재 선택되어 있는 슬라이드에만 효과를 적용시키는 방법입니다.
> - 제목 슬라이드에 번호를 표시하지 않을 때는 '제목 슬라이드에는 표시 안 함'을 체크 표시합니다.
> - '머리글/바닥글'을 삽입할 때는 슬라이드의 위치와는 상관이 없습니다. 즉, 어떤 슬라이드가 선택되어 있어도 결과는 동일합니다.
> - 날짜 및 시간, 바닥글, 슬라이드 번호의 서식을 변경할 때는 슬라이드 마스터 편집 화면에서 개체를 선택한 후 설정하면 됩니다.

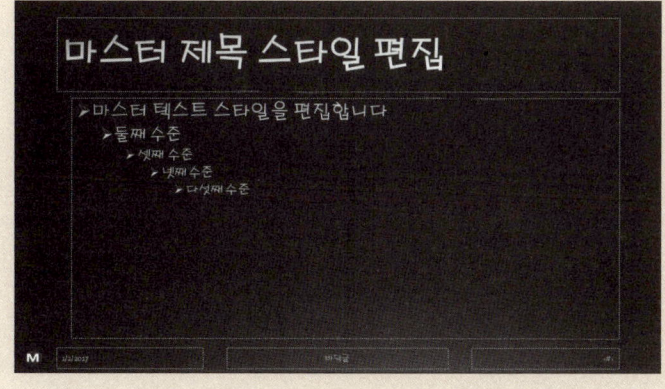

2-5 새로운 레이아웃 추가하기

하나의 프레젠테이션에 하나의 슬라이드 마스터만 존재하는 것은 아닙니다. 필요에 따라 슬라이드 마스터를 추가할 수 있는데, 이럴 경우 슬라이드별로 해당 마스터의 영향을 받습니다. 그러므로 마스터의 관계를 잘 고려하여 새 슬라이드 마스터를 추가하면 관리하기 편한 프레젠테이션을 만들 수 있습니다.

✤ 슬라이드 마스터에서 새로운 레이아웃을 추가하시오(이름은 '모자이크아이씨티'로 할 것).

❶ 슬라이드 마스터 화면에서 [슬라이드 마스터] 탭-[마스터 편집] 그룹-[레이아웃 삽입] 명령 단추를 클릭합니다.

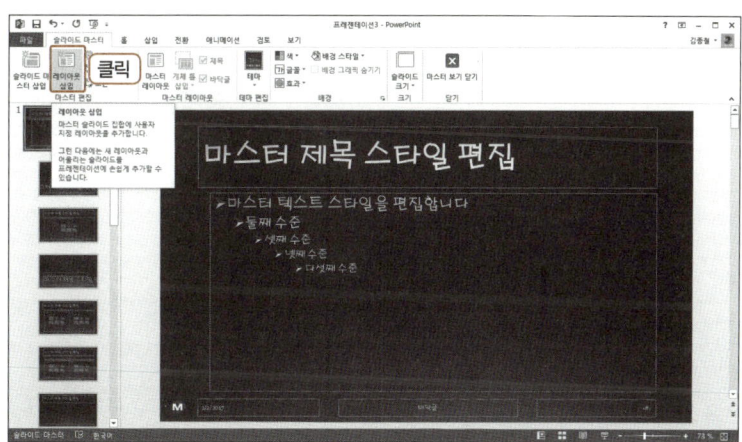

❷ 슬라이드 마스터가 추가되면 [슬라이드 마스터] 탭-[마스터 편집] 그룹-[이름 바꾸기] 명령 단추를 클릭합니다.

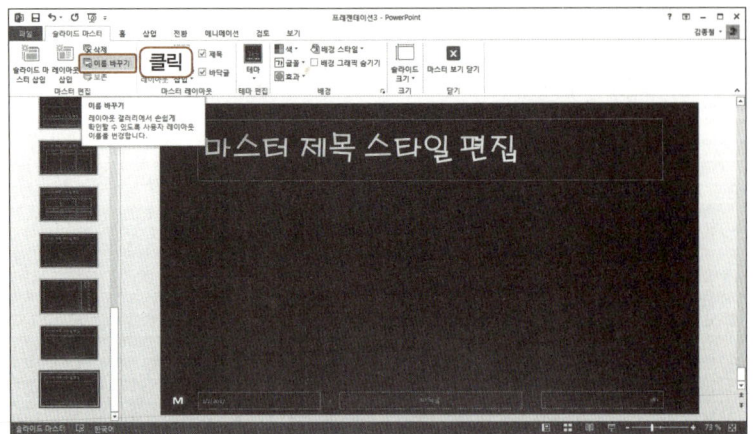

❸ 이름(모자이크아이씨티)을 입력한 후 〈이름 바꾸기〉를 클릭합니다.

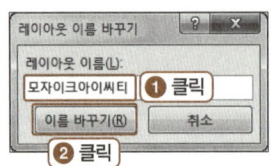

❹ 새로 삽입한 '모자이크아이씨티' 마스터를 볼 수 있습니다.

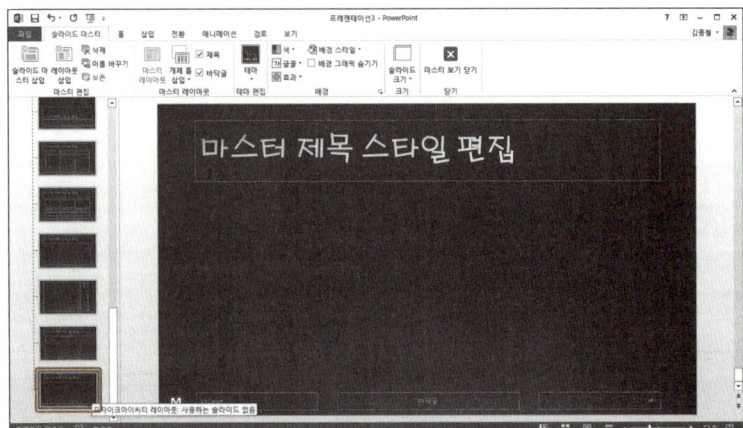

멘토의 한 수

슬라이드 마스터에서 레이아웃을 삭제할 때는 [슬라이드 마스터] 탭-[마스터 편집] 그룹-[삭제] 명령 단추를 클릭합니다.

멘토의 한 수

- 레이아웃에 개체 틀을 삽입할 때는 [슬라이드 마스터] 탭-[마스터 레이아웃] 그룹-[개체 틀 삽입] 명령 단추를 클릭한 후 삽입하면 됩니다.

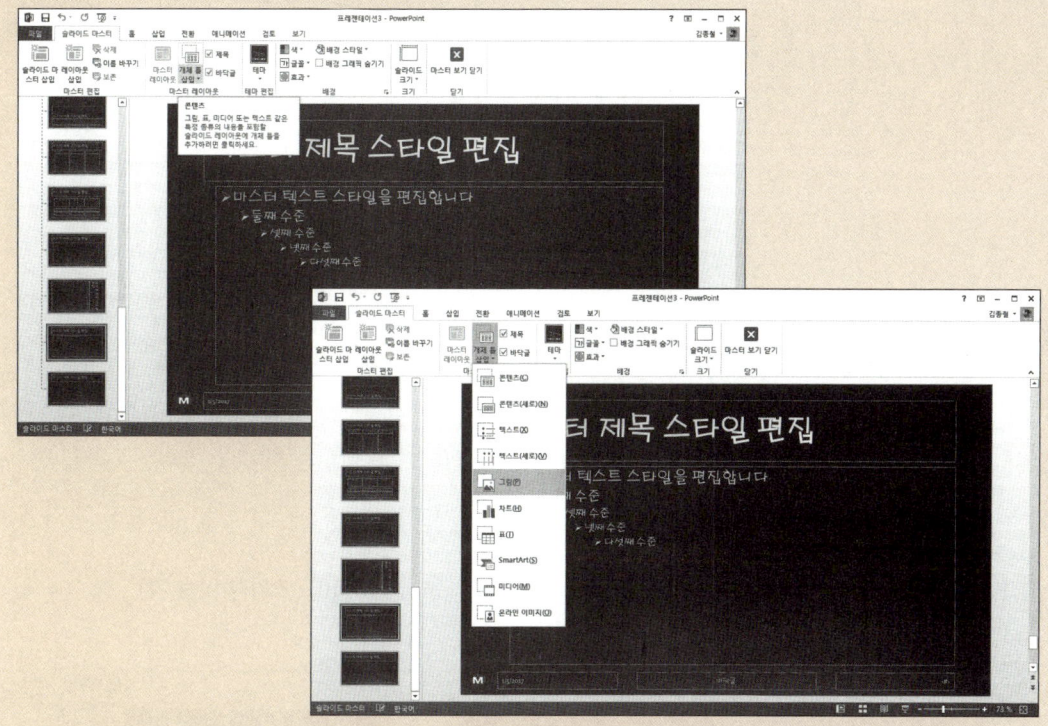

- 삽입할 수 있는 '개체 틀'은 콘텐츠, 콘텐츠(세로), 텍스트, 텍스트(세로), 그림, 차트, 표, SmartArt, 미디어, 온라인 이미지'가 있습니다.

Chapter 03 프레젠테이션 옵션 및 보기 사용자 지정

3-1 슬라이드 크기 변경하기

슬라이드 쇼를 진행할 경우 기본적으로 와이드 스크린인 '16:9'의 비율로 쇼가 진행됩니다. 쇼 도중에 동영상을 실행하거나 영화와 애니메이션과 같은 쇼를 진행할 경우 화면의 크기를 적절히 변경하면 색다른 효과를 연출할 수 있습니다. 이럴 경우에는 슬라이드의 크기를 변경해서 작업하면 됩니다.

✚ 슬라이드의 크기를 화면 슬라이드 쇼(16:10)로 설정하시오(내용을 슬라이드 크기에 맞출 것).

❶ [디자인] 탭-[사용자 지정] 그룹-[슬라이드 크기] 명령 단추를 클릭한 후 '사용자 지정 슬라이드 크기'를 선택합니다.

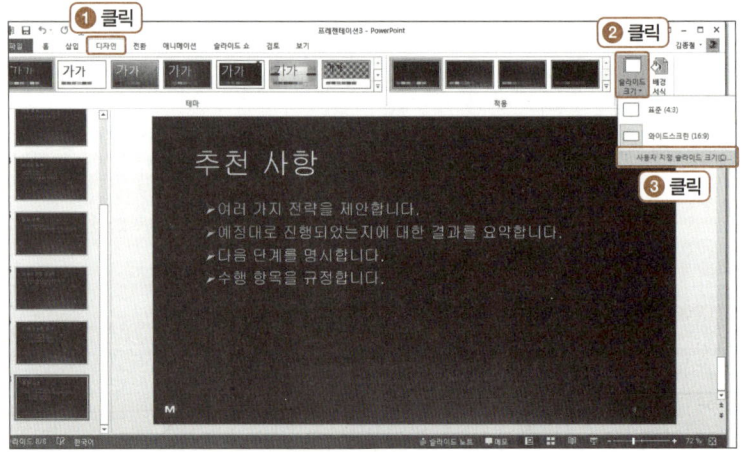

❷ [슬라이드 크기] 대화 상자가 열리면 '슬라이드 크기' 항목의 목록 단추를 클릭한 후 '화면 슬라이드 쇼(16:10)'를 선택합니다.

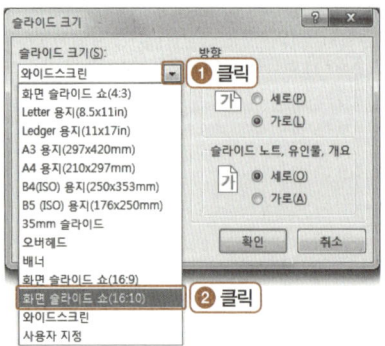

❸ 〈맞춤 확인〉을 클릭합니다.

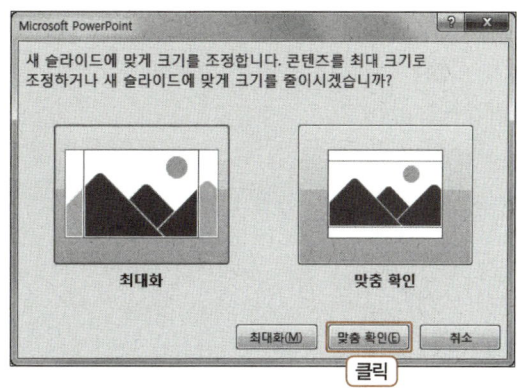

> 멘토의 한 수
>
> • 최대화 : 슬라이드 크기가 변경되어도 콘텐츠 크기를 유지
> • 맞춤 확인 : 슬라이드 크기에 맞게 콘텐츠 크기를 줄임

3-2 컬러/회색조로 변경하기

작성한 슬라이드를 컬러가 아닌 흑백으로 인쇄하면 기존의 멋진 내용이 전혀 엉뚱한 색상으로 인쇄되는 경우가 있습니다. 이럴 경우를 대비해서 회색조로 변경한 후에 작업하면 인쇄될 내용을 화면에서 확인할 수 있어 인쇄 시에 잘 보이는지 확인할 수 있으며, 잉크도 절약할 수 있습니다.

✤ 슬라이드를 '흑백'으로 본 후 2번 슬라이드의 '전략계획서' 텍스트 개체를 '회색을 흰색으로 채우기'로 변경한 후 다시 '컬러'로 보시오.

❶ [보기] 탭–[컬러/회색조] 그룹–[흑백] 명령 단추를 클릭합니다.

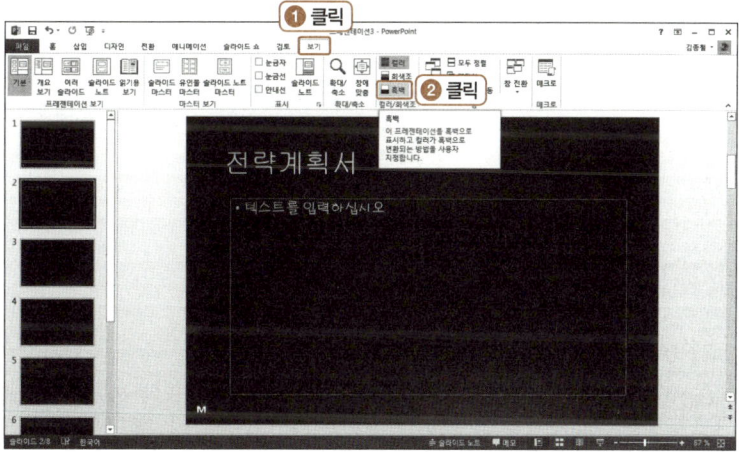

❷ 2번 슬라이드의 '전략계획서' 개체를 클릭한 후 [흑백] 탭-[선택한 개체 변경] 그룹-[회색을 흰색으로 채우기] 명령 단추를 클릭합니다.

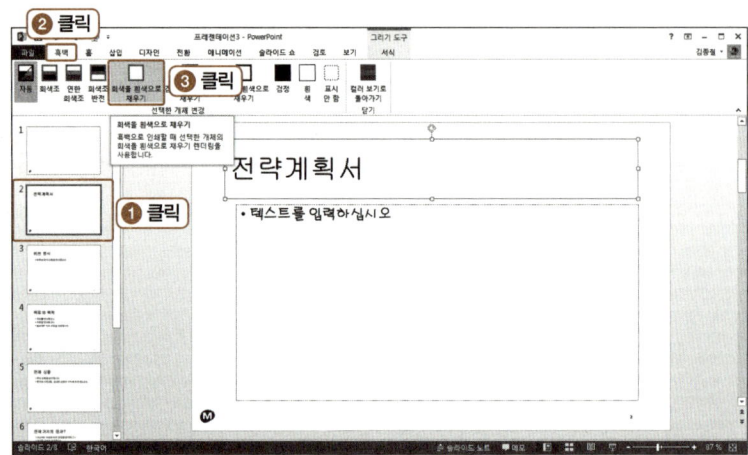

멘토의 한 수

- 개체를 선택할 때 '전략계획서' 안의 임의의 곳을 클릭해도 됩니다.
- 여러 개의 개체를 동시에 선택할 때는 Shift 를 누르면서 개체들을 클릭합니다.

❸ [흑백] 탭-[닫기] 그룹-[컬러 보기로 돌아가기] 명령 단추를 클릭합니다.

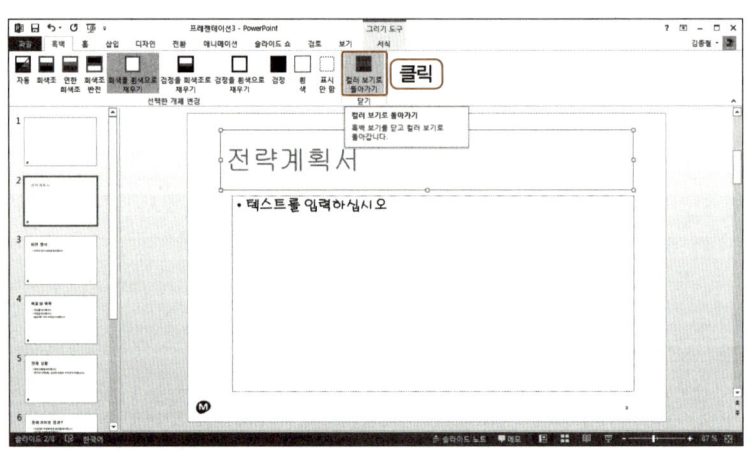

3-3 슬라이드 보기 화면 전환하기

프레젠테이션을 작업할 때 파워포인트에서는 다양한 보기 화면을 제공합니다. 기본 보기, 개요 보기, 여러 슬라이드 보기, 슬라이드 노트 보기, 읽기용 보기 등 프레젠테이션을 효율적으로 만들 때 다양한 보기로 변경하면서 작업하면 편리합니다.

✤ 프레젠테이션을 기본 / 개요 / 여러 슬라이드 / 슬라이드 노트 / 읽기용 보기로 변경하시오.

❶ 기본 보기

가장 기본적인 화면으로 슬라이드 내용을 편집할 때 사용하며, [보기] 탭-[프레젠테이션 보기] 그룹-[기본] 명령 단추를 클릭합니다.

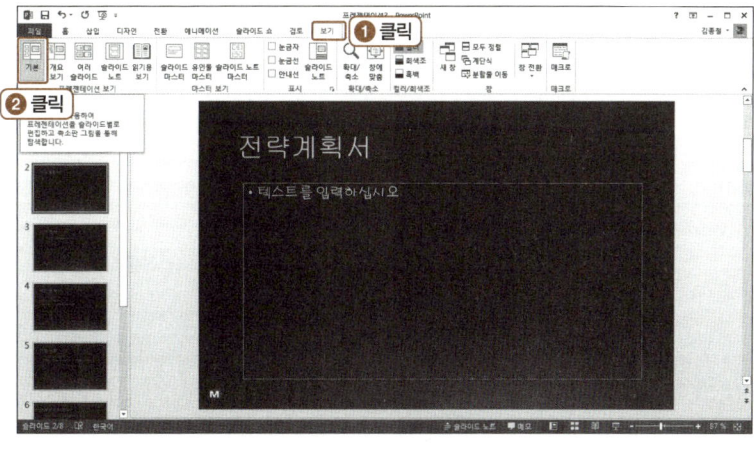

❷ 개요 보기

슬라이드의 개요 내용을 볼 때 사용하며, [보기] 탭-[프레젠테이션 보기] 그룹-[개요 보기] 명령 단추를 클릭합니다.

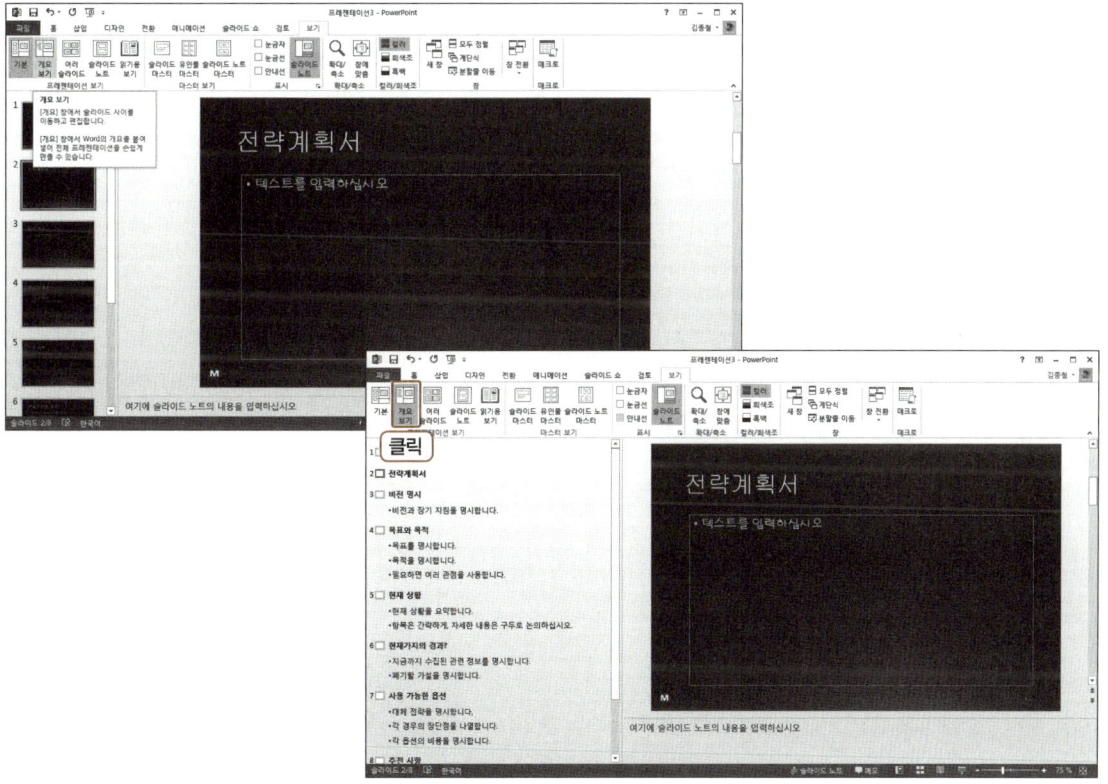

❸ 여러 슬라이드 보기

한 화면에서 여러 슬라이드를 볼 수 있는 화면으로 슬라이드 간에 이동하거나 삭제할 때 사용하며, [보기] 탭-[프레젠테이션 보기] 그룹-[여러 슬라이드] 명령 단추를 클릭합니다.

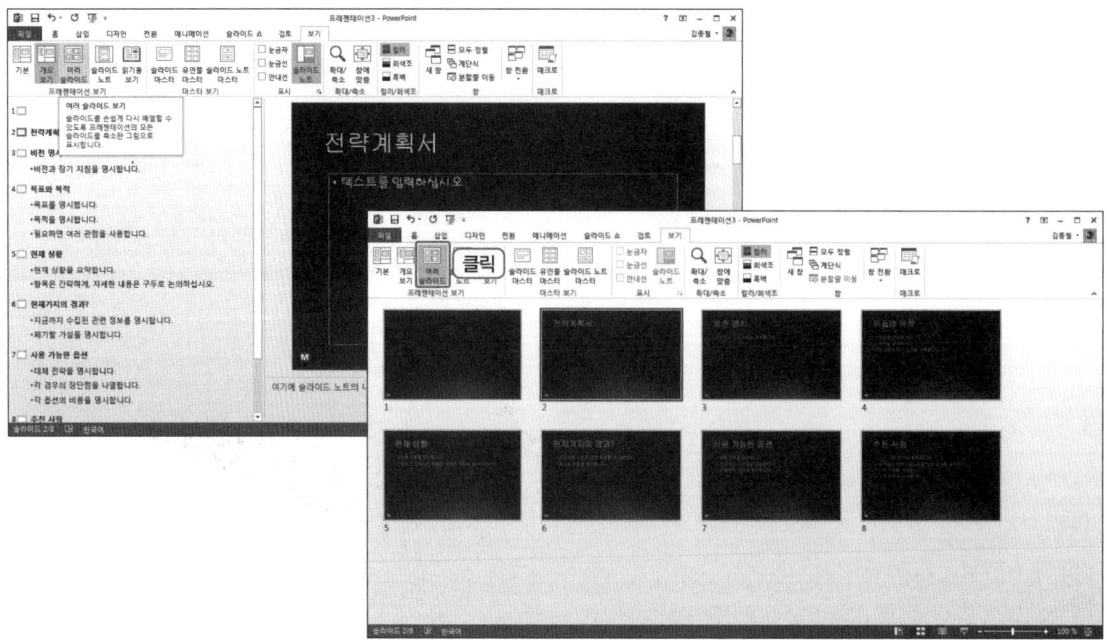

❹ 슬라이드 노트 보기

발표자가 참고해야 할 사항을 정리한 슬라이드 노트를 상세히 볼 수 있으며, [보기] 탭-[프레젠테이션 보기] 그룹-[슬라이드 노트] 명령 단추를 클릭합니다.

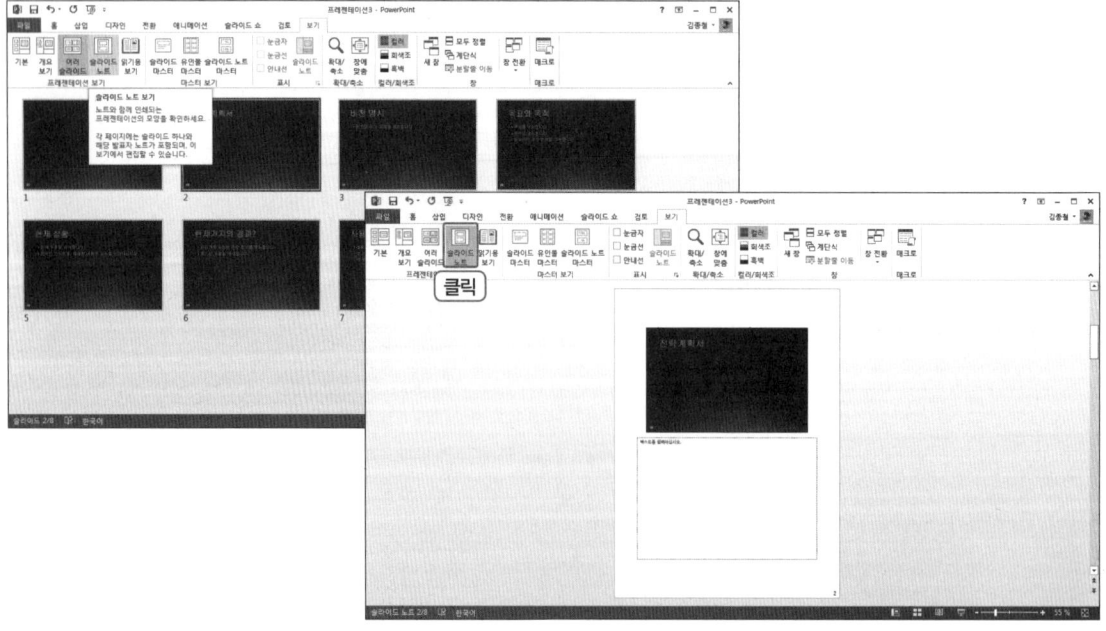

> **멘토의 한 수**
>
> 슬라이드 노트를 추가할 때는 아래쪽에 노트를 입력하면 됩니다.

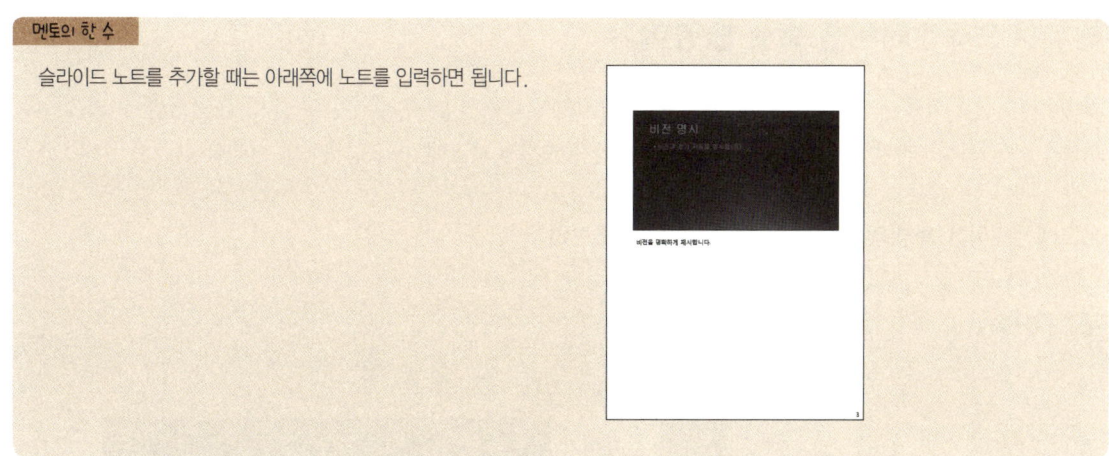

❺ 읽기용 보기

모니터에 슬라이드 쇼가 표시되어 슬라이드에 적용한 애니메이션이나 화면 전환 등을 확인할 때 사용하며, [보기] 탭-[프레젠테이션 보기] 그룹-[읽기용 보기] 명령 단추를 클릭합니다.

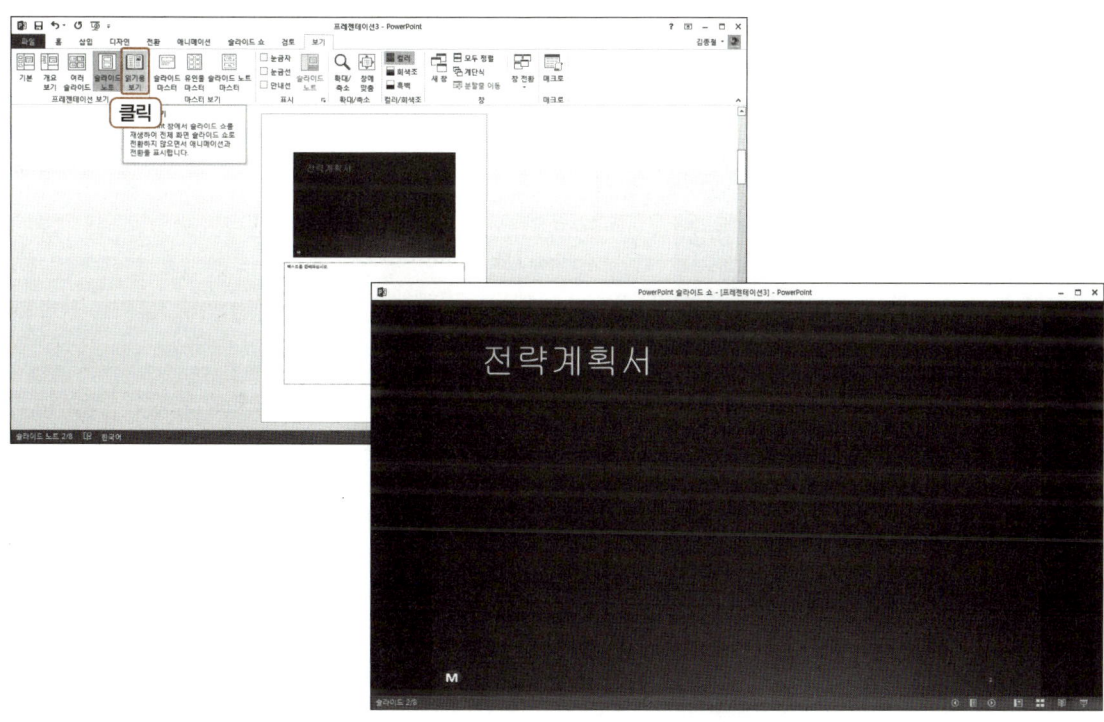

> **멘토의 한 수**
>
> 파워포인트의 오른쪽 아래에 있는 화면 보기 도구에서 변경해도 됩니다.

3-4 프레젠테이션 속성 변경하기

프레젠테이션 문서에는 만든 이, 처음 만든 날짜, 마지막에 수정한 날짜, 수정한 사람 등을 저장할 수 있습니다. 속성을 보면 프레젠테이션의 간단한 정보를 알 수 있기 때문에 필요에 따라 설정하면 편리합니다.

✤ 프레젠테이션 속성(태그)에 '모자이크, 기획'을 추가하시오.

❶ [파일] 탭을 클릭합니다.

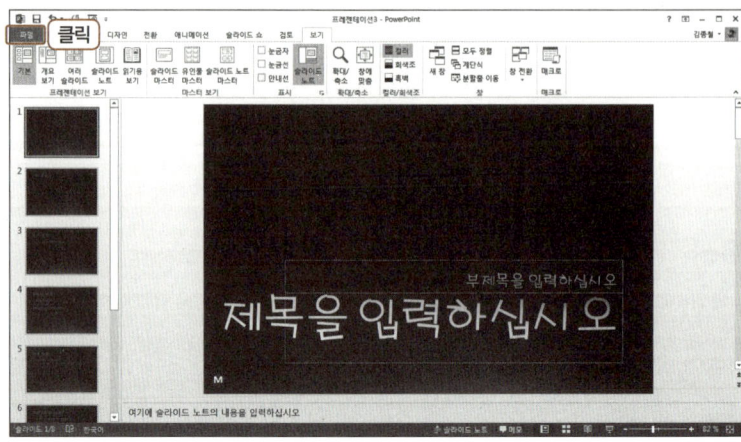

❷ [정보]-[모든 속성 표시]를 클릭합니다.

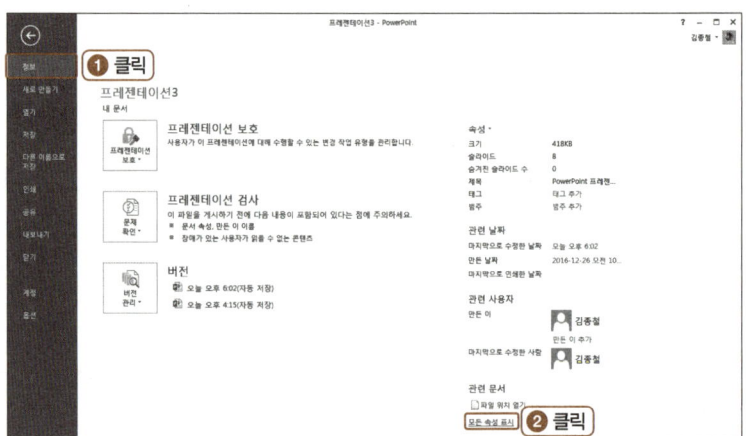

❸ '태그' 항목에서 '태그 추가'를 클릭합니다.

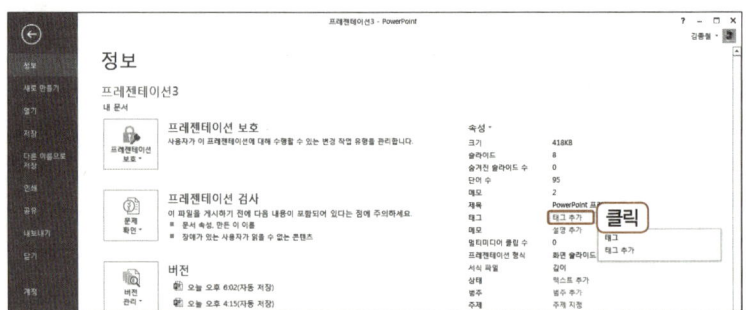

❹ '태그' 항목에 '모자이크, 기획'
을 추가합니다.

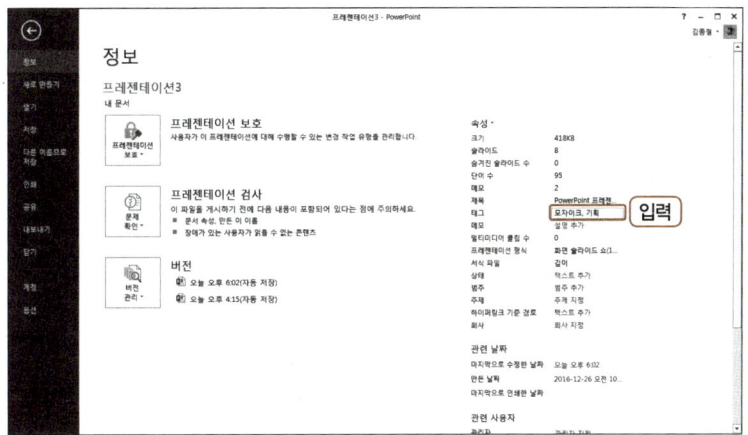

멘토의 한 수

• [속성]-[고급 속성]을 클릭하면 더 많은 속성을 설정할 수 있습니다.

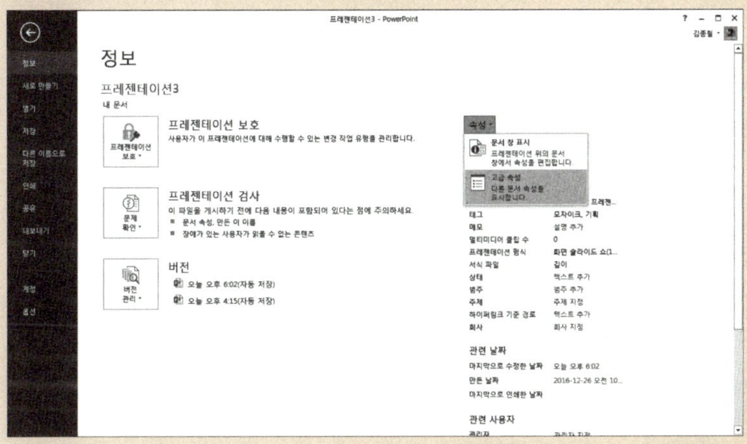

• [사용자 지정] 탭에서는 새로운 속성을 만들어서 저장할 수 있습니다.

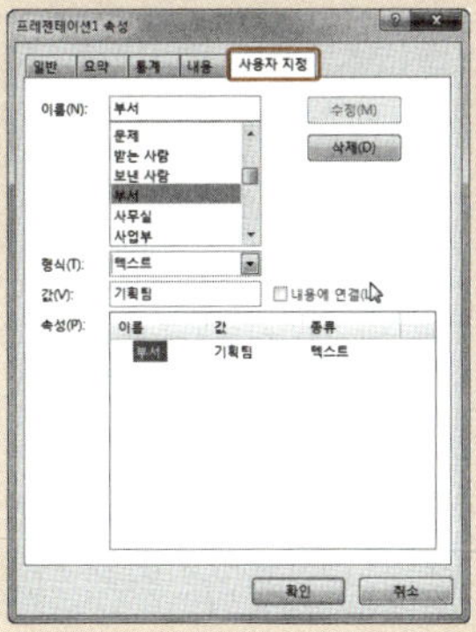

Chapter 03 프레젠테이션 옵션 및 보기 사용자 지정 | 39

Chapter 04 프레젠테이션 인쇄 및 저장 구성

4-1 인쇄 옵션 설정하기

파워포인트에서는 인쇄할 때 사용자의 편의에 따라 다양하게 출력할 수 있도록 설정할 수 있습니다. 슬라이드, 슬라이드 노트, 개요 등을 한 페이지에 인쇄할 페이지 수 등 다양한 옵션을 설정할 수 있기 때문에 상황에 맞게 인쇄할 수 있습니다.

✚ 프레젠테이션을 유인물 3슬라이드, 고품질로 인쇄되도록 설정하시오.

❶ [파일] 탭을 클릭한 후 [인쇄]를 클릭합니다.

❷ 이 곳을 클릭한 후 '유인물 : 3 슬라이드'를 선택합니다.

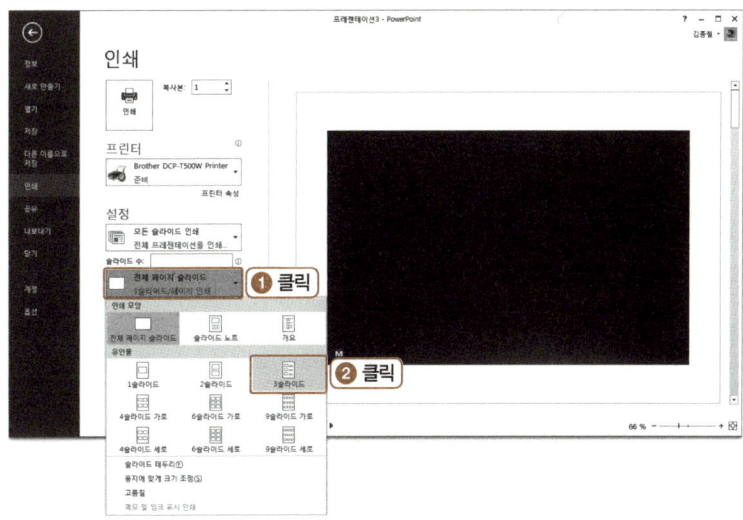

멘토의 한 수

MOS에서는 복사본(인쇄 부수), 모든/특정 슬라이드, 인쇄 모양(슬라이드/슬라이드 노트/개요), 유인물 개수, 슬라이드 테두리, 용지에 맞게 크기 조정, 고품질 등을 꼼꼼히 살펴본 후 설정해야 합니다.

❸ 이 곳을 클릭한 후 '고품질'을 선택합니다.

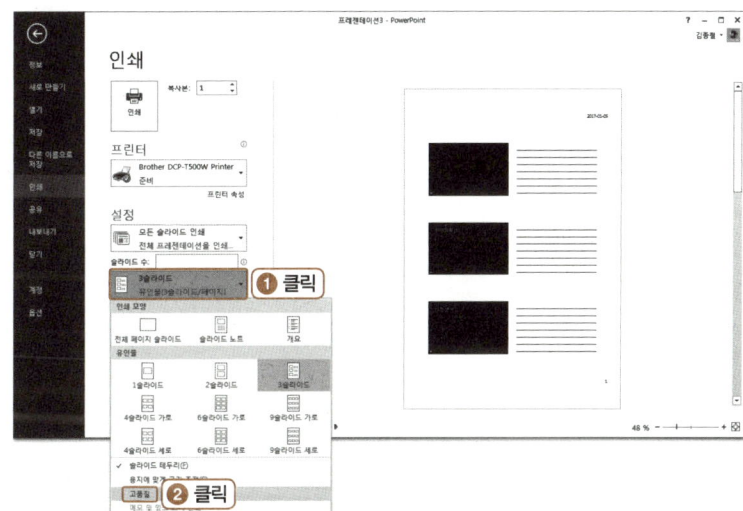

멘토의 한 수

특정 슬라이드만 인쇄할 경우에는 '슬라이드 수'에서 인쇄할 슬라이드를 지정하면 됩니다. 슬라이드를 지정할 때는 ,(콤마)로 구분하며, 연속된 슬라이드는 -(대시)로 설정하면 됩니다.

4-2 이전 버전으로 프레젠테이션 저장하기

파워포인트 사용자 중에는 아직도 이전 버전을 사용하는 사용자들이 많기 때문에 파워포인트 2013에서 작성했지만 이전 버전에서 자유롭게 열리도록 저장할 수 있는 방법을 알고 있어야 합니다.

❖ 프레젠테이션을 다음과 같이 Powerpoint 97-2003 프레젠테이션으로 저장하시오.

저장 위치	파일 형식
문서	PowerPoint 97-2003

❶ [파일] 탭을 클릭한 후 [내보내기]를 클릭합니다.

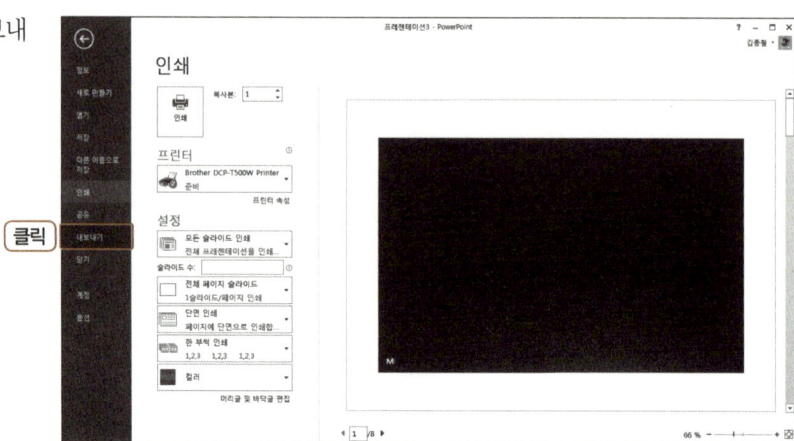

❷ '파일 형식 변경'을 클릭합니다.

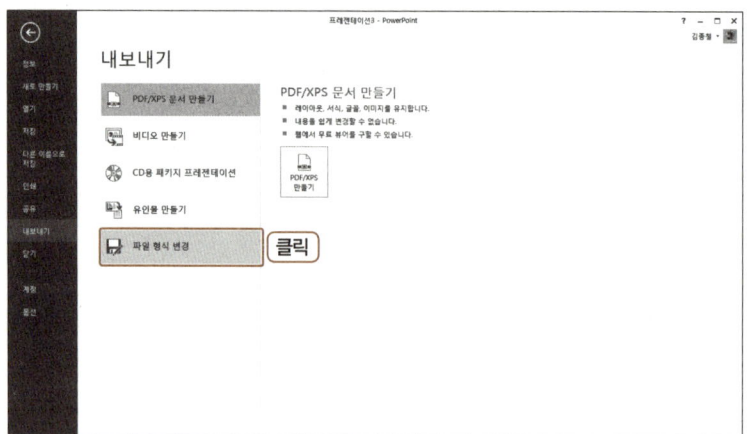

❸ 'PowerPoint 97-2003 프레젠테이션'을 더블 클릭합니다.

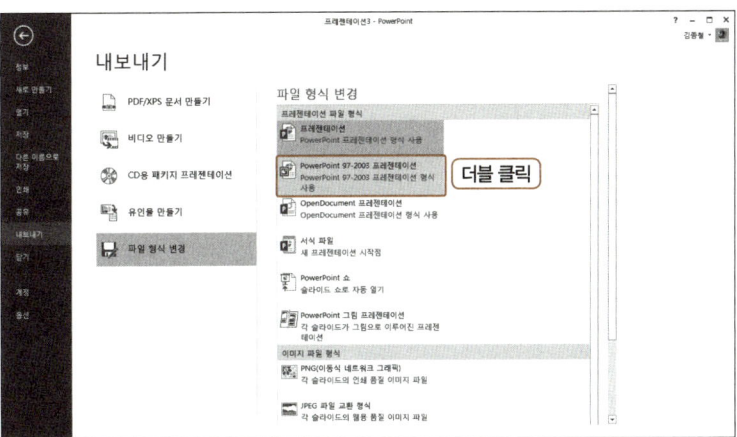

멘토의 한 수

'PowerPoint 97-2003 프레젠테이션'을 선택한 후 '다른 이름으로 저장'을 클릭해도 됩니다.

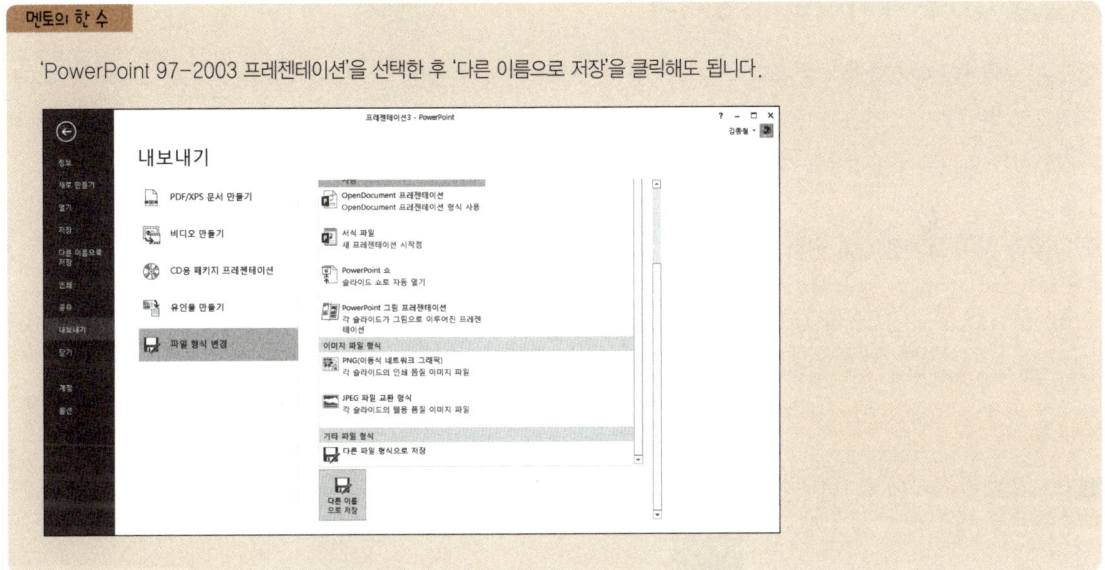

❹ '저장 위치'는 '문서', '파일 형식'이 'PowerPoint 97-2003 프레젠테이션'으로 설정되어 있는지 확인한 후 〈저장〉을 클릭합니다.

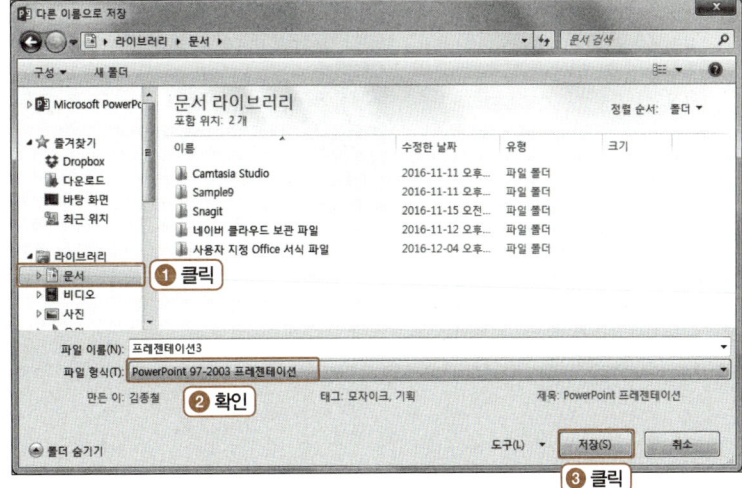

❺ [Microsoft PowerPoint 호환성 검사] 대화 상자가 열리면 〈계속〉을 클릭합니다.

> **멘토의 한 수**
> '요약'을 보면 이전 버전으로 저장했을 때 문제가 될 수 있는 내용을 볼 수 있습니다.

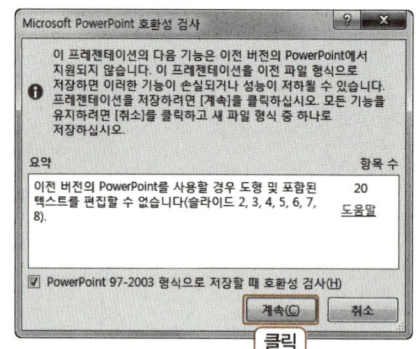

4-3 CD용 패키지로 저장하기

중요한 프레젠테이션 파일이나 용량이 큰 파일은 CD에 저장하면 원본이 손상되어도 다시 사용할 수 있습니다. 그러므로 백업용으로 사용하거나 파일 용량이 커서 전송하기 어려우면 CD에 저장해서 사용하면 편리합니다. 파워포인트에서는 이런 경우를 대비해서 CD용 패키지로 저장하는 방법을 제공합니다.

✤ 다음과 같이 프레젠테이션을 CD용 패키지로 저장하시오.

이름	저장 위치
전략 계획서	문서

❶ [파일] 탭을 클릭한 후 [내보내기]를 클릭합니다.

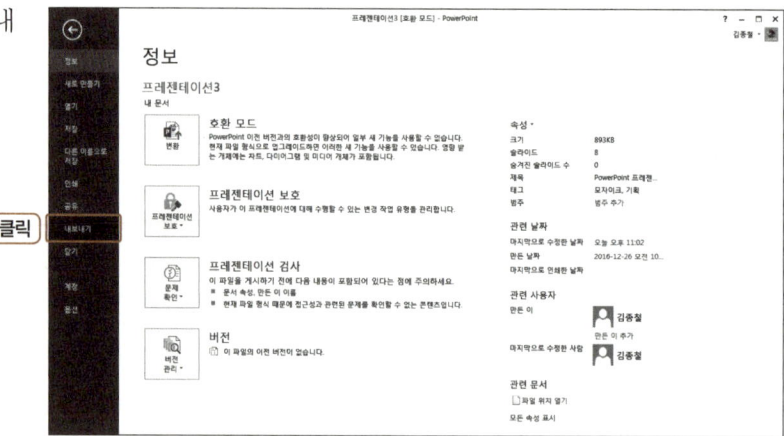

❷ 'CD용 패키지 프레젠테이션'
을 클릭한 후 'CD용 패키지'를
클릭합니다.

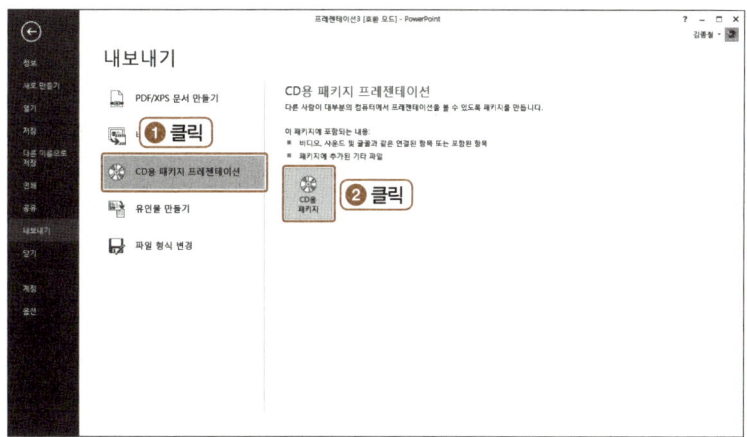

❸ 'CD 이름(전략 계획서)'을 입력
한 후 내 PC에 저장하기 위해
〈폴더로 복사〉를 클릭합니다.

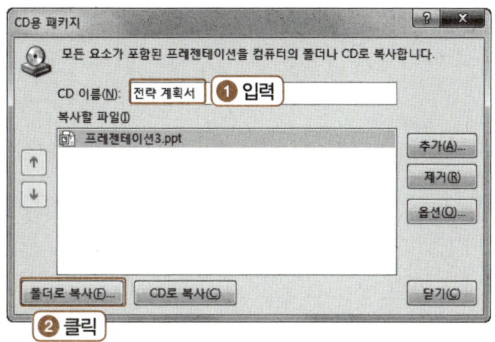

멘토의 한 수

'옵션'을 클릭하면 글꼴 포함, 암호 설정 등을 할 수 있습니다.

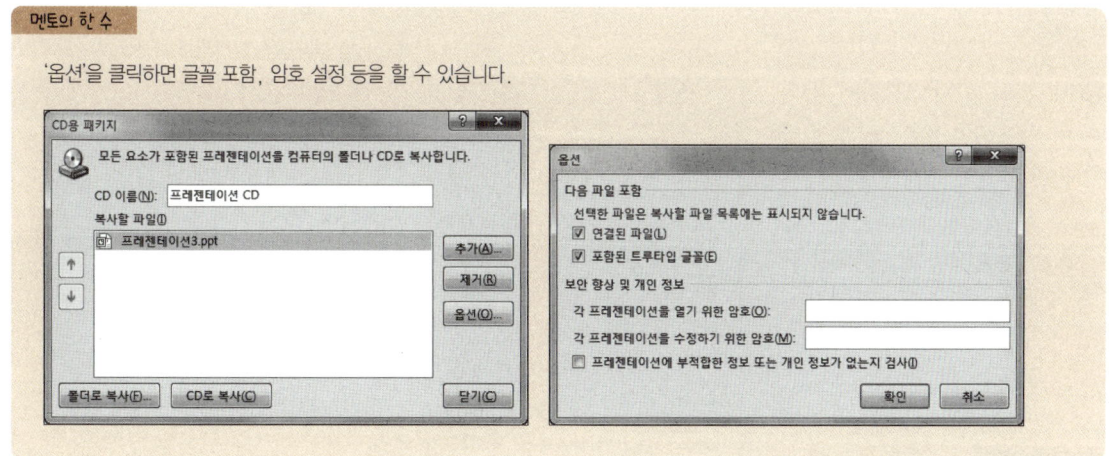

❹ 위치가 '문서(Documents)'로 되어 있는지 확인한 후 〈확인〉을 클릭합니다.

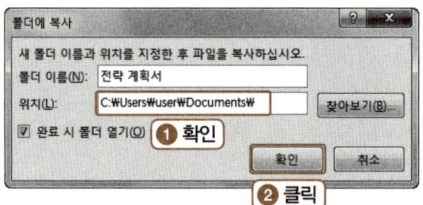

> **멘토의 한 수**
>
> 저장할 위치를 다른 곳으로 지정할 경우에는 〈찾아보기〉를 클릭합니다.

❺ '연결할 파일을 패키지에 포함'하는 화면이 나타나면 〈예〉를 클릭합니다.

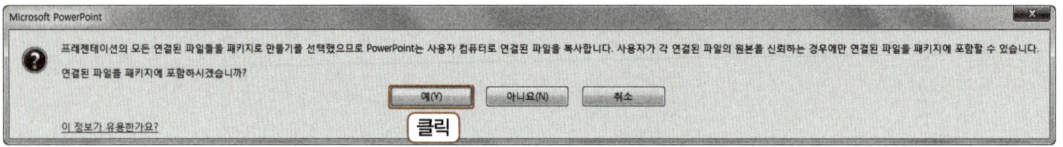

❻ '내 문서'에 '전략계획서' 폴더가 만들어진 것을 볼 수 있습니다.

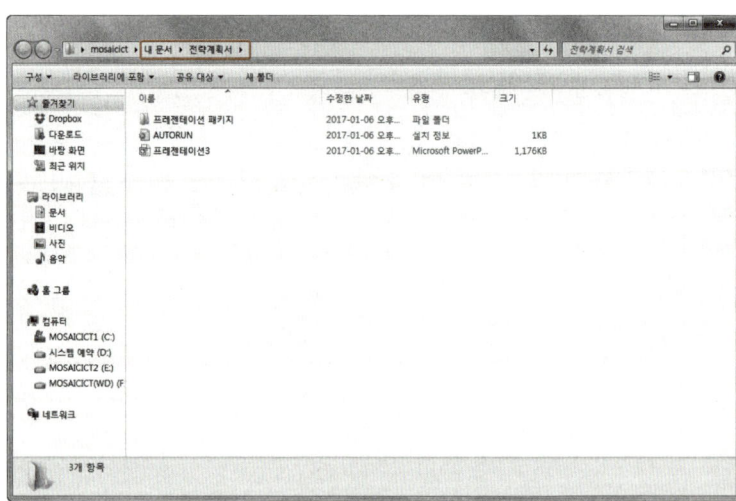

> **멘토의 한 수**
>
> '전략계획서' 폴더를 CD에 복사하면 (구우면) 됩니다.

❼ 〈닫기〉를 클릭합니다.

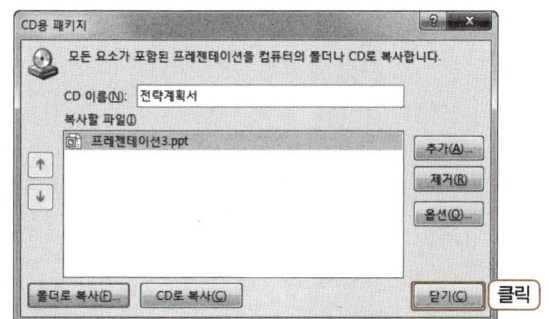

> **멘토의 한 수**
> 컴퓨터에 공CD를 넣은 후 〈CD로 복사〉를 클릭하면 '전략계획서' 폴더의 파일들이 그대로 복사됩니다.

4-4 OneDrive에 저장하기

OneDrive는 Microsoft가 운영하는 클라우드 서비스입니다. 클라우드를 사용하면 파워포인트에서 작업한 파일을 OneDrive에 업로드한 후 다른 사용자들과 공유해서 작업을 진행할 수 있어 편리합니다.

✤ 프레젠테이션을 OneDrive에 저장하시오(파일명은 '전략계획서'로 할 것).

❶ [파일] 탭을 클릭한 후 [다른 이름으로 저장]을 클릭합니다.

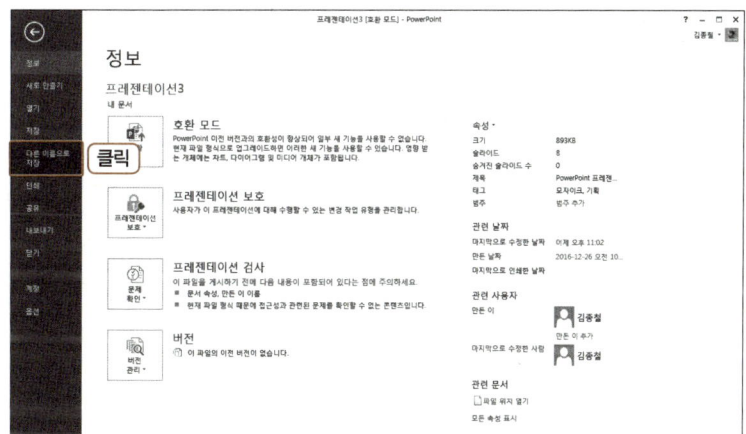

❷ 'OneDrive – 개인'을 클릭합니다.

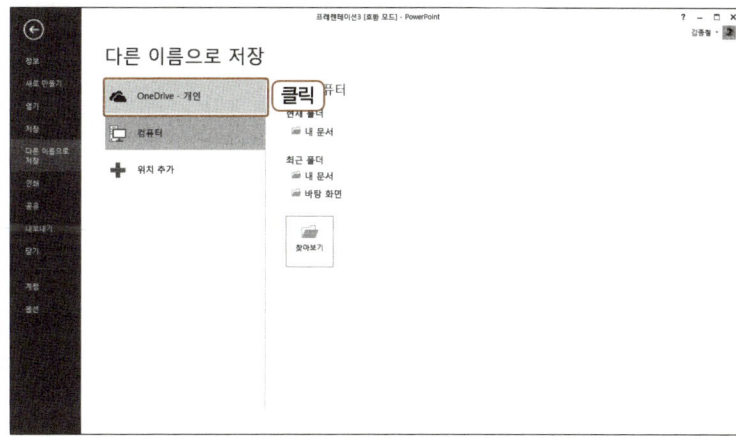

> **멘토의 한 수**
> OneDrive에 저장하려면 파워포인트에서 로그인이 미리 되어 있어야 합니다.

❸ 저장할 폴더를 지정하기 위해 '찾아보기'를 클릭합니다.

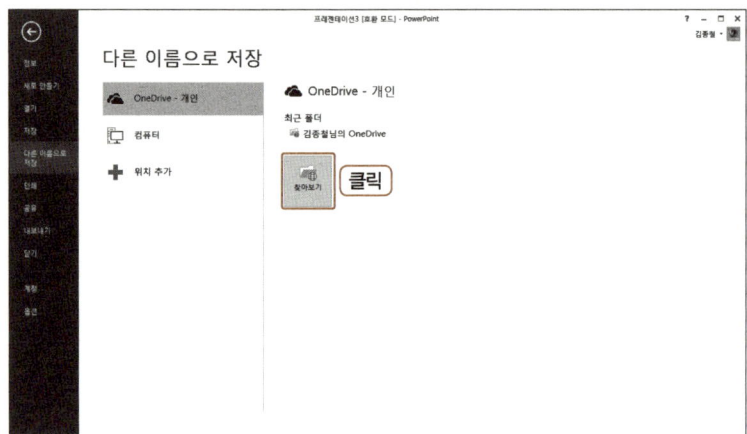

❹ 파일 이름에 '전략계획서'를 입력한 후 〈저장〉을 클릭합니다.

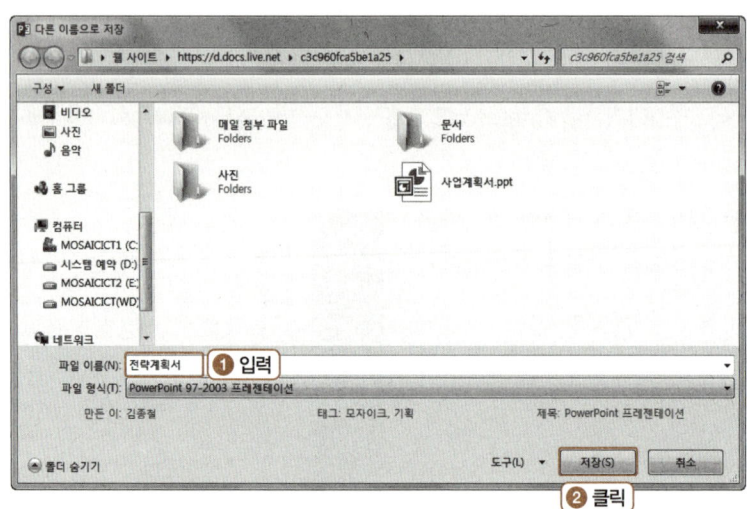

멘토의 한 수

이전 버전(97-2003)으로 작업한 파일인 경우 '호환성 검사'를 진행하는 대화 상자가 나타납니다. 이럴 경우 〈계속〉을 클릭합니다.

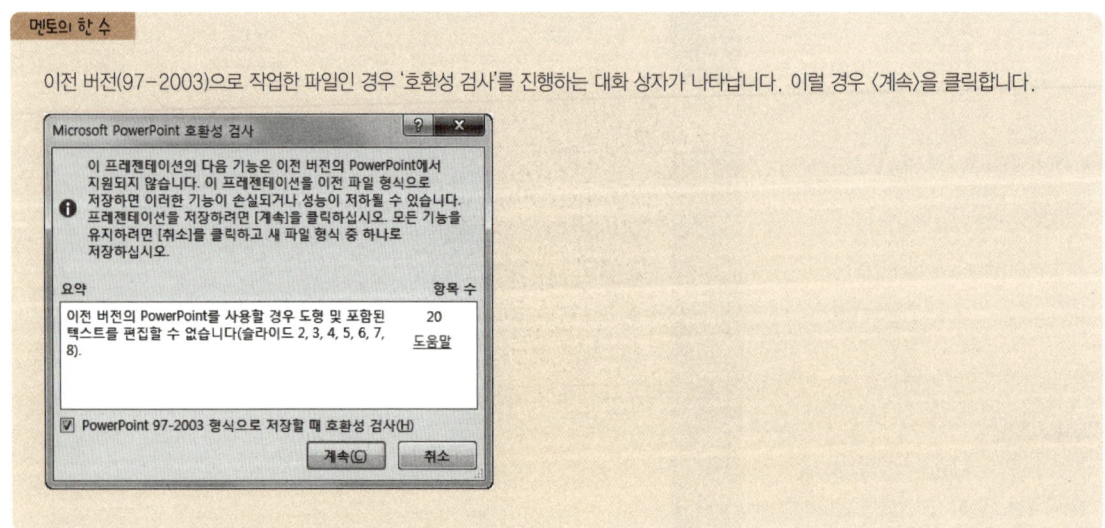

❺ OneDrive에 접속하면 방금 저장한 파일을 볼 수 있습니다.

> **멘토의 한 수**
>
> 프레젠테이션 파일을 더블 클릭하면 내용을 볼 수 있습니다.

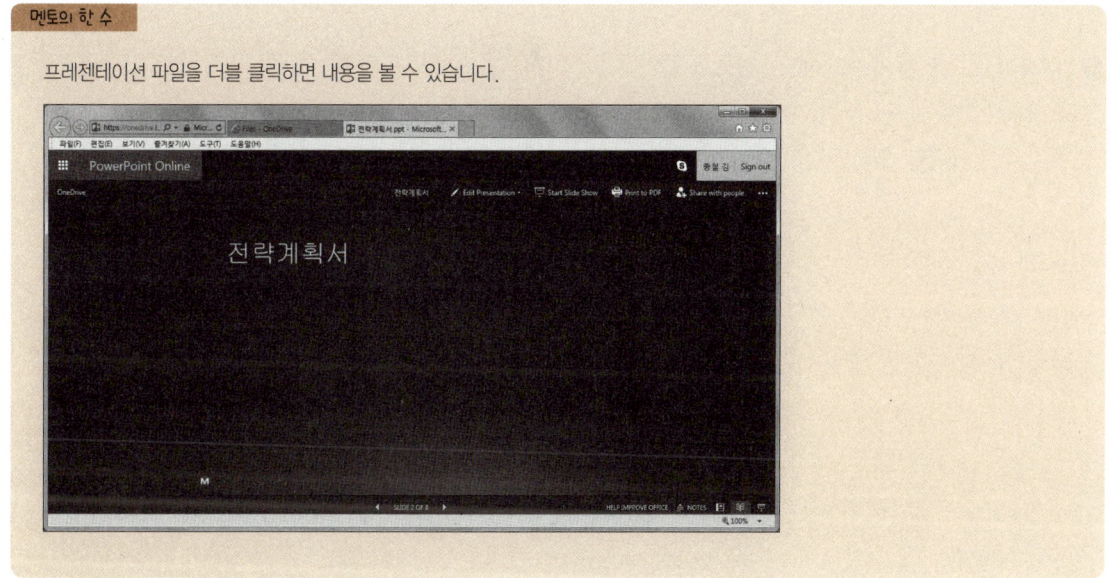

Chapter 05 슬라이드 쇼 구성 및 표시

5-1 슬라이드 쇼 보기

✤ 첫 번째 슬라이드부터 쇼를 진행하시오.

❶ [슬라이드 쇼] 탭-[슬라이드 쇼 시작] 그룹-[처음부터] 명령 단추를 클릭합니다.

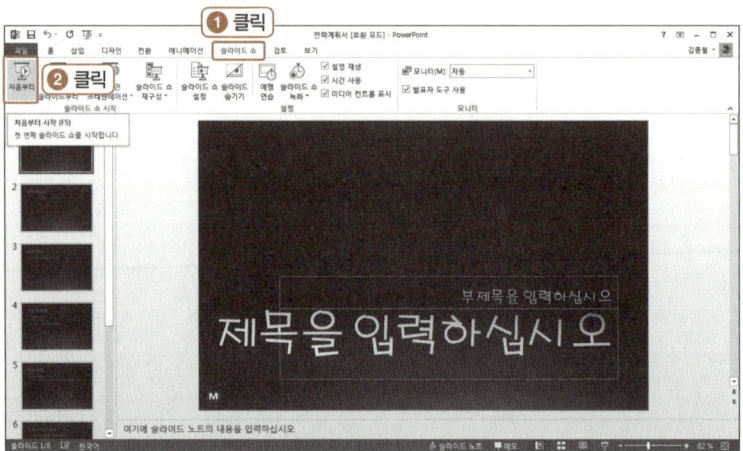

❷ 슬라이드 쇼가 실행됩니다.

> **멘토의 한 수**
> 첫 번째 슬라이드부터 쇼를 진행할 때 F5 를 눌러도 됩니다.

✤ 2번 슬라이드부터 슬라이드 쇼를 실행한 후 4번 슬라이드에 있는 '단어(목표)'에 노랑 펜으로 동그라미를 그리시오(잉크 주석은 저장할 것).

❶ 2번 슬라이드를 선택한 후 [슬라이드 쇼] 탭-[슬라이드 쇼 시작] 그룹-[현재 슬라이드부터] 명령 단추를 클릭합니다.

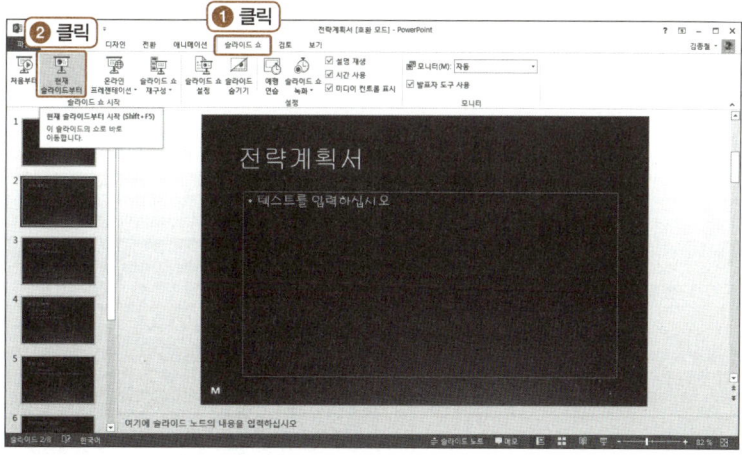

❷ 선택한 슬라이드부터 쇼가 진행됩니다.

멘토의 한 수

• 특정 슬라이드부터 쇼를 진행할 때는 슬라이드로 이동한 후 Shift + F5 를 눌러도 됩니다.
• 슬라이드로 이동한 후 파워포인트의 오른쪽 아래에 있는 화면 보기 도구에서 '슬라이드 쇼'를 클릭해도 됩니다.

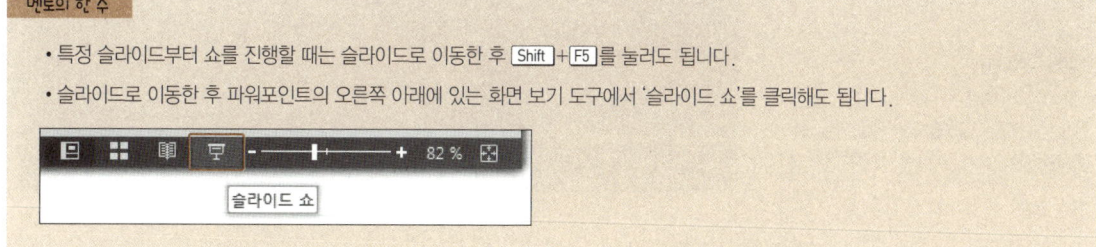

Chapter 05 슬라이드 쇼 구성 및 표시 | 51

❸ Enter 를 두 번 눌러 4번 슬라이드로 이동합니다.

> **멘토의 한 수**
>
> 마우스 오른쪽 단추를 클릭한 후 '다음'을 선택하거나 PageDown 을 눌러도 됩니다. 이동할 슬라이드 번호(4)를 입력한 후 Enter 를 눌러도 됩니다.

❹ 펜 색을 설정하기 위해 마우스 오른쪽 단추를 클릭한 후 '포인터 옵션'-'잉크 색'-'노랑'을 선택합니다.

> **멘토의 한 수**
>
> 펜 도구로 변환할 때는 Ctrl + P 를 눌러도 됩니다. 단, 펜 색이 기본 색상으로 설정됩니다. 펜 도구를 해제할 때는 Ctrl + A 를 누릅니다.

❺ '목표'에 동그라미를 드래그해서 그립니다.

> **멘토의 한 수**
>
> 잉크의 일부분을 지울 때는 Ctrl + E , 모든 잉크를 지울 때는 E 를 누릅니다.

❻ 슬라이드 쇼를 마치기 위해 마우스 오른쪽 단추를 클릭한 후 '쇼 마침'을 선택합니다.

> **멘토의 한 수**
>
> 슬라이드 쇼를 마칠 때 Esc를 눌러도 됩니다.

❼ 잉크 주석을 유지하기 위해 〈예〉를 클릭합니다.

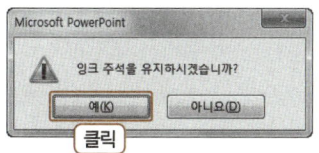

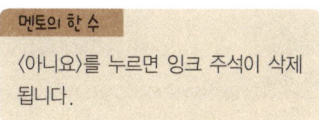

> 〈아니요〉를 누르면 잉크 주석이 삭제됩니다.

❽ 슬라이드에 잉크 주석이 표시됩니다.

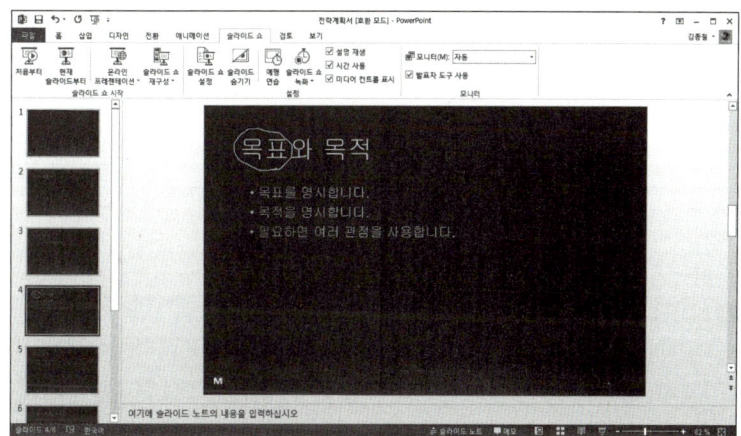

5-2 쇼 재구성

프레젠테이션을 만든 후 슬라이드 쇼를 진행할 때 특정 슬라이드는 쇼를 보여주고 싶지 않을 경우가 발생될 수 있습니다. 이럴 경우에는 슬라이드를 삭제해도 되지만 다음에 다시 사용할 수도 있기 때문에 권장할 방법은 아닙니다. 이럴 때 '쇼 재구성'을 이용하면 편리합니다. '쇼 재구성'이란 슬라이드 쇼에서 보여 줄 슬라이드만 따로 저장해서 보관하는 방법으로 모든 슬라이드를 보여 주지 않고 특정 슬라이드만 쇼를 진행할 때 사용합니다.

다음과 같이 슬라이드 쇼를 재구성 하시오.

쇼 이름	슬라이드
10분발표용	2-5

❶ [슬라이드 쇼] 탭-[슬라이드 쇼 시작] 그룹-[슬라이드 쇼 재구성] 명령 단추를 클릭한 후 '쇼 재구성'을 선택합니다.

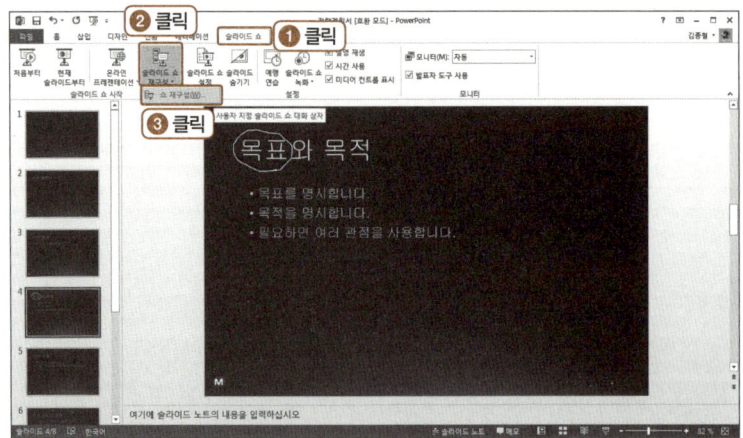

❷ [쇼 재구성] 대화 상자가 열리면 〈새로 만들기〉를 클릭합니다.

❸ [쇼 재구성 하기] 대화 상자가 열리면 '슬라이드 쇼 이름 : 10분발표용'을 입력한 후 2~5번 슬라이드를 선택하고 〈추가〉를 클릭합니다.

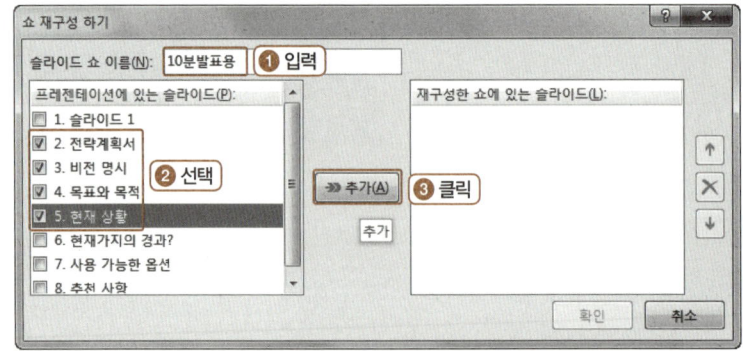

❹ 재구성 할 슬라이드를 추가했으면 〈확인〉을 클릭합니다.

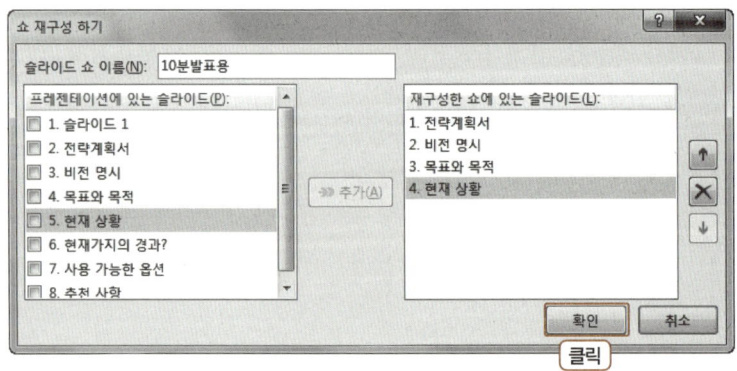

멘토의 한 수

'위로/아래로'를 클릭하면 재구성한 쇼에서 슬라이드 쇼를 진행할 때 순서를 변경할 수 있습니다.

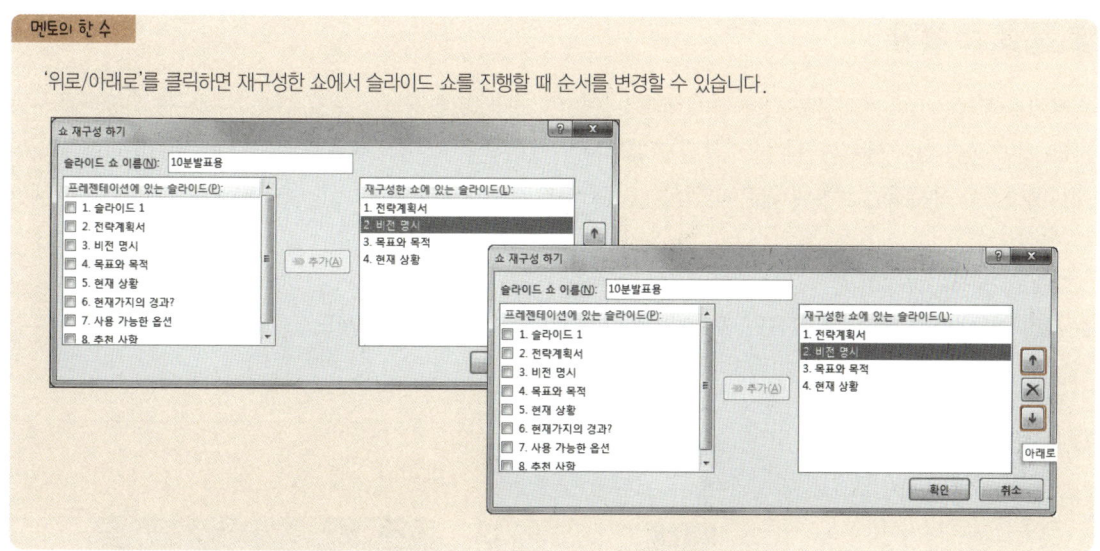

❺ [쇼 재구성] 대화 상자로 되돌아오면 〈닫기〉를 클릭합니다.

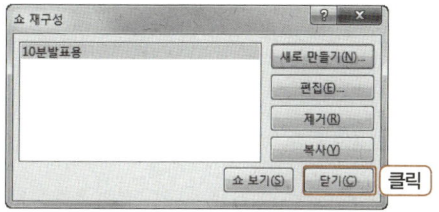

멘토의 한 수

- [슬라이드 쇼] 탭-[슬라이드 쇼 시작] 그룹-[슬라이드 쇼 재구성] 명령 단추를 클릭한 후 앞에서 설정한 '10분발표용'을 선택하면 쇼가 진행됩니다.

- '인쇄'를 수행할 때 재구성한 쇼만 인쇄할 수도 있습니다.

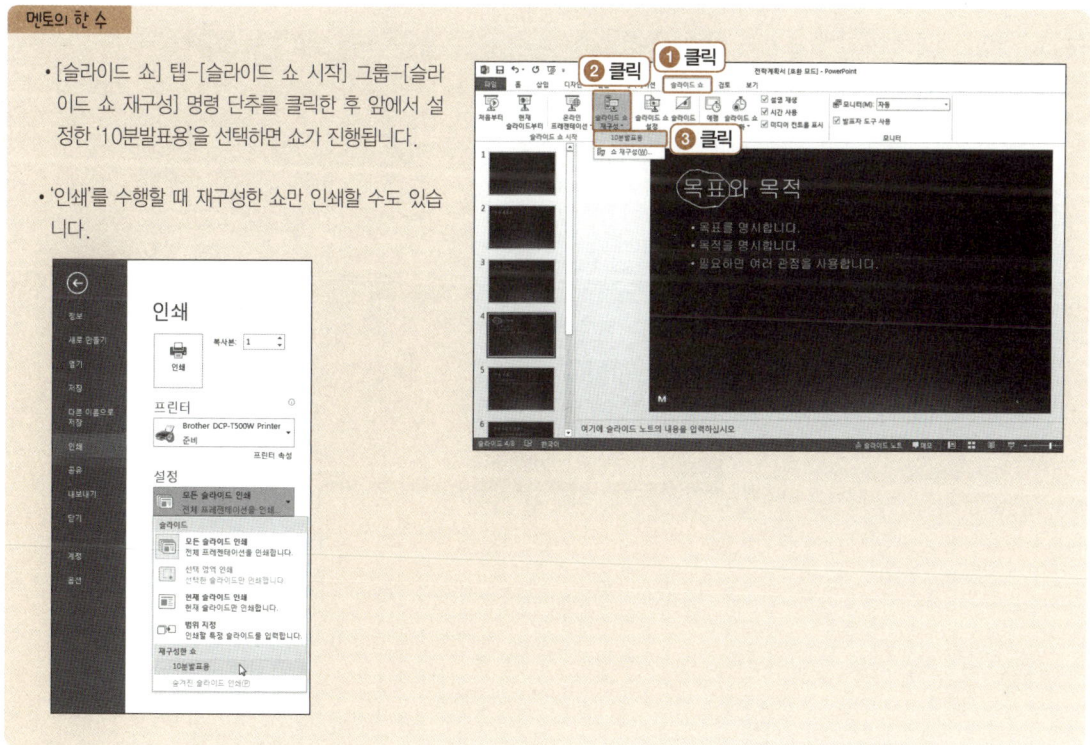

5-3 쇼 설정

슬라이드에 많은 애니메이션을 적용하면 프레젠테이션을 진행할 때 산만해 보일 수 있기 때문에 적당하게 사용하는 것이 좋습니다. 애니메이션이 적용된 프레젠테이션을 애니메이션 없이 슬라이드 쇼를 진행하려면 일일이 애니메이션을 삭제해야 하는데 많은 작업이 필요합니다. 이럴 경우에는 '쇼 설정'을 변경하면 간단하게 삭제할 수 있습니다.

✤ 슬라이드 쇼를 진행할 때 설정된 애니메이션이 나타나지 않도록 설정하시오.

❶ [슬라이드 쇼] 탭-[설정] 그룹-[슬라이드 쇼 설정] 명령 단추를 클릭합니다.

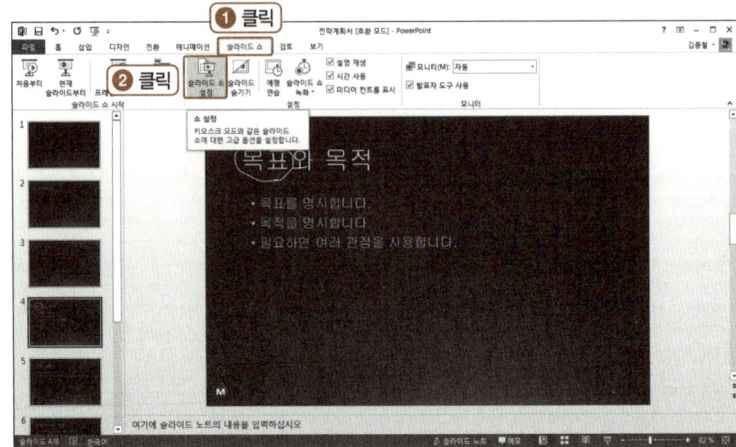

❷ [쇼 설정] 대화 상자가 열리면 '표시 옵션' 항목에서 '애니메이션 없이 보기'에 체크 표시한 후 〈확인〉을 클릭합니다.

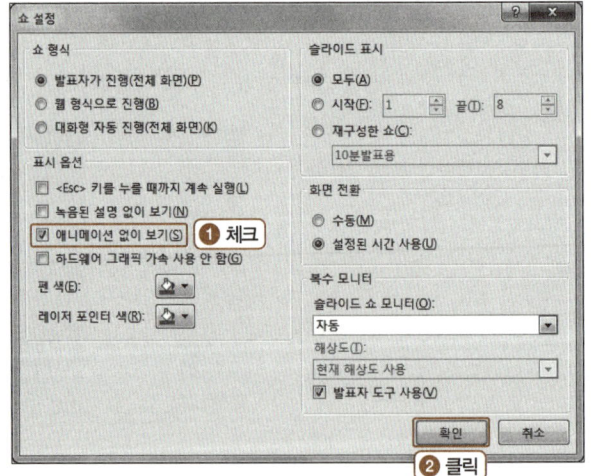

멘토의 한 수

- '슬라이드 표시' 항목에서 시작과 끝을 설정하면 해당 슬라이드만 쇼가 진행됩니다.

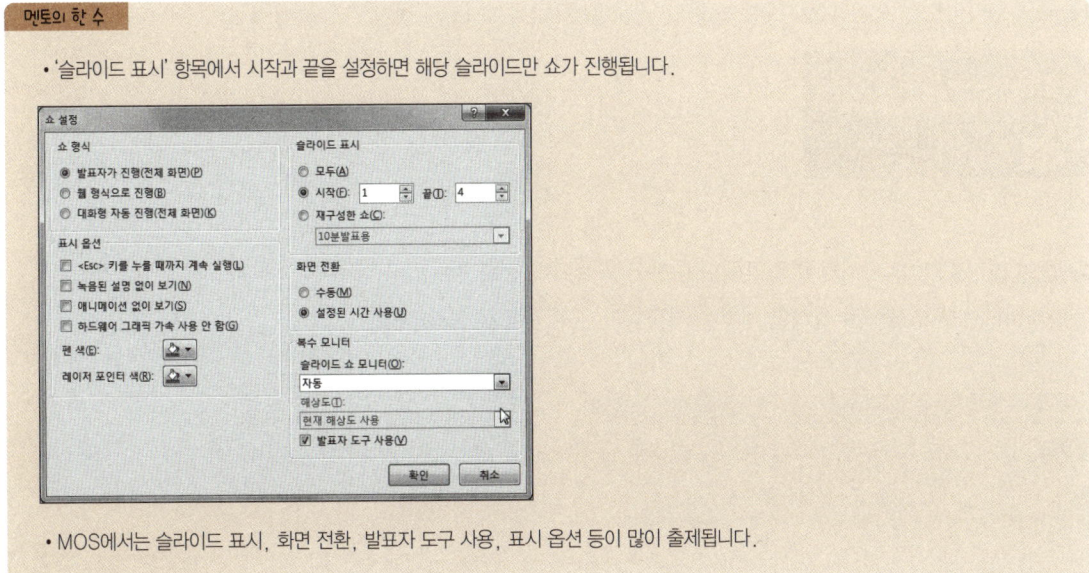

- MOS에서는 슬라이드 표시, 화면 전환, 발표자 도구 사용, 표시 옵션 등이 많이 출제됩니다.

5-4 예행 연습

예행 연습을 실행하면 각 슬라이드마다 발표하는 데 소요되는 시간을 측정할 수 있습니다. 그리고 전체 프레젠테이션을 진행하는 데 걸리는 시간을 알 수 있기 때문에 발표하는 시간을 조절할 수 있어서 편리합니다.

✤ **프레젠테이션의 예행 연습을 실행한 후 시간을 저장하시오.**

❶ [슬라이드 쇼] 탭-[설정] 그룹-[예행 연습] 명령 단추를 클릭합니다.

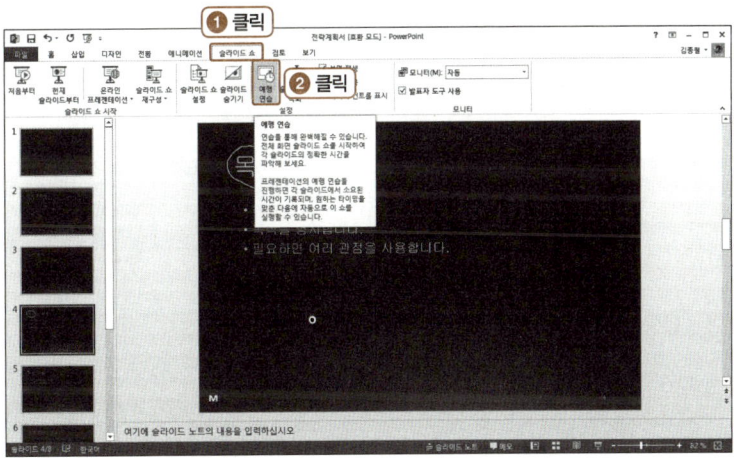

멘토의 한 수

슬라이드 쇼가 실행되면서 '예행 연습' 도구 모음에 각 슬라이드마다 발표하는 데 소요되는 시간이 기록됩니다.

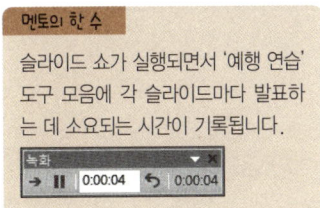

Chapter 05 슬라이드 쇼 구성 및 표시 | 57

❷ 다음 슬라이드를 보기 위해 '예행 연습' 도구 모음에서 [다음(→)] 명령 단추를 클릭합니다.

❸ 각 슬라이드의 발표 시간이 슬라이드 끝까지 기록되면 슬라이드 쇼를 진행하는 데 필요한 전체 시간이 표시됩니다. 예행 연습에서 설정한 시간을 저장하기 위해 〈예〉를 클릭합니다.

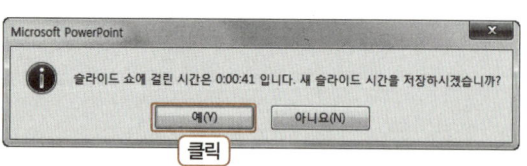

> **멘토의 한 수**
>
> 〈아니요〉 단추를 클릭하면 예행 연습에서 설정한 시간이 실제 슬라이드 쇼에서는 삭제되고 나타나지 않습니다.

❹ 여러 슬라이드 보기로 전환하면 각 슬라이드의 아래쪽에 슬라이드를 발표하는 데 걸리는 시간이 기록됩니다.

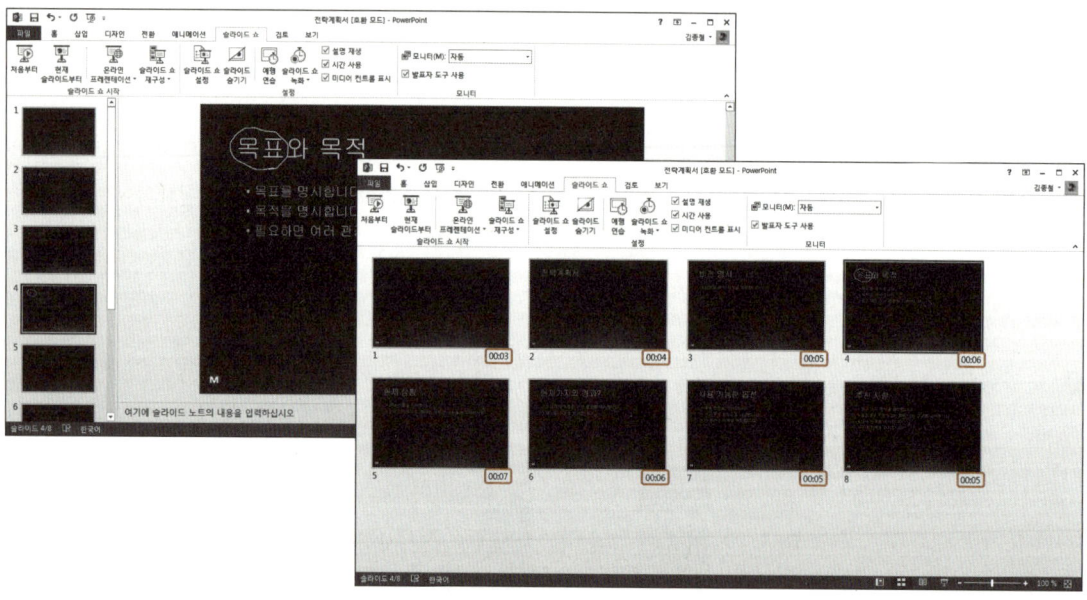

> **멘토의 한 수**
>
> '예행 연습' 대화 상자 기능
>
>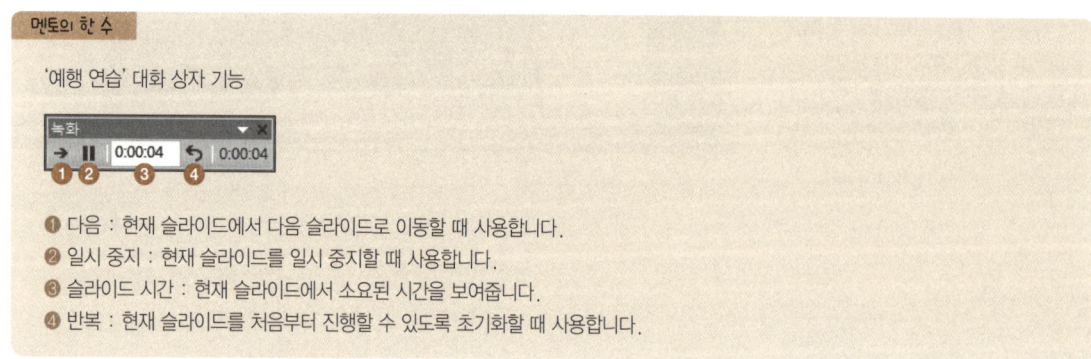
>
> ❶ 다음 : 현재 슬라이드에서 다음 슬라이드로 이동할 때 사용합니다.
> ❷ 일시 중지 : 현재 슬라이드를 일시 중지할 때 사용합니다.
> ❸ 슬라이드 시간 : 현재 슬라이드에서 소요된 시간을 보여줍니다.
> ❹ 반복 : 현재 슬라이드를 처음부터 진행할 수 있도록 초기화할 때 사용합니다.

PART 2

슬라이드와 도형 삽입 및 서식 지정

> **학습목표**
>
> 슬라이드 삽입 및 서식 지정, 도형 삽입 및 서식 지정, 도형과 슬라이드 정렬 및 그룹화 하는 방법에 대해 알아봅니다.

Chapter 01. 슬라이드 삽입 및 서식 지정

Chapter 02. 도형 삽입 및 서식 지정

Chapter 03. 도형과 슬라이드 정렬 및 그룹화

Chapter 01 슬라이드 삽입 및 서식 지정

◎ 예제: C:\MOS2013\POWERPOINT\2-1.pptx

1-1 새로운 슬라이드를 추가한 후 레이아웃 설정하기

파워포인트를 실행한 후 새로운 프레젠테이션을 작성하면 기본적으로 제목 슬라이드가 표시됩니다. 프레젠테이션을 완성하려면 다양한 레이아웃의 슬라이드를 추가해야 하는데, 새로운 슬라이드를 추가하면 기본적으로 '제목 및 내용' 슬라이드가 추가됩니다.

❖ '콘텐츠 2개' 레이아웃 슬라이드를 삽입한 후 추가한 슬라이드를 삭제하시오.

❶ [삽입] 탭-[슬라이드] 그룹-[새 슬라이드] 명령 단추의 목록 단추를 클릭합니다.

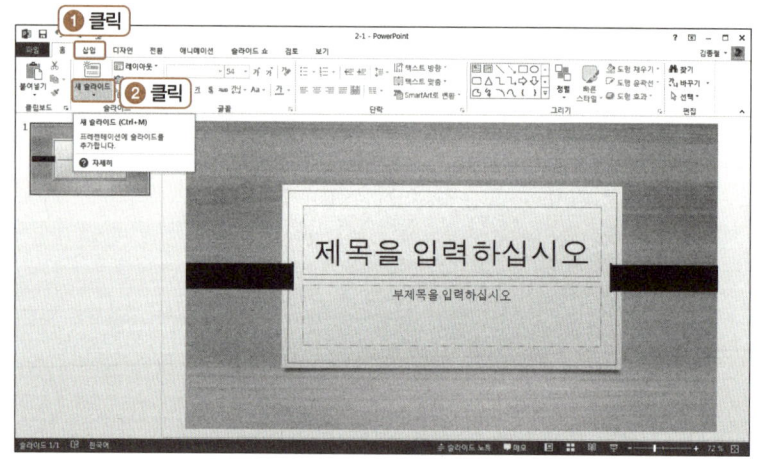

> **멘토의 한 수**
> [삽입] 탭-[슬라이드] 그룹-[새 슬라이드] 명령 단추를 클릭하면 '제목 및 내용' 레이아웃 슬라이드가 바로 추가됩니다.

❷ '콘텐츠 2개' 레이아웃을 선택합니다.

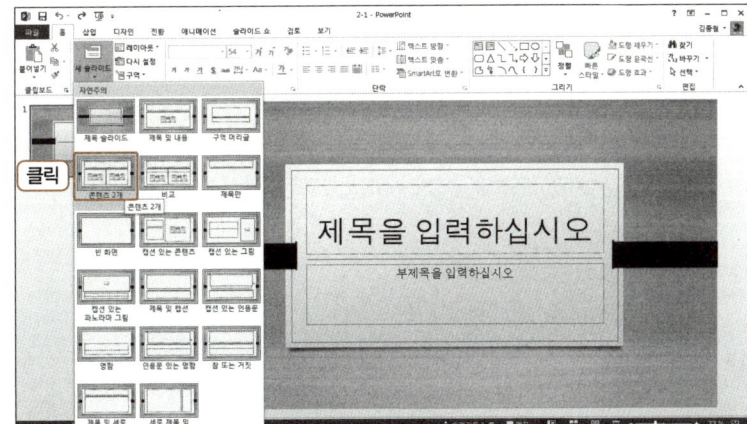

> **멘토의 한 수**
> 슬라이드를 선택하고 Enter 를 누르면 '제목 및 내용' 슬라이드가 추가됩니다.

❸ 선택한 레이아웃의 슬라이드가 삽입됩니다.

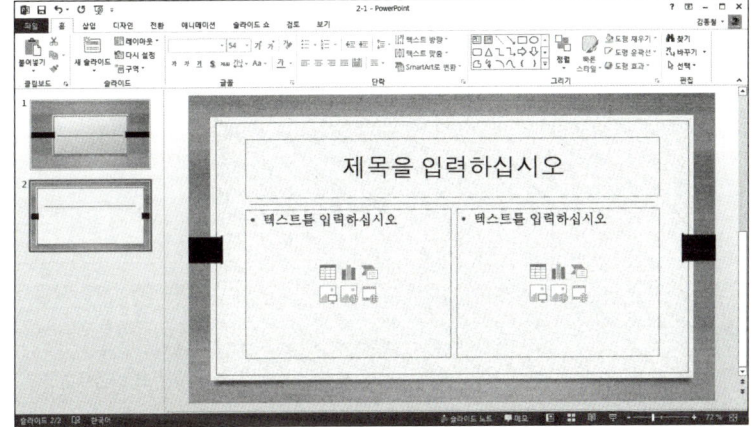

> **멘토의 한 수**
> '제목 및 내용' 레이아웃 슬라이드를 추가할 때는 단축키 Ctrl + M 을 눌러도 됩니다.

❹ 슬라이드를 삭제하기 위해 마우스 오른쪽 단추를 클릭한 후 '슬라이드 삭제'를 선택합니다.

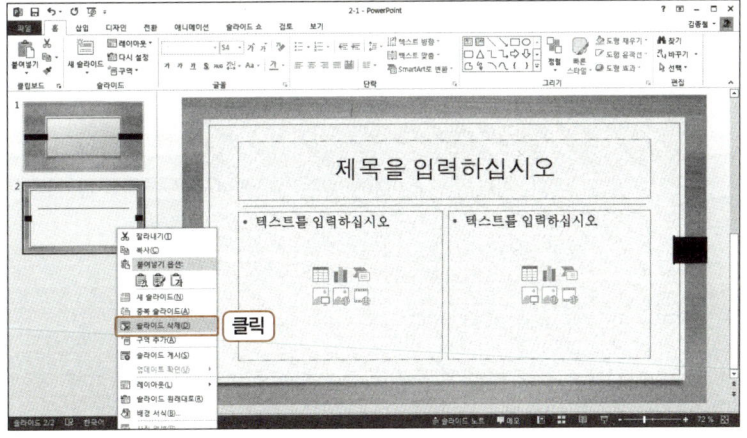

> **멘토의 한 수**
> 삭제할 슬라이드를 선택한 후 Delete 를 눌러도 됩니다.

Chapter 01 슬라이드 삽입 및 서식 지정 | 61

1-2 슬라이드 복제

슬라이드를 복사할 경우에는 복사한 후 붙여넣기를 실행하면 됩니다. 이럴 경우에는 복사(Crtl+C)-붙여넣기(Crtl+V) 두 번을 작업해야 하지만, 복제(Crtl+D) 기능은 한 번만 작업하면 되기 때문에 편리합니다. 슬라이드 뿐 아니라 개체에도 적용되기 때문에 프레젠테이션 작업 시 알아두면 편리한 기능입니다.

✤ 1번 슬라이드를 복제하시오.

❶ [삽입] 탭-[슬라이드] 그룹-[새 슬라이드] 명령 단추의 목록 단추를 클릭한 후 '선택한 슬라이드 복제'를 선택합니다.

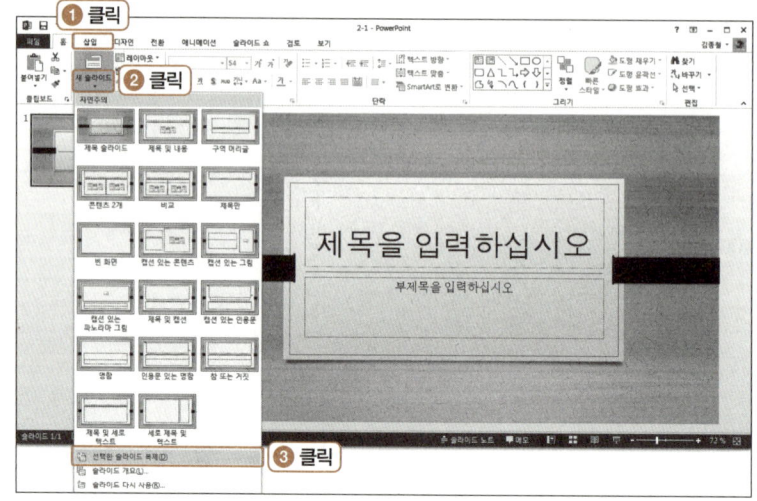

❷ 동일한 슬라이드가 만들어집니다.

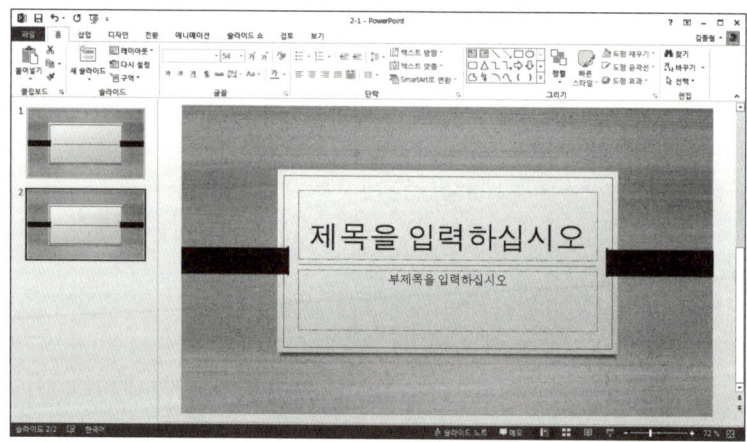

> **멘토의 한 수**
> 슬라이드를 복제할 때는 단축키 Ctrl +D를 눌러도 됩니다.

1-3 슬라이드 숨기기

프레젠테이션을 만든 후 특정 슬라이드를 쇼 진행 시 나타나지 않도록 하는 기능입니다. 슬라이드를 삭제하지는 않고 쇼에는 표시하지 않을 때 사용하면 편리합니다.

✦ 2번 슬라이드를 숨기시오.

❶ [슬라이드 쇼] 탭-[설정] 그룹-[슬라이드 숨기기] 명령 단추를 클릭합니다.

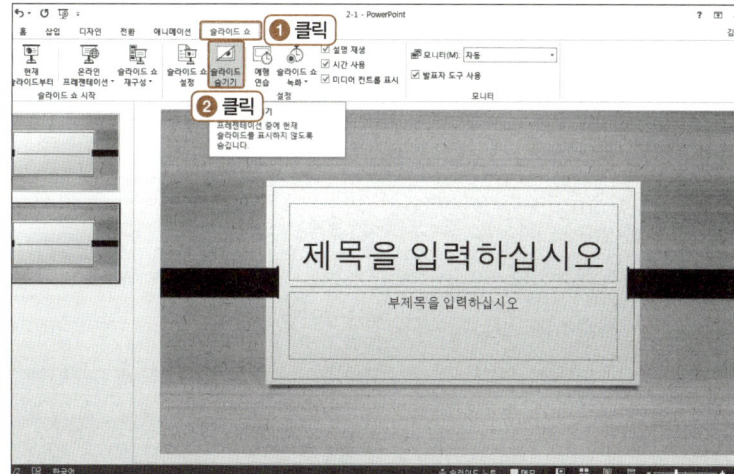

> **멘토의 한 수**
> 슬라이드 위에서 마우스 오른쪽 단추를 클릭한 후 '슬라이드 숨기기'를 선택해도 됩니다.

❷ 슬라이드 숨기기 표시( )가 나타납니다.

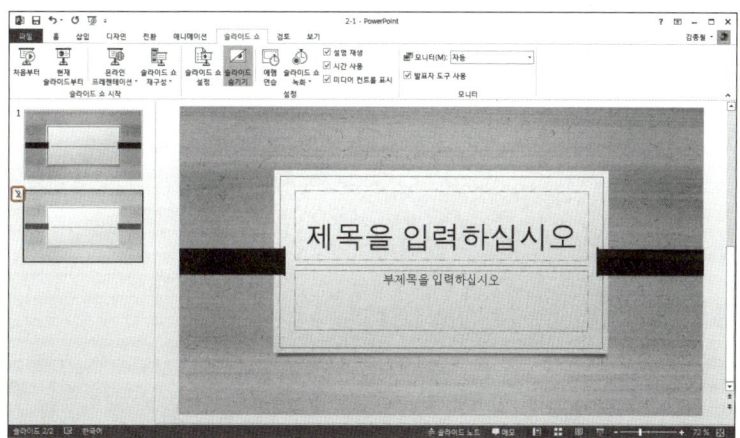

> **멘토의 한 수**
> - 슬라이드를 숨기면 슬라이드 번호에 표시가 나타납니다.
> - 슬라이드를 숨기기 하면 슬라이드 쇼를 진행할 때 해당 슬라이드는 나타나지 않습니다.
> - 숨겨진 슬라이드를 다시 나타나게 하려면 숨겨진 슬라이드 위에서 마우스 오른쪽 단추를 클릭한 후 '슬라이드 숨기기'를 선택합니다.

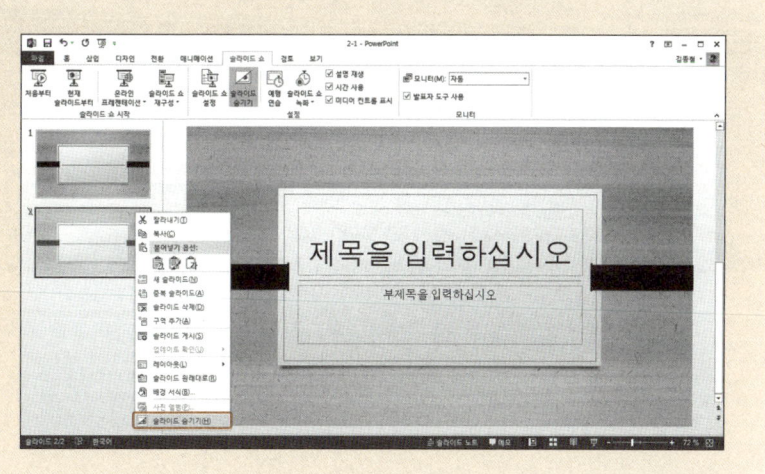

1-4 슬라이드 배경

다양한 테마와 많은 효과를 설정하여 프레젠테이션을 꾸밀 수 있지만, 독특하고 개성 있는 프레젠테이션을 만들기 위해 자신이 가지고 있는 이미지 파일을 슬라이드의 배경으로 사용하기도 합니다. 예를 들어, 나만의 그림을 만들어서 프레젠테이션 배경으로 삽입하면 세련된 프레젠테이션을 완성할 수 있습니다. 또한 그라데이션, 질감 등 파워포인트에서 제공하는 배경으로도 멋지게 꾸밀 수 있습니다.

✚ 모든 슬라이드의 배경을 '그라데이션 위쪽 스포트라이트 강조 6'으로 설정하시오.

❶ [디자인] 탭-[적용] 그룹의 [자세히(▼)]를 클릭합니다.

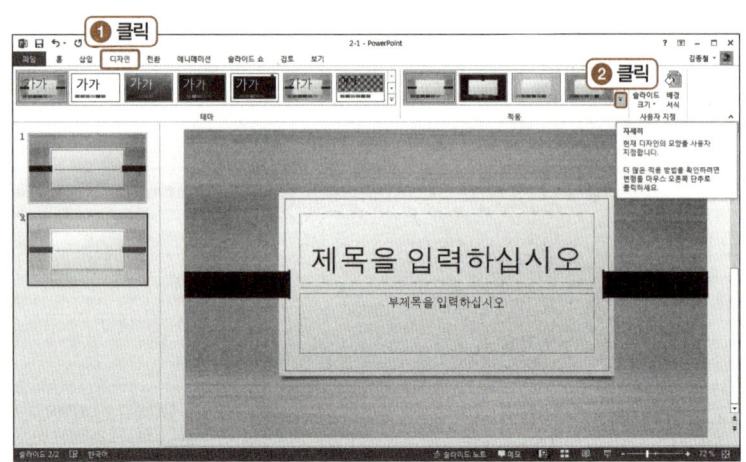

❷ [배경 스타일]-[배경 서식]을 클릭합니다.

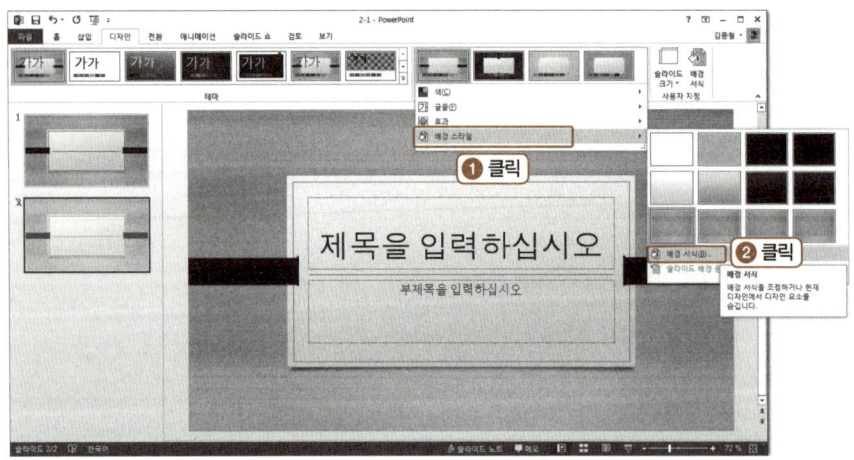

❸ '채우기 : 그라데이션 채우기, 그라데이션 미리 설정 : 위쪽 스포트라이트 강조 6'을 선택합니다.

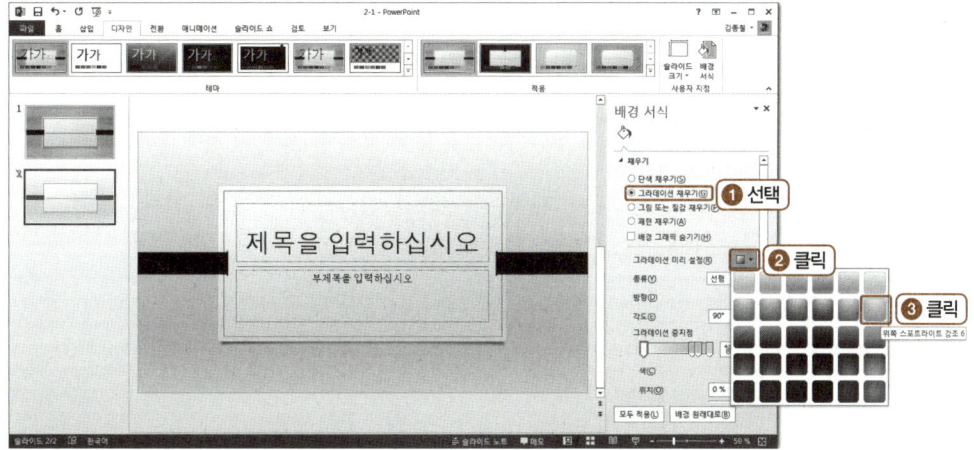

❹ 〈모두 적용〉을 클릭합니다.

멘토의 한 수

테마에서 설정할 때는 [디자인] 탭-[테마] 그룹에서 설정하려는 테마 위에서 마우스 오른쪽 단추를 클릭한 후 '모든 슬라이드에 적용/선택한 슬라이드에 적용'을 선택합니다.

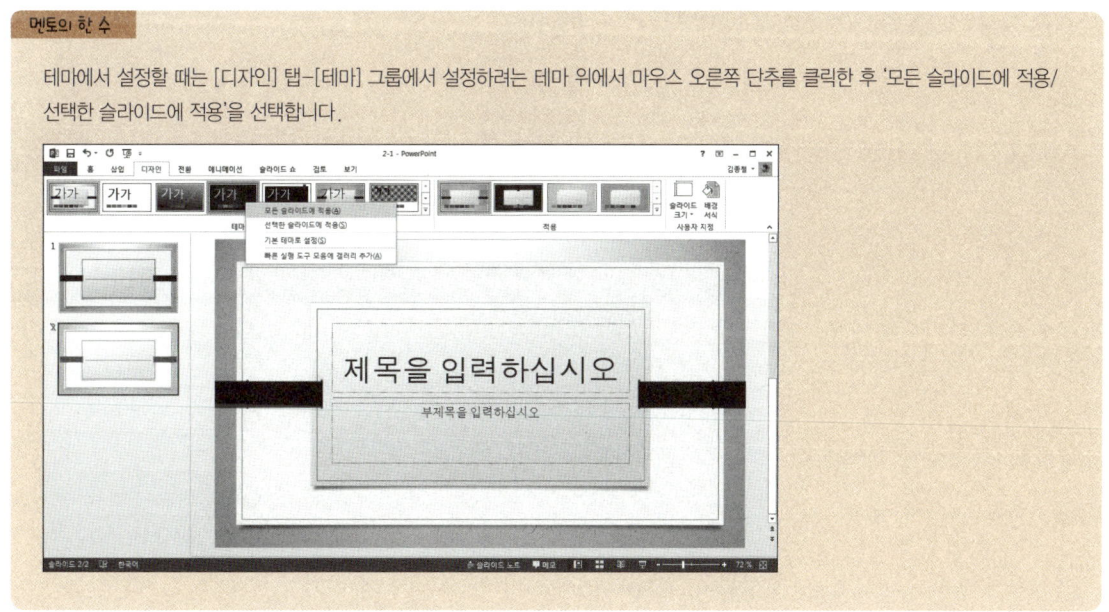

Chapter 02 도형 삽입 및 서식 지정

◎ 예제: C:\MOS2013\POWERPOINT\2-2.ppt

2-1 도형 삽입하기

파워포인트에서 가장 중요한 개체 중에 하나는 도형이라고 할 수 있습니다. 하나의 도형을 슬라이드에 추가하는 것은 물론 여러 도형을 묶어서 또 다른 도형을 만들 수 있습니다. 이때 선, 사각형, 기본 도형, 블록 화살표, 수식 도형, 순서도, 별 및 현수막, 설명선 등을 삽입할 수 있습니다.

✤ 1번 슬라이드의 텍스트(계획) 위에 '구름 모양 설명선' 도형을 삽입한 후 다음과 같이 크기와 위치를 변경하시오.

크기	위치
높이 : 4 cm, 너비 : 7 cm	가로 위치 : 22 cm, 세로 위치 : 6 cm

❶ [삽입] 탭-[일러스트레이션] 그룹-[도형] 명령 단추를 클릭합니다.

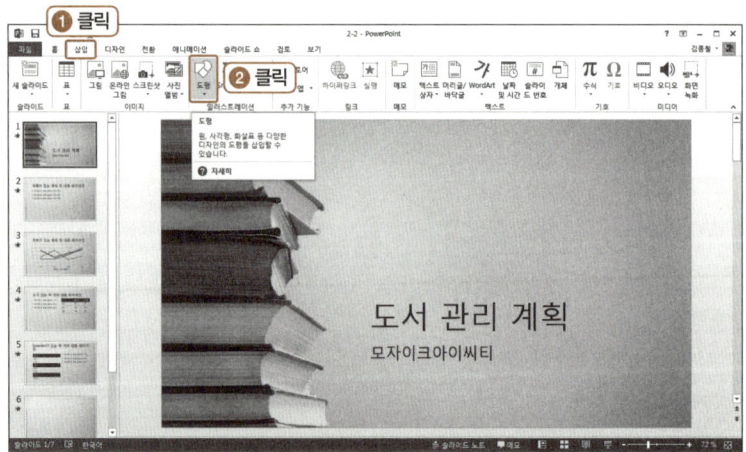

❷ '설명선'에서 '구름 모양 설명
선'을 선택합니다.

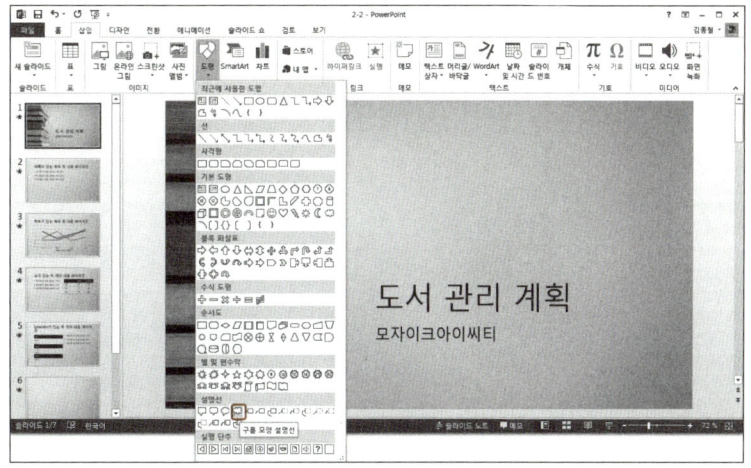

❸ 마우스로 드래그해서 '구름
모양 설명선' 도형을 삽입합
니다.

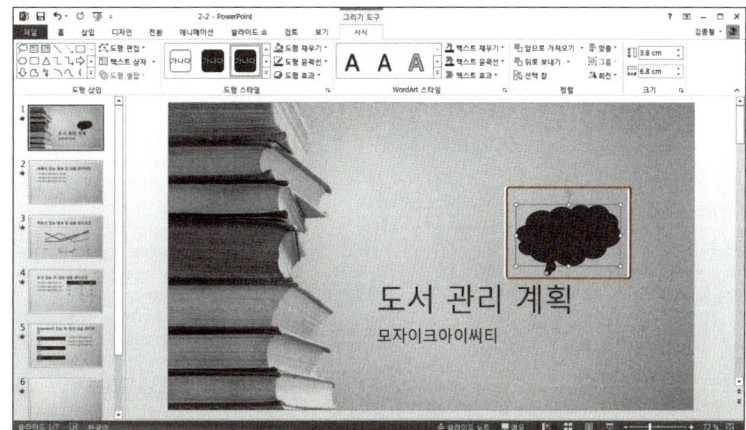

> 멘토의 한 수
>
> - Shift 를 누르면서 도형을 드래그하면 가로와 세로 크기가 동일한 도형을 삽입할 수 있으며, Ctrl 을 누르면서 그리면 드래그의 시
>   작점이 도형의 중심점이 됩니다. 즉, 도형이 안쪽에서 바깥쪽 방향으로 그려집니다.
> - Shift 를 누르면서 수평선을 그리면 일직선으로 삽입할 수 있습니다.
> - Shift + Ctrl 을 누르면서 드래그하면 가로와 세로가 동일한 크기의 도형을 안쪽에서부터 바깥쪽 방향으로 그릴 수 있습니다.

❹ [그리기 도구]–[서식] 탭–[크기] 그룹–['크기 및 위치' 자세히( )] 단추를 클릭합니다.

❺ '높이 : 4 cm, 너비 : 7 cm'로 설정합니다.

> **멘토의 한 수**
>
> • 높이와 너비를 동일한 비율로 크기를 조정할 때는 '가로 세로 비율 고정'을 체크 표시합니다.
>
>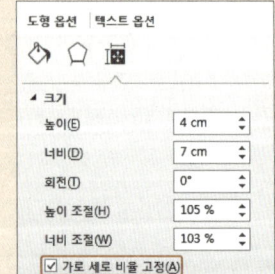
>
> • 단위(cm)는 입력하지 않아도 자동으로 입력됩니다.

❻ '가로 위치 : 22 cm, 세로 위
치 : 6 cm'로 설정합니다.

> **멘토의 한 수**
>
> • 위치의 기준은 '왼쪽 위 모서리 / 가운데'가 있습니다.
>
>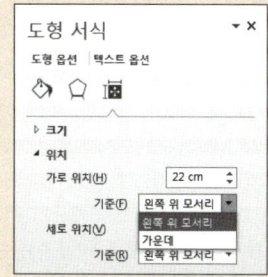
>
> • '위치' 항목을 클릭하면 세부 내용을 수정할 수 있는 화면이 나타납니다.
>
>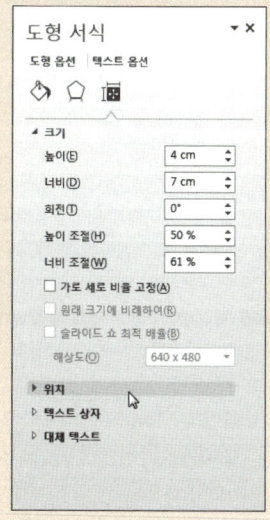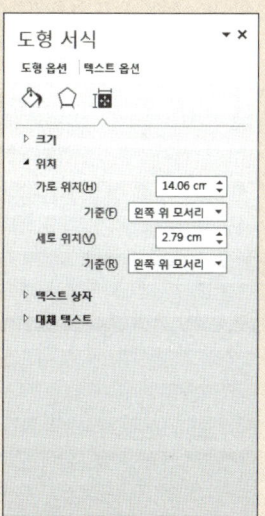
>
> • 도형을 선택하고 방향키인 ↑, ↓, →, ← 를 누르면 도형을 이동할 수 있습니다. 또한 Ctrl 을 누른 상태에서 방향키를 누르면 도형이 미세하게 이동됩니다. Alt 를 누르면서 마우스로 드래그하면 미세하게 위치를 이동할 수 있습니다.

Chapter 02 도형 삽입 및 서식 지정 | 69

2-2 도형 복사하기

슬라이드에 삽입된 도형은 다양한 방법으로 복사할 수 있습니다. 다른 개체와 동일한 방법으로 복사할 수 있으며, Shift 와 Crtl 을 활용하면 보다 편리하게 사용할 수 있습니다.

❖ 1번 슬라이드에 있는 '구름 모양 설명선' 도형을 왼쪽으로 복사하시오.

❶ 1번 슬라이드에 있는 '구름 모양 설명선' 도형을 선택합니다.

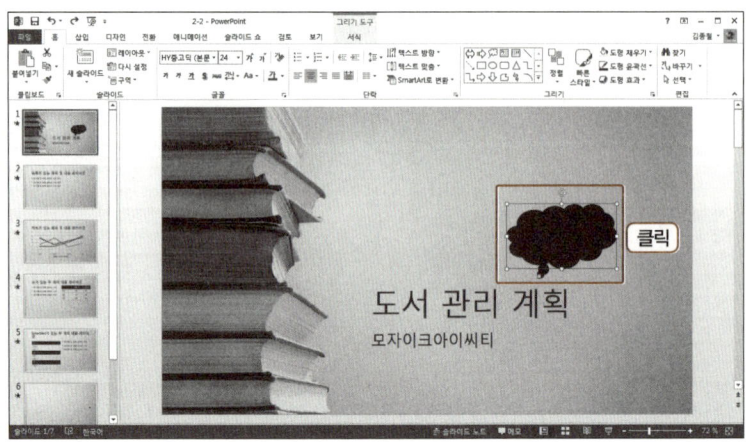

❷ Crtl 을 누르면서 왼쪽으로 드래그 합니다.

> **멘토의 한 수**
> Shift + Ctrl 을 누르면서 드래그하면 수평/수직으로 복사할 수 있습니다.

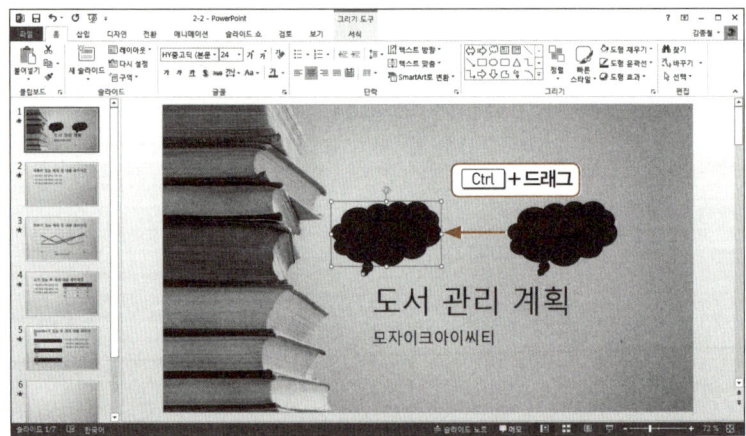

2-3 도형 병합하기

파워포인트는 두 개의 도형을 다양한 방법으로 병합할 수 있습니다. 병합, 결합, 조각, 교차, 빼기 등 두 개의 도형을 병합해서 다른 모양의 도형을 만들 수 있습니다. 상황에 따라 다양한 모양을 만들 수 있기 때문에 필요한 경우 사용하면 편리합니다.

❖ 직사각형과 왼쪽/오른쪽 화살표 도형을 삽입한 후 두 개의 도형을 결합하고 -10°만큼 회전하시오.

❶ [삽입] 탭-[일러스트레이션] 그룹-[도형] 명령 단추를 클릭한 후 '직사각형'을 선택합니다.

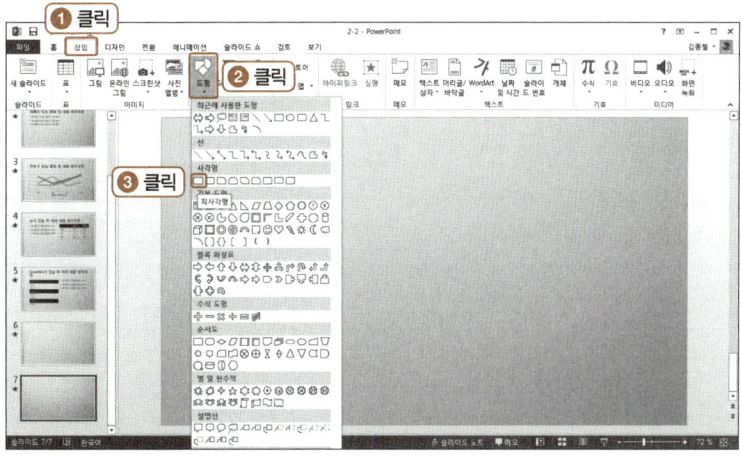

❷ 다음과 같이 도형을 삽입합니다.

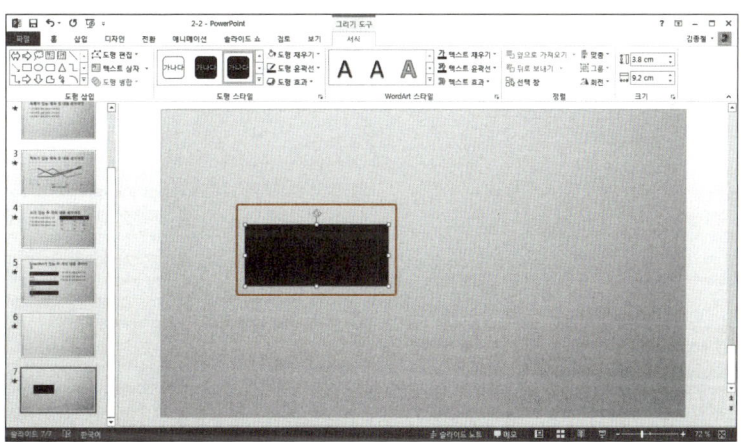

❸ 동일한 방법으로 '왼쪽/오른쪽 화살표' 도형을 삽입합니다.

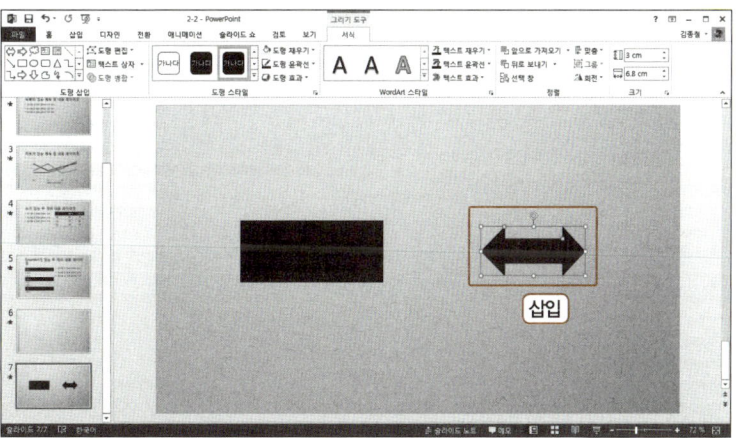

❹ 두 개의 도형을 결합하기 위해 '왼쪽/오른쪽 화살표' 도형을 '직사각형' 위로 이동합니다. 그런 다음 Crtl 을 누르면서 '직사각형' 도형을 클릭해서 두 개의 도형이 모두 선택되도록 합니다.

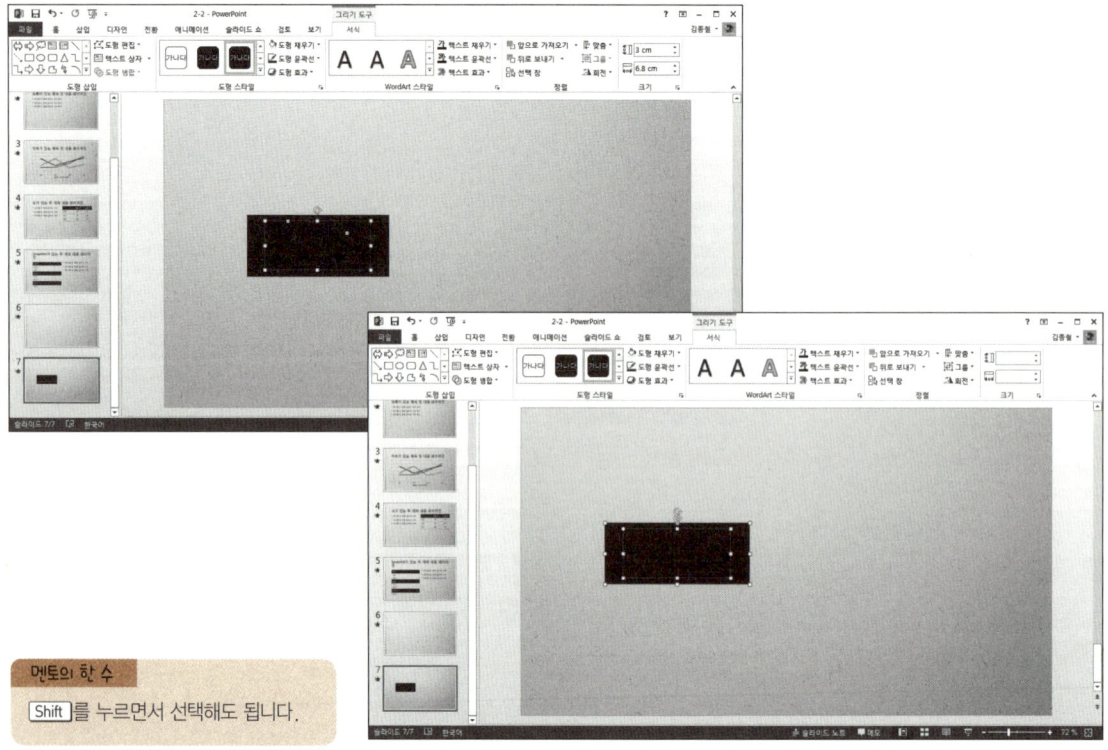

> **멘토의 한 수**
> Shift 를 누르면서 선택해도 됩니다.

❺ [그리기 도구]-[서식] 탭-[도형 삽입] 그룹-[도형 병합] 명령 단추를 클릭한 후 '결합'을 선택합니다.

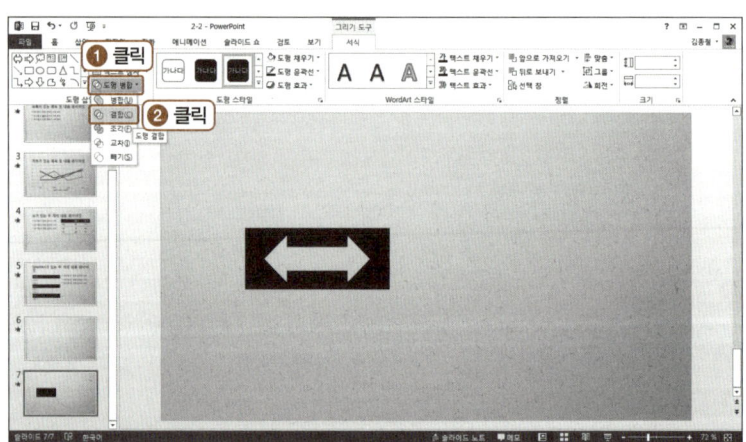

❻ 두 개의 도형이 하나로 결합됩니다.

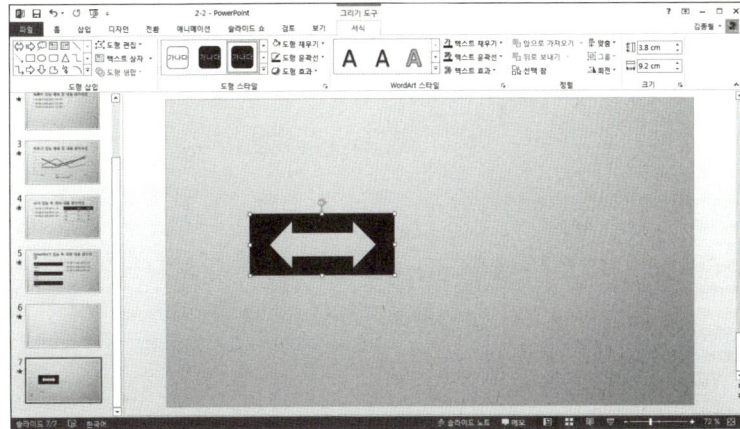

> **멘토의 한 수**
> 두 개의 도형을 병합하는 방법으로는 병합, 결합, 조각, 교차, 빼기 등이 있습니다.

❼ [그리기 도구]-[서식] 탭-[정렬] 그룹-[회전] 명령 단추를 클릭한 후 '기타 회전 옵션'을 선택합니다.

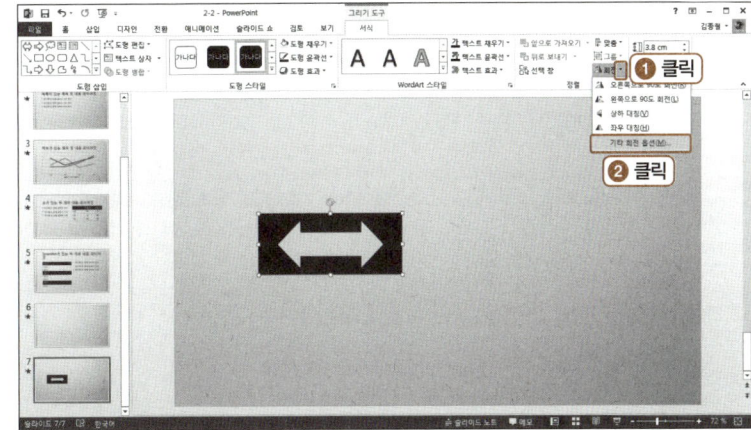

❽ '회전 : -10°'로 설정합니다.

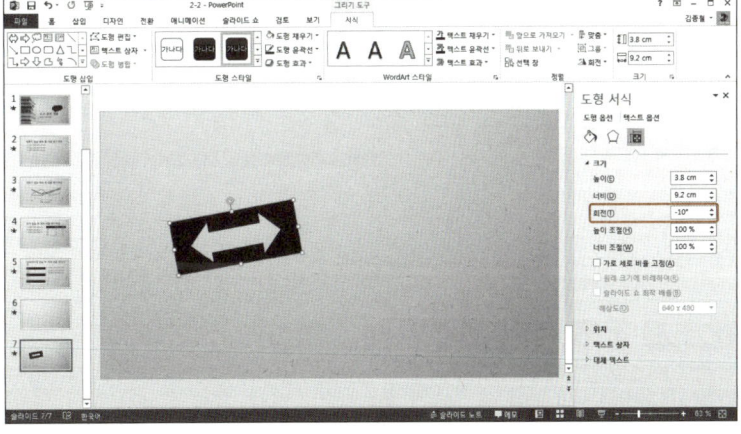

Chapter 02 도형 삽입 및 서식 지정 | 73

2-4 순서 변경하기

여러 도형들이 겹쳐있으면 뒤에 있는 도형은 앞에 있는 도형 때문에 보이지 않을 수 있습니다. 이 경우 앞에 있는 도형을 뒤로 보내거나 반대로 뒤에 있는 도형을 앞으로 가져오면 가려져 있는 도형을 잘 보이게 나타낼 수 있습니다.

✤ 6번 슬라이드에서 컴퓨터 그림의 순서를 맨 뒤로 이동하시오.

❶ 6번 슬라이드에 있는 컴퓨터 그림을 선택한 후 [그림 도구]-[서식] 탭-[정렬] 그룹-[뒤로 보내기]의 목록 단추를 클릭한 후 '맨 뒤로 보내기'를 선택합니다.

> **멘토의 한 수**
> 마우스 오른쪽 단추를 클릭한 후 '맨 뒤로 보내기'-'맨 뒤로 보내기'를 선택해도 됩니다.

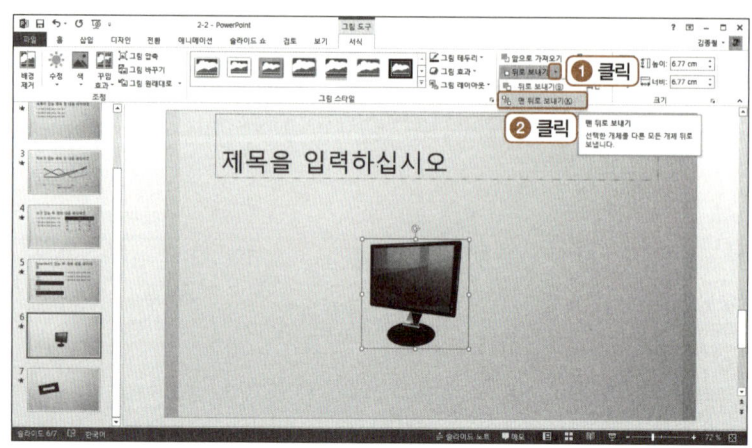

❷ 앞에 있던 컴퓨터 그림이 뒤로 이동하면서 뒤에 있던 그림이 나타납니다.

> **멘토의 한 수**
> 뒤로 이동한 그림을 앞으로 가져 올 경우에는 그림 위에서 마우스 오른쪽 단추를 클릭한 후 '맨 앞으로 가져오기'-'맨 앞으로 가져오기'를 선택하거나 그림을 선택한 후 [그림 도구]-[서식] 탭-[정렬] 그룹-[앞으로 가져오기]의 목록 단추를 클릭한 후 '맨 앞으로 가져오기'를 선택합니다.

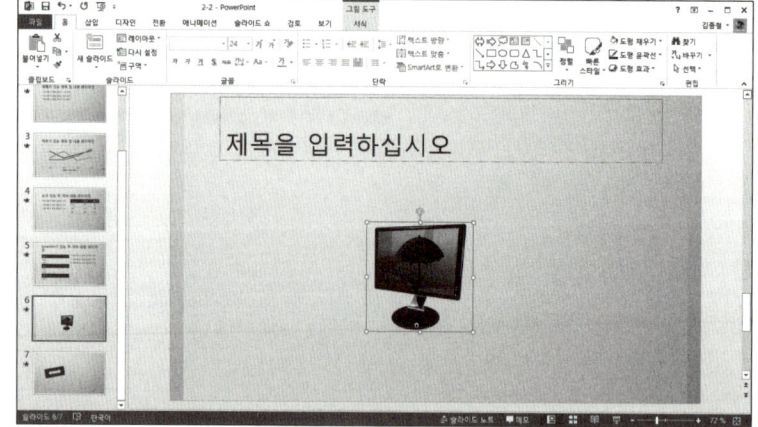

2-5 도형 서식 변경하기

슬라이드에 삽입된 도형은 스타일, 채우기, 윤곽선, 효과 등을 설정할 수 있습니다. 슬라이드의 배경과 조화로운 색상을 지정한다면 보다 멋진 프레젠테이션을 진행할 수 있을 것입니다.

❖ 1번 슬라이드에 있는 왼쪽 도형의 스타일을 '보통 효과 – 바다색, 강조 2'로, 오른쪽 도형의 그림자 효과를 '원근감 대각선 오른쪽 위'로 설정하시오.

❶ 1번 슬라이드의 왼쪽 도형을 선택한 후 [그리기 도구]-[서식] 탭-[도형 스타일] 그룹-[자세히]를 클릭한 후 '보통 효과 – 바다색, 강조 2'를 선택합니다.

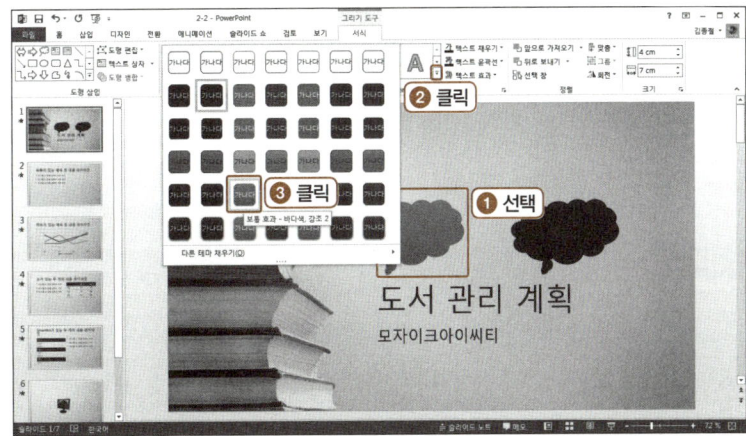

❷ 오른쪽 도형을 선택한 후 [그리기 도구]-[서식] 탭-[도형 스타일] 그룹-[도형 효과]를 클릭한 후 '그림자-원근감 대각선 오른쪽 위'를 선택합니다.

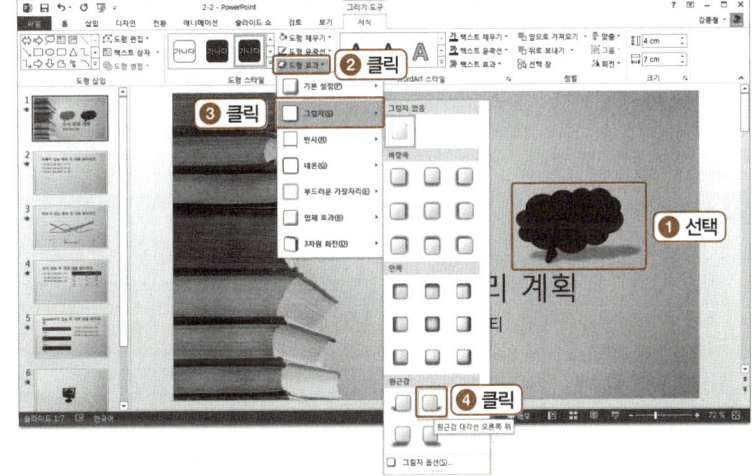

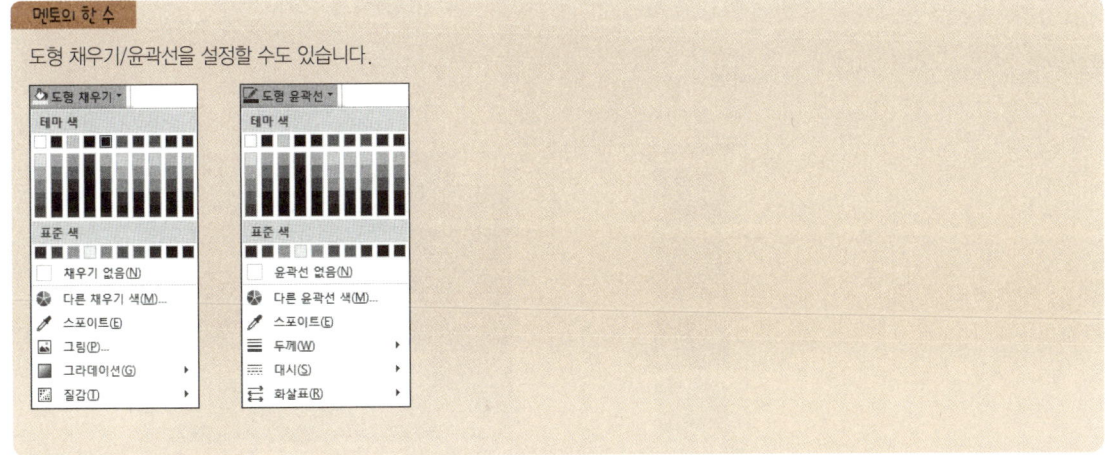

Chapter 02 도형 삽입 및 서식 지정 | 75

Chapter 03 도형과 슬라이드 정렬 및 그룹화

◎ 예제: C:₩MOS2013₩POWERPOINT₩2-3.pptx

3-1 구역

프레젠테이션에서 비슷한 유형의 슬라이드를 그룹별로 묶어서 관리하면 편리할 것입니다. 이럴 경우 슬라이드를 구역으로 나누고 정리해두면 관리뿐 아니라 인쇄까지도 편리하게 사용할 수 있습니다.

✦ 5번 슬라이드를 기준으로 구역을 추가하시오(구역 이름은 '현재 상황'으로 할 것).

❶ 5번 슬라이드에서 [홈] 탭-[슬라이드] 그룹-[구역] 명령 단추를 클릭합니다.

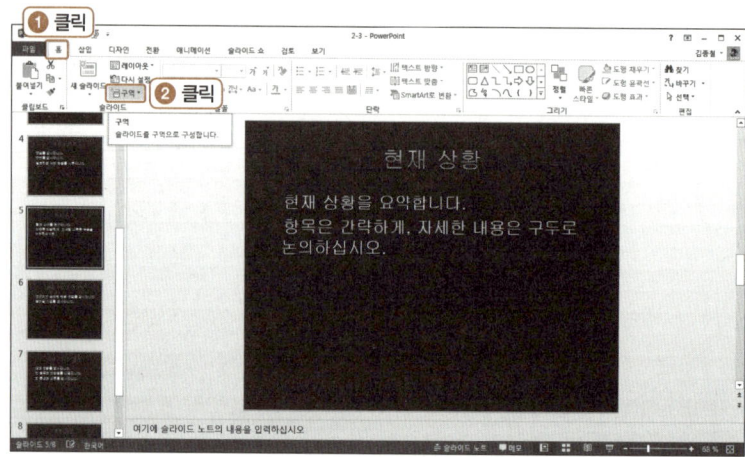

❷ '구역 추가'를 선택합니다.

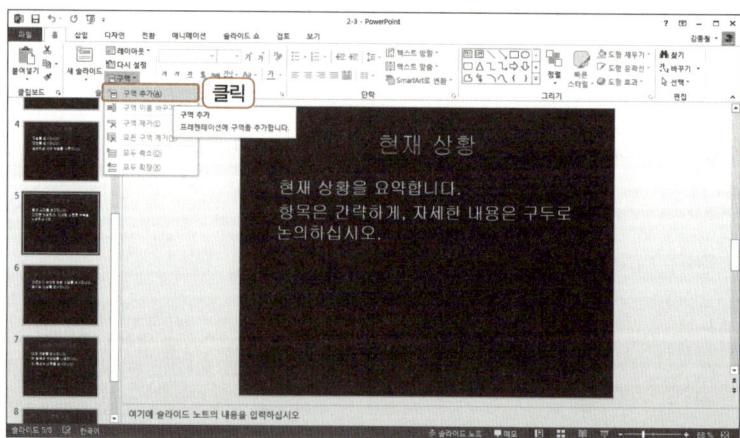

멘토의 한 수

슬라이드 위에서 마우스 오른쪽 단추를 클릭한 후 '구역 추가'를 선택해도 됩니다.

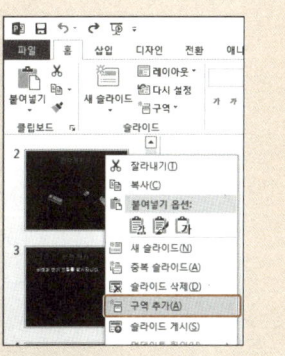

❸ [홈] 탭-[슬라이드] 그룹-[구역] 명령 단추를 클릭한 후 '구역 이름 바꾸기'를 선택합니다.

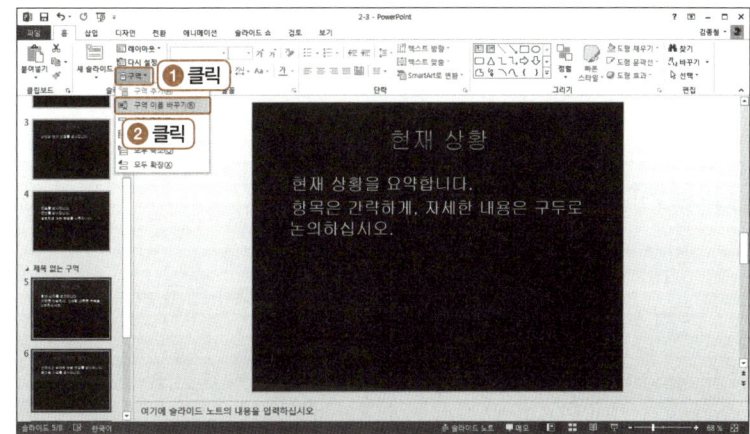

❹ '구역 이름 : 현재 상황'으로 변경한 후 〈이름 바꾸기〉를 클릭합니다.

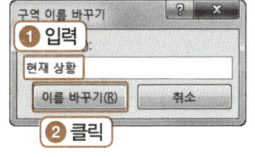

멘토의 한 수

구역 이름 위에서 마우스 오른쪽 단추를 클릭한 후 '구역 이름 바꾸기'를 선택해도 됩니다.

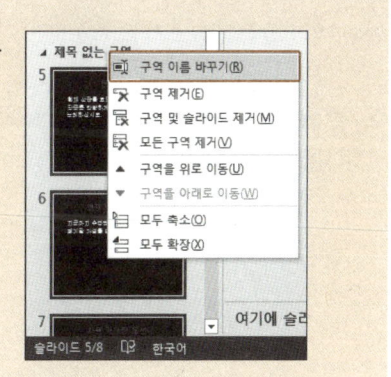

Chapter 03 도형과 슬라이드 정렬 및 그룹화 | 77

❺ 구역 이름이 변경된 것을 볼 수 있습니다.

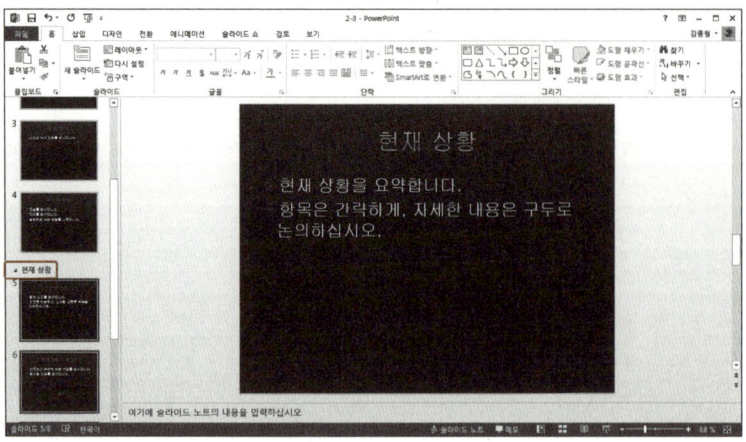

> **멘토의 한 수**
>
> 설정된 구역을 삭제할 때는 구역 이름 위에서 마우스 오른쪽 단추를 클릭한 후 '구역 제거'를 선택하거나 [홈] 탭-[슬라이드] 그룹-[구역] 명령 단추를 클릭한 후 '구역 제거'를 선택합니다.

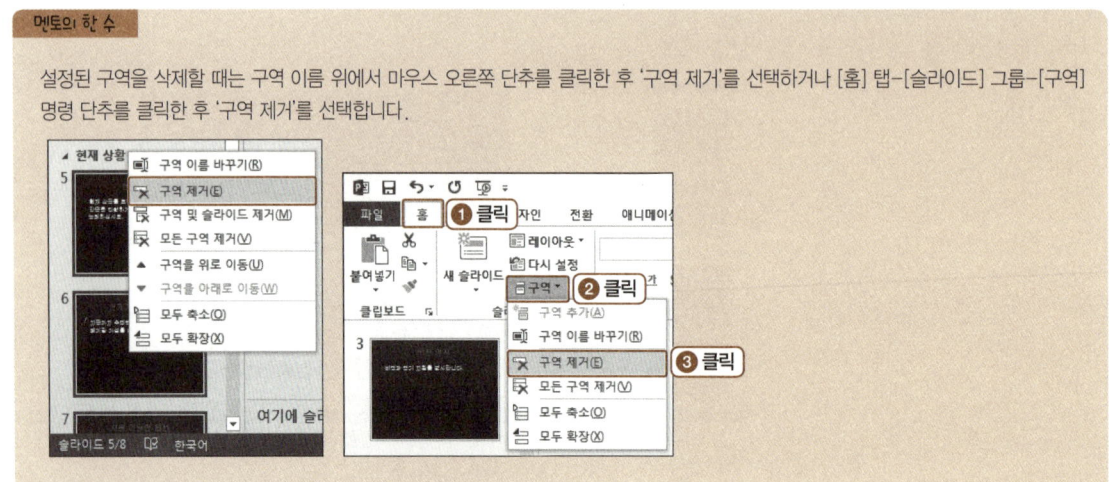

3-2 슬라이드 순서

프레젠테이션을 만들 때 슬라이드 순서를 변경하는 일이 많을 것입니다. 이럴 경우에는 잘라내기를 한 후 붙여 넣기를 해도 되지만, 간단하게 드래그해서 이동하는 방법이 더욱 편리할 것입니다. 또한 슬라이드가 많을 경우에는 '여러 슬라이드 보기'를 이용하면 더욱 편리하게 이동할 수 있습니다.

✤ 2번 슬라이드를 5번 슬라이드 앞으로 이동한 후 '현재 상황' 구역에 있는 모든 슬라이드를 맨 앞으로 이동하시오.

❶ 2번 슬라이드를 선택합니다.

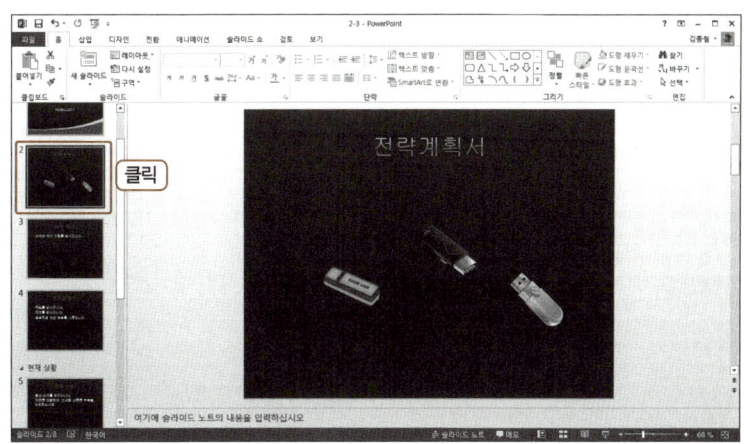

❷ 드래그해서 5번 슬라이드 앞으로 놓습니다.

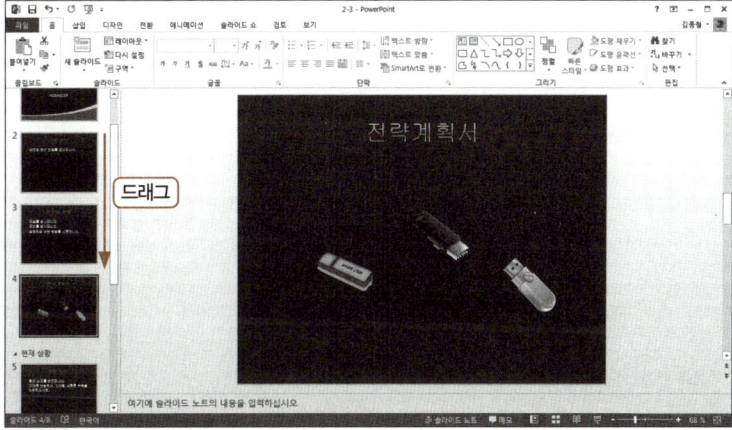

멘토의 한 수

2번 슬라이드를 잘라내기 한 후 5번 슬라이드 앞에서 붙여넣기해도 됩니다.

❸ '현재 상황' 구역 위에서 마우스 오른쪽 단추를 클릭한 후 '구역을 위로 이동'을 선택합니다.

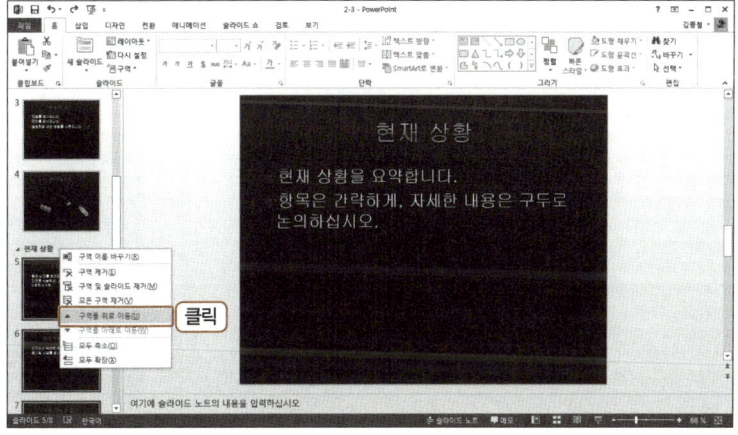

❹ '현재 상황' 구역이 위로 이동 됩니다.

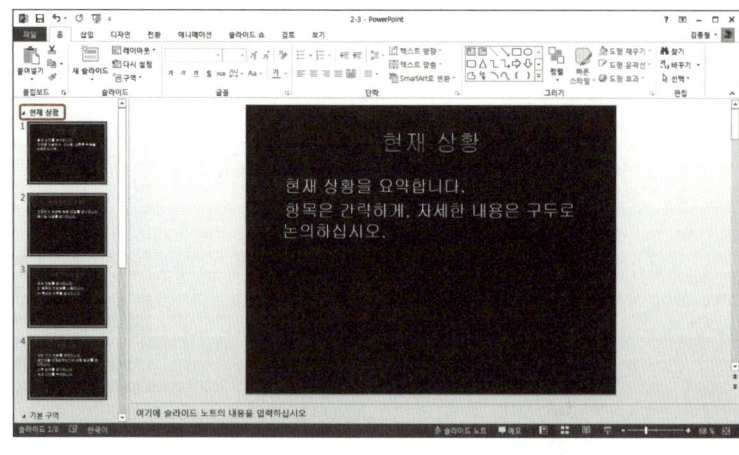

> **멘토의 한 수**
>
> '현재 상황' 구역을 드래그해서 놓아도 됩니다.
>
>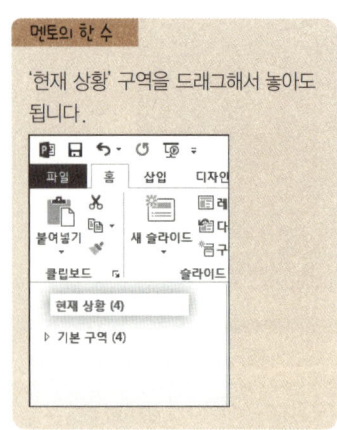

3-3 눈금 표시하기

슬라이드에 도형 작업이 많을 경우 모눈종이처럼 눈금선을 표시하면 도형을 편집할 때 균형을 맞추면서 그릴 수 있어 편리합니다. 눈금선은 기본적으로 표시되는 것 이외에 자세하게 사용자가 설정할 수 있어 작업하는 특성에 따라 맞추어서 사용하면 됩니다.

✤ 슬라이드에 다음과 같이 표시하시오.

간격	눈금
3눈금/cm	화면에 표시

❶ [보기] 탭-[표시] 그룹-['눈금 설정' 자세히(⌐)] 단추를 클릭합니다.

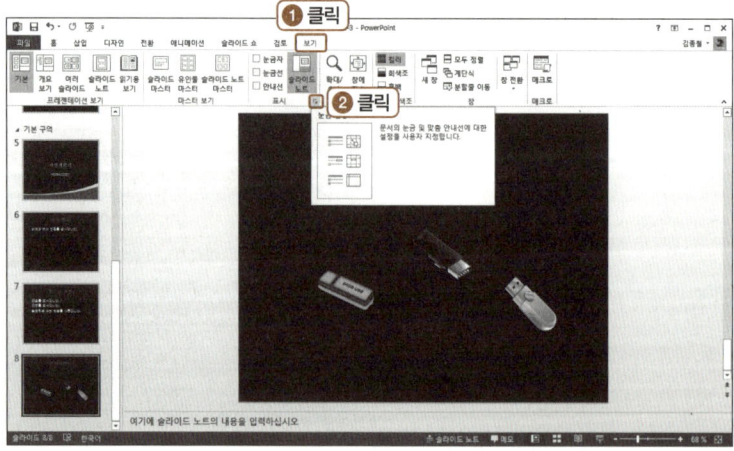

❷ '간격 : 3눈금/cm'로 설정한 후 '화면에 눈금 표시'를 체크 표시합니다. 그런 다음 〈확인〉을 클릭합니다.

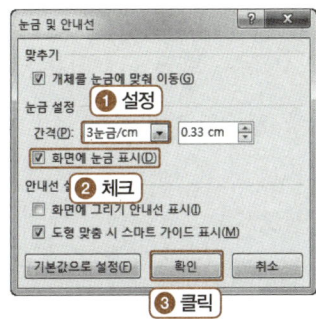

> **멘토의 한 수**
>
> 눈금선을 해제할 때는 [보기] 탭-[표시] 그룹-[눈금선]의 표시를 해제하면 됩니다.

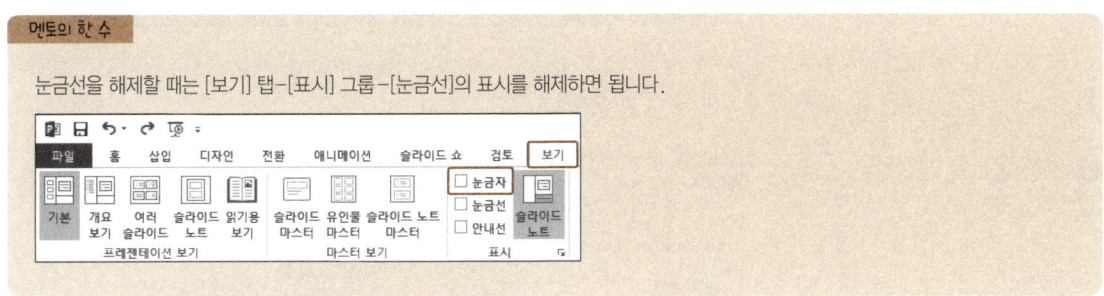

3-4 정렬

슬라이드에 도형이나 그림을 삽입한 후 일정한 간격을 유지할 때는 맞춤과 배분을 이용하면 편리합니다. 일일이 작업하는 것보다는 훨씬 편리하게 작업할 수 있기 때문에 작업 시간을 절약할 수 있습니다.

✤ 8번 슬라이드에 있는 세 개의 그림을 '위쪽 맞춤'으로 설정하시오.

❶ 8번 슬라이드에 있는 세 개의 그림을 Ctrl 을 누르면서 선택합니다.

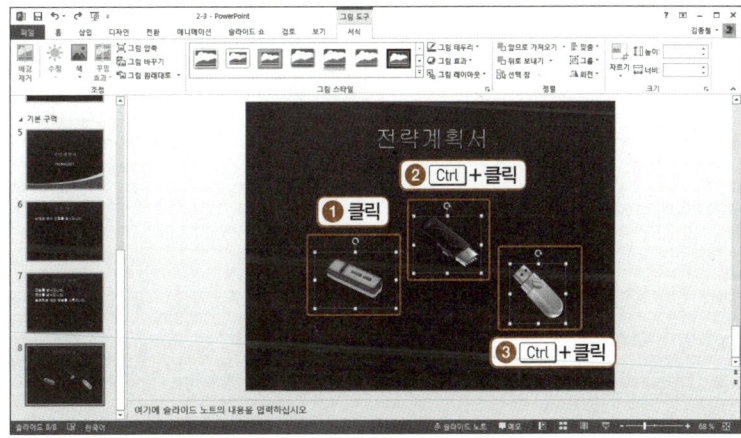

> **멘토의 한 수**
>
> Shift 를 누르면서 선택해도 됩니다.

❷ [그림 도구]-[서식] 탭-[정렬] 그룹-[맞춤] 명령 단추를 클릭합니다.

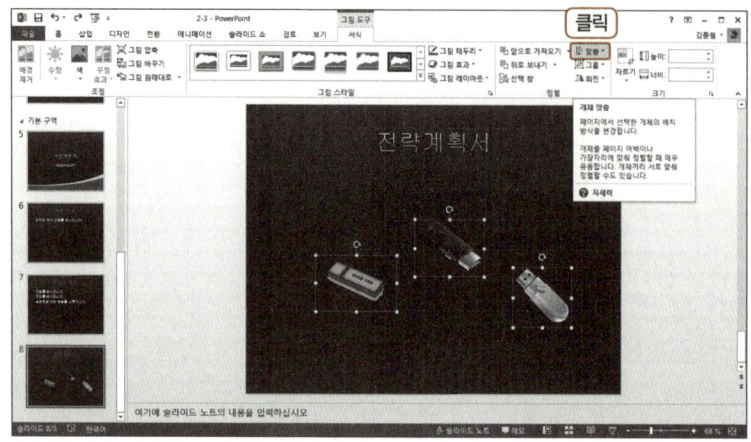

❸ '위쪽 맞춤'을 선택합니다.

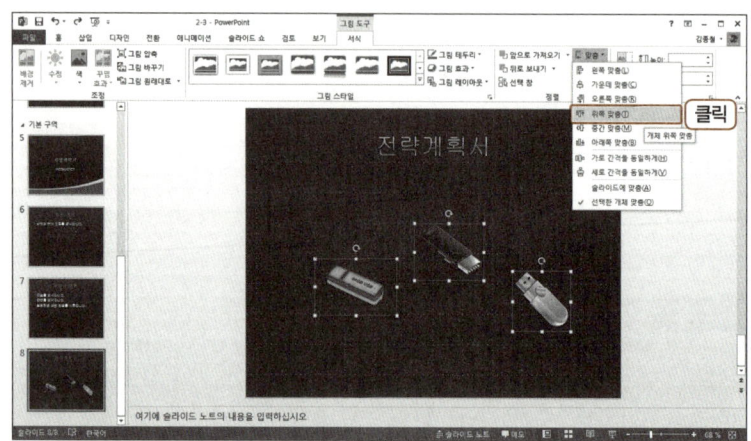

❹ 그림들이 위쪽으로 정렬됩니다.

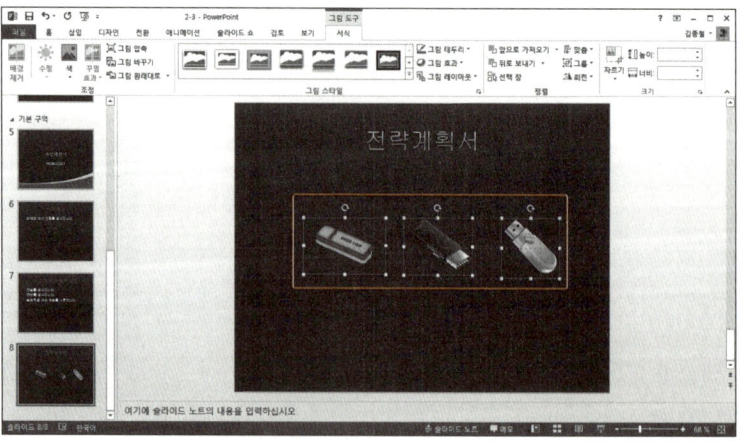

3-5 그룹으로 묶고 해제하기

여러 그림들을 그룹으로 묶어서 하나의 도형으로 만들거나 그룹으로 묶은 도형을 다시 각 그림으로 해제할 수 있습니다. 그룹으로 묶은 그림은 이동 및 크기 변경을 지정할 수 있고, 그룹이 해제된 그림은 각 개체별로 이동 및 크기 변경 등을 지정할 수 있습니다.

✤ 8번 슬라이드에 있는 세 개의 그림을 그룹으로 묶으시오.

❶ 8번 슬라이드에 있는 세 개의 그림을 Shift 나 Crtl 을 누르면서 그림을 차례대로 클릭하여 모두 선택합니다.

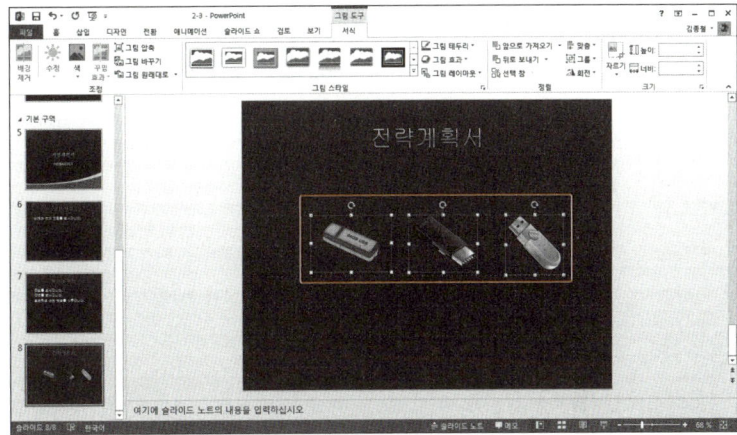

❷ [그림 도구]-[서식] 탭-[정렬] 그룹-[그룹] 명령 단추를 클릭한 후 '그룹'을 선택합니다.

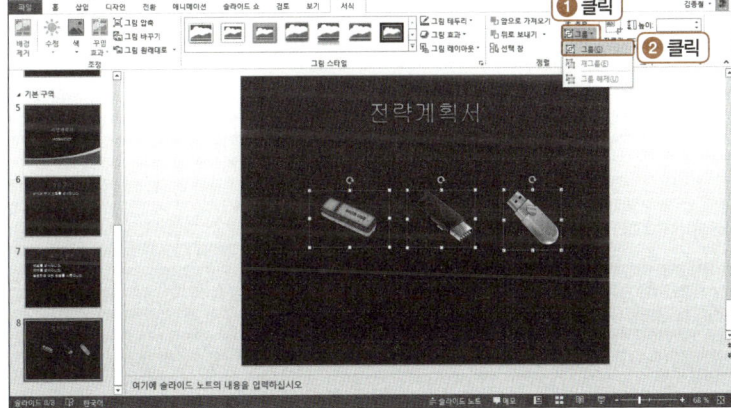

> **멘토의 한 수**
> 마우스 오른쪽 단추를 클릭한 후 '그룹'-'그룹'을 선택하거나 단축키 Ctrl + G 를 눌러도 됩니다.

Chapter 03 도형과 슬라이드 정렬 및 그룹화 | 83

❸ 세 개의 도형이 하나의 그룹으로 묶입니다.

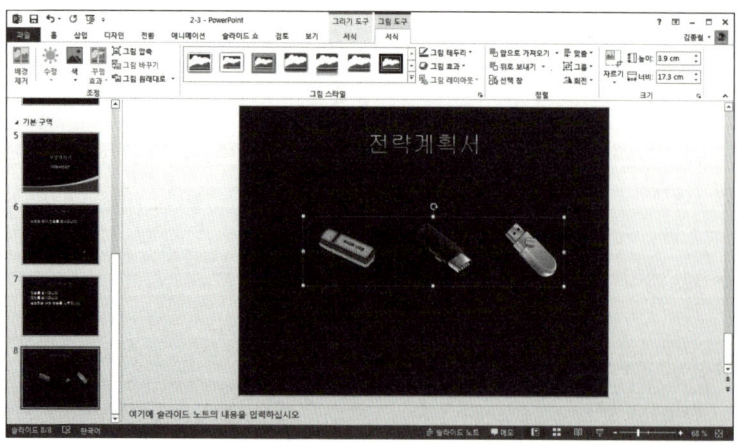

멘토의 한 수

묶인 도형을 해제할 때는 그룹으로 묶인 도형 위에서 마우스 오른쪽 단추를 클릭한 후 '그룹'-'그룹 해제'를 선택하거나 단축키 Ctrl +Shift+G를 누릅니다. 또한 [그림 도구]-[서식] 탭-[정렬] 그룹-[그룹] 명령 단추를 클릭한 후 '그룹 해제'를 선택합니다.

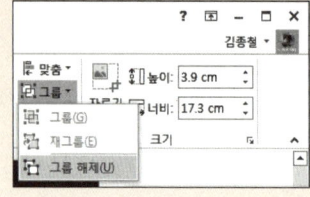

PART 3

슬라이드 내용 만들기

학습목표

텍스트, 표, 차트, SmartArt, 그림, 미디어 삽입 및 서식 지정 방법에 대해 알아봅니다.

Chapter 01. 텍스트 삽입 및 서식 지정

Chapter 02. 표 삽입 및 서식 지정

Chapter 03. 차트 삽입 및 서식 지정

Chapter 04. SmartArt 삽입 및 서식 지정

Chapter 05. 그림 삽입 및 서식 지정

Chapter 06. 미디어 삽입 및 서식 지정

Chapter 01 텍스트 삽입 및 서식 지정

◉ 예제: C:₩MOS2013₩POWERPOINT₩3-1.pptx

1-1 가로/세로 텍스트 상자 삽입하기

텍스트 상자는 원하는 위치에 텍스트를 입력하거나 이동 및 편집이 가능한 개체입니다. 텍스트 상자를 이용해 그림 및 차트와 같은 다양한 개체에 텍스트를 입력할 수 있습니다. 가로 텍스트 상자를 이용해서도 텍스트를 세로로 입력할 수 있지만 세로 텍스트는 세로 텍스트 상자를 이용해서 입력하는 것이 편리합니다.

✚ 1번 슬라이드의 퀴즈 쇼 아래에 '텍스트 상자(모자이크아이씨티)'를 삽입하시오.

❶ [홈] 탭-[그리기] 그룹에서 '텍스트 상자'를 클릭합니다.

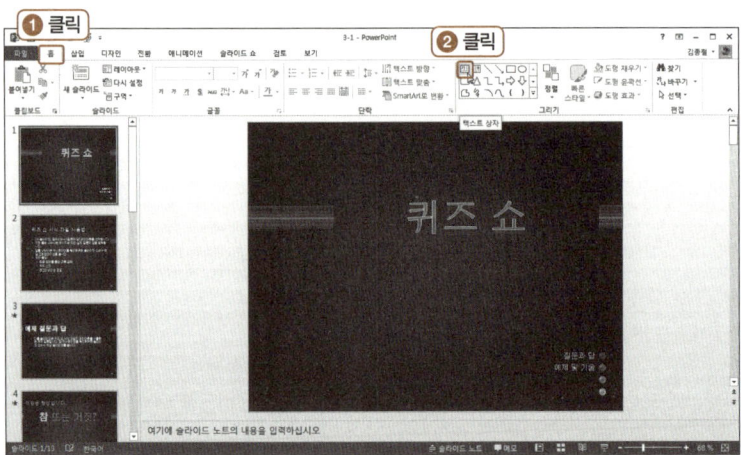

멘토의 한 수

[삽입] 탭-[텍스트] 그룹-[텍스트 상자] 명령 단추를 클릭한 후 '가로 텍스트 상자'를 선택해도 됩니다.

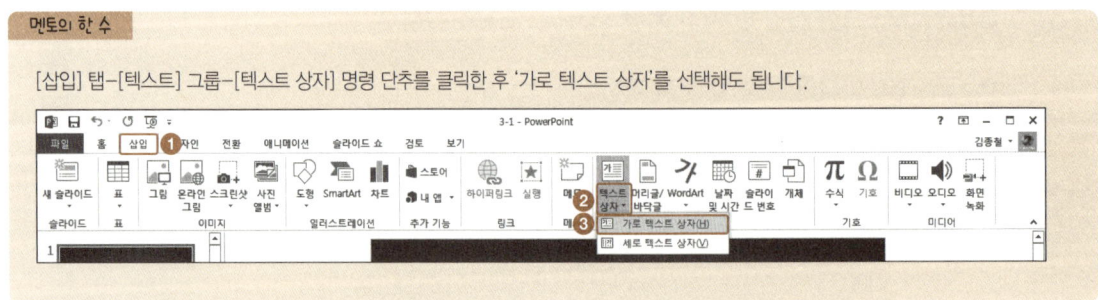

❷ 원하는 위치에서 클릭한 후 텍스트를 입력합니다.

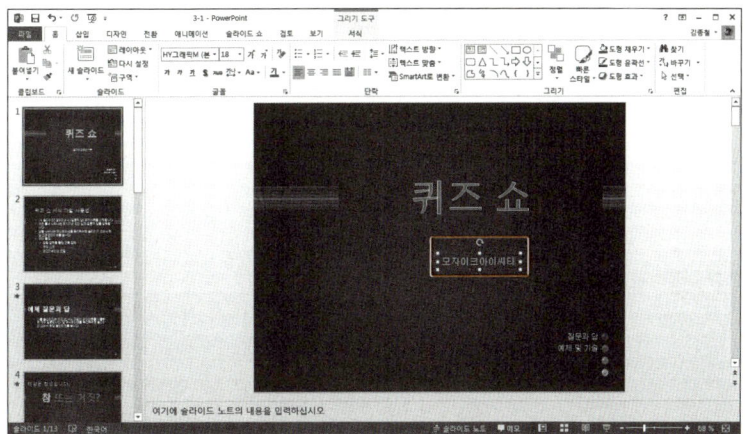

멘토의 한 수

- 텍스트를 입력할 곳을 마우스로 드래그해서 텍스트 상자를 그린 후 입력해도 됩니다.
- 세로로 입력할 경우에는 동일한 방법으로 [홈] 탭-[그리기] 그룹-[도형] 명령 단추-[기본 도형]에서 '세로 텍스트 상자'를 선택합니다.

1-2 텍스트 서식 지정하기

슬라이드에 삽입한 텍스트는 다양한 방법으로 꾸밀 수 있습니다. 멋지게 프레젠테이션을 할 수 있도록 글꼴, 크기, 색상 등을 변경할 수 있습니다. 파워포인트는 보다 전달력이 높은 쇼를 진행하도록 강력한 편집 도구를 제공하고 있습니다.

✦ 2번 슬라이드의 제목을 굴림체, 가운데 맞춤, 세로 중간을 설정한 후 내용의 줄 간격을 1.5로 변경하시오.

❶ 2번 슬라이드의 제목을 선택한 후 [홈] 탭-[글꼴] 그룹-[글꼴] 명령의 목록 단추를 클릭하고 '굴림체'를 선택합니다.

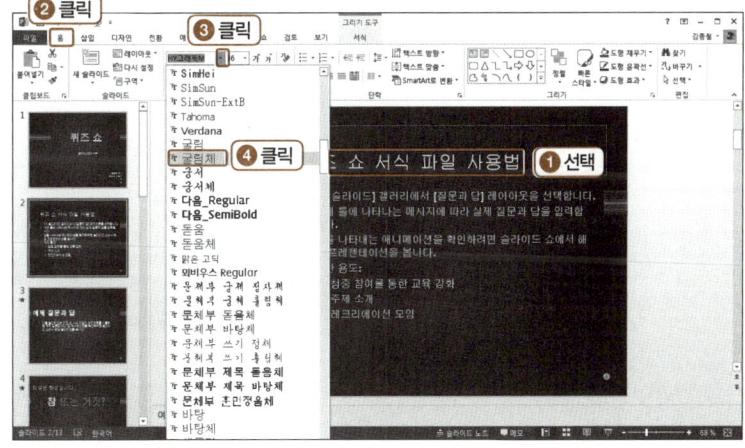

❷ 가로 맞춤을 변경하기 위해 [홈] 탭-[단락] 그룹-[가운데 맞춤] 명령 단추를 클릭합니다.

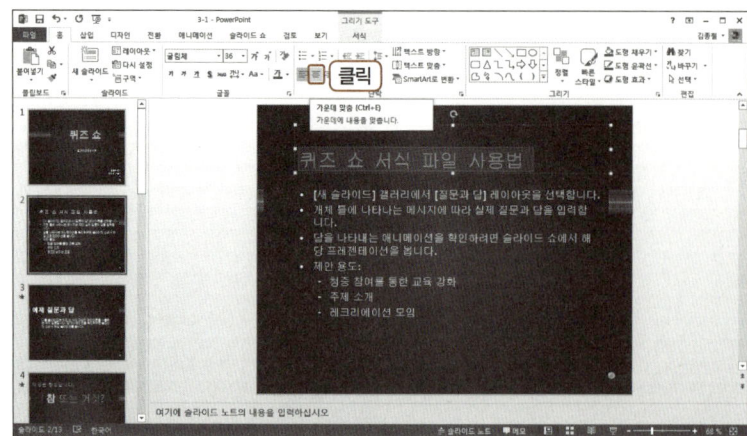

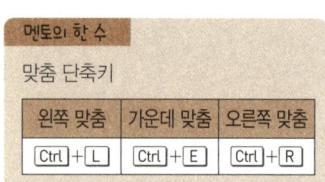

맞춤 단축키

왼쪽 맞춤	가운데 맞춤	오른쪽 맞춤
Ctrl+L	Ctrl+E	Ctrl+R

❸ 세로 맞춤을 변경하기 위해 [홈] 탭-[단락] 그룹-[텍스트 맞춤] 명령 단추를 클릭한 후 '중간'을 선택합니다.

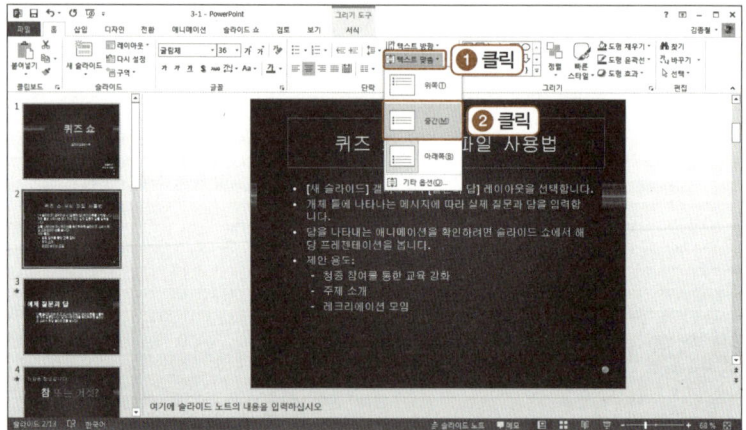

❹ 줄 간격을 변경하기 위해 내용을 드래그해서 선택하고, [홈] 탭-[단락] 그룹-[줄 간격] 명령 단추를 클릭한 후 '1.5'를 선택합니다.

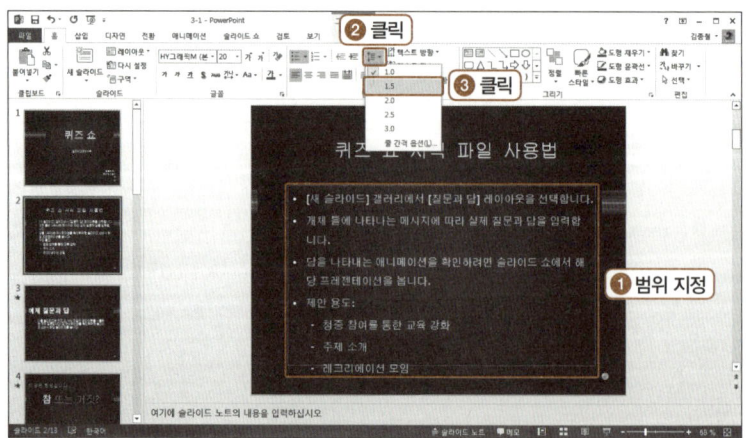

> 멘토의 한 수
>
> - 내용 개체를 선택한 후 줄 간격을 설정해도 됩니다.
> - '줄 간격 옵션'을 선택하면 보다 세밀하게 조정할 수 있습니다.

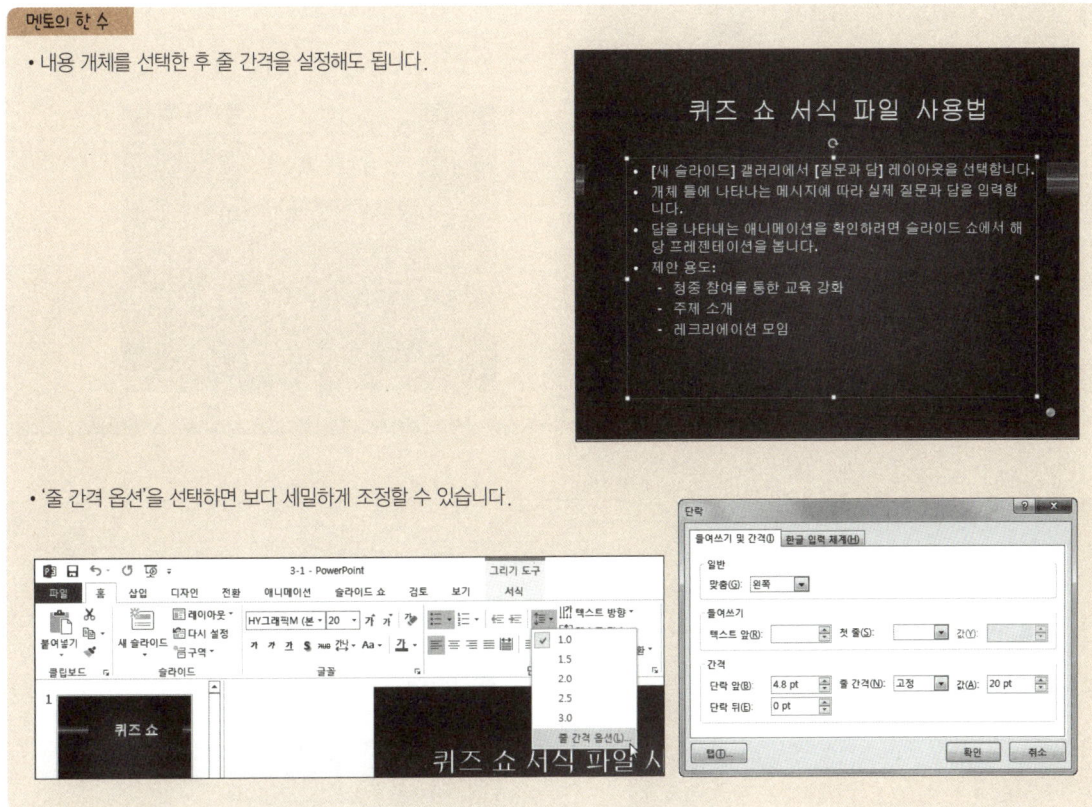

1-3 WordArt

WordArt는 텍스트를 멋지게 변경해 주는 도구로 밋밋한 텍스트를 화려하게 변경할 때 사용합니다. 다양한 방법으로 효과를 적용할 수 있기 때문에 효과적으로 사용하면 좋습니다.

✦ 7번 슬라이드의 제목을 '그라데이션 채우기 – 황금색, 강조 4, 윤곽선 – 강조 4' / '네온 – 주황, 8 pt 네온, 강조색 3'으로 설정하시오.

❶ 7번 슬라이드의 제목을 선택한 후 [그리기 도구]-[서식] 탭-[WordArt 스타일] 그룹-[자세히]를 클릭합니다.

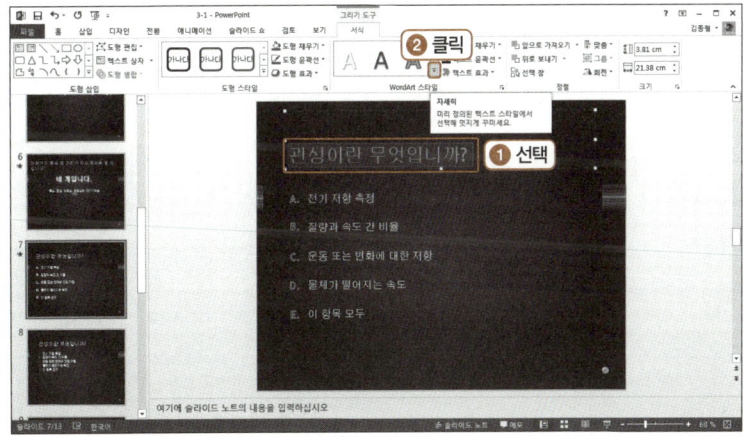

❷ '그라데이션 채우기 – 황금색, 강조 4, 윤곽선 – 강조 4'를 선택합니다.

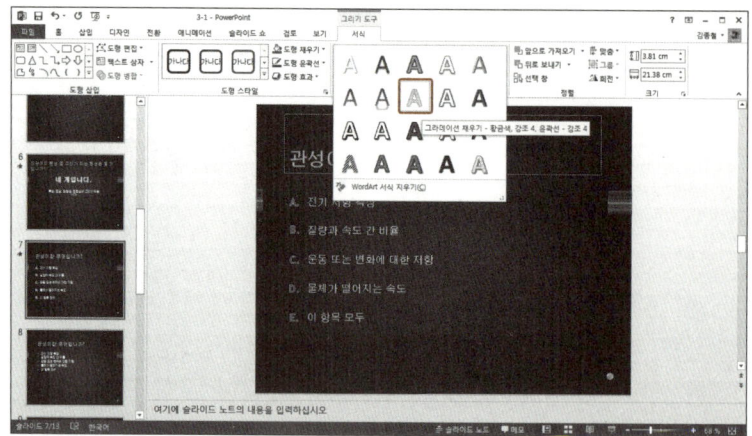

❸ [그리기 도구]-[서식] 탭-[WordArt 스타일] 그룹-[텍스트 효과]를 클릭한 후 '네온'-'주황, 8 pt 네온, 강조색 3'을 선택합니다.

> **멘토의 한 수**
> MOS에서는 네온 효과에 마우스를 올려놓으면 스크린 팁이 나타나기 때문에 정확하게 설정해야 합니다.

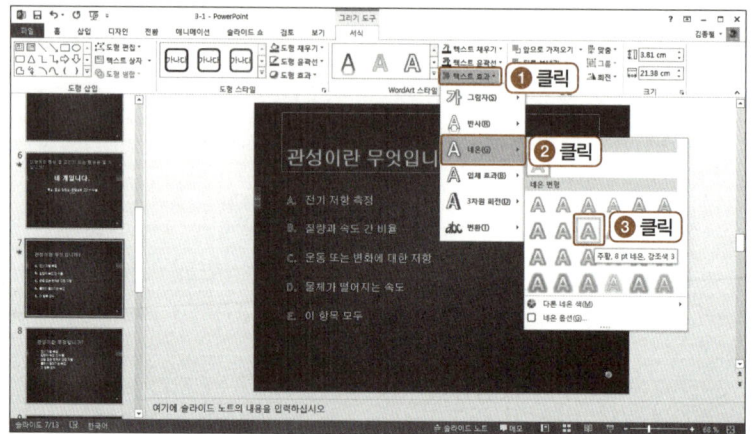

1-4 다단

슬라이드에 입력할 수 있는 텍스트의 분량이 한정되어 있기 때문에 많은 내용을 작성하다 보면 슬라이드 밖으로 텍스트가 벗어날 수 있습니다. 이런 경우 파워포인트에서는 MS워드처럼 단 나누기를 지정할 수 있습니다.

✚ 3번 슬라이드의 내용을 '2단, 간격 : 0.5 cm'로 단을 설정하시오.

❶ 3번 슬라이드의 내용을 드래그해서 선택한 후 [홈] 탭-[단락] 그룹-[열 추가 또는 제거] 명령 단추를 클릭합니다.

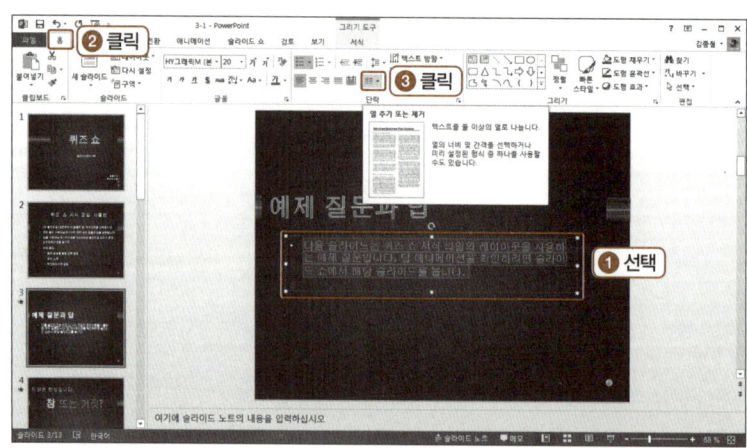

❷ '기타 단'을 선택합니다.

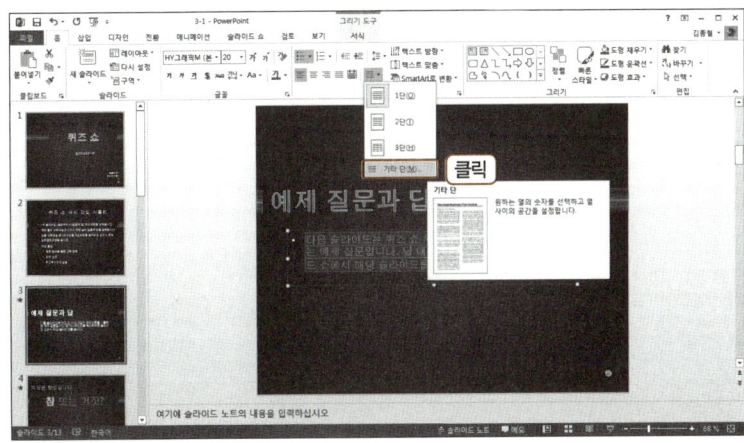

❸ '개수 : 2, 간격 : 0.5 cm'로 설정한 후 〈확인〉을 클릭합니다.

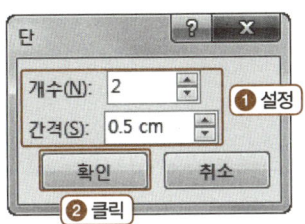

❹ 2단으로 설정된 것을 볼 수 있습니다.

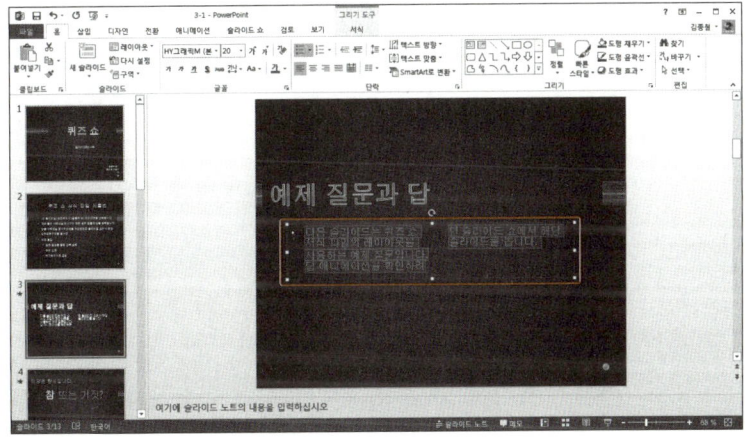

> **멘토의 한 수**
> 1부터 16까지의 열 개수와 단과 단 사이의 간격을 조절할 수 있습니다.

1-5 하이퍼링크

프레젠테이션을 작성할 때 관련된 슬라이드로 자유롭게 이동하려면 하이퍼링크를 설정하는 것이 좋습니다. 슬라이드 쇼 도중 특정 슬라이드로 이동할 때 쇼를 마친 후 다시 쇼를 실행하면 번거로울 뿐 아니라 자칫 흐름이 끊길 수도 있습니다. 이럴 때 하이퍼링크로 설정해 두면 다른 슬라이드로 빠르게 이동할 수 있어 편리합니다.

❖ 1번 슬라이드에 있는 '모자이크아이씨티'를 클릭하면 7번 슬라이드가 나타나도록 하이퍼링크를 설정하시오.

❶ 1번 슬라이드의 '모자이크아이씨티'를 선택한 후 [삽입] 탭-[링크] 그룹-[하이퍼링크] 명령 단추를 클릭합니다.

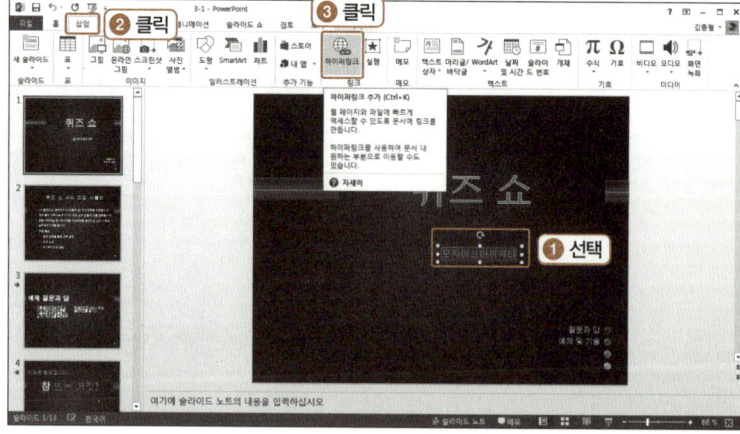

멘토의 한 수
하이퍼링크를 설정할 때 단축키 Ctrl + K 를 눌러도 됩니다.

❷ [하이퍼링크 삽입] 대화 상자가 열리면 '연결 대상' 항목에서 '현재 문서'를 선택합니다. 그런 다음 '이 문서에서 위치 선택' 항목에서 7번 슬라이드를 선택한 후 〈확인〉을 클릭합니다.

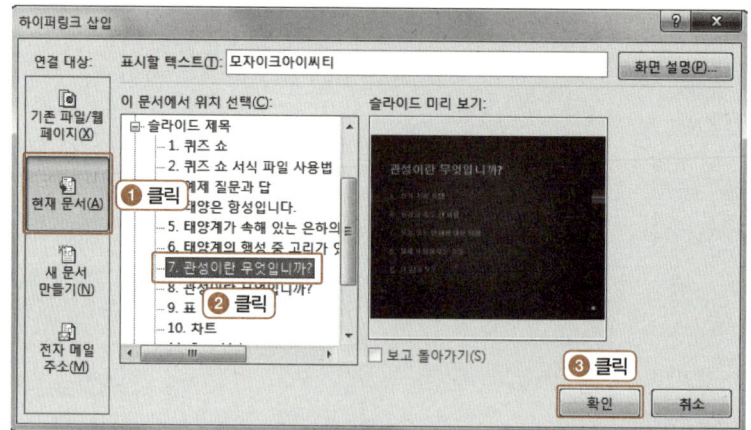

멘토의 한 수
웹 사이트로 하이퍼링크를 설정할 때는 '연결 대상' 항목에서 '기존 파일/웹 페이지'를 선택합니다. 그런 다음 '주소'에 웹 사이트를 입력합니다.

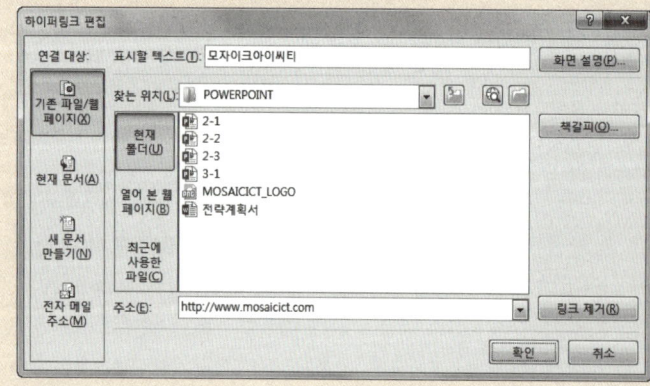

❸ 하이퍼링크가 설정된 것을 볼 수 있습니다.

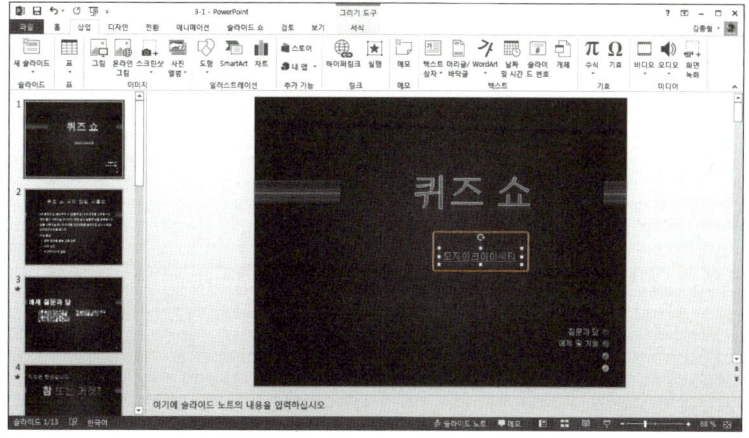

1-6 글머리 기호 및 번호 매기기

글머리 기호 및 번호 매기기를 사용하면 텍스트와 텍스트 사이를 구분하면서 텍스트를 더욱 부각시킬 수 있습니다. 다양한 기호로 글머리 및 번호를 지정할 수 있지만, 또한 그림을 이용해서 글머리를 지정하면 좀 더 시각적으로 효과를 줄 수 있습니다. 글머리 기호 및 번호 매기기를 설정하고 내용을 입력한 후 Enter를 누르면 동일한 기호가 자동으로 삽입되고, 번호는 다음 번호가 나타납니다.

✤ 2번 슬라이드의 내용 텍스트에 '노란색 별표 글머리 기호'를 설정하고, 8번 슬라이드에 'Ⅰ, Ⅱ, Ⅲ' 형식의 번호 매기기를 설정하시오.

❶ 2번 슬라이드의 내용 텍스트를 선택한 후 [홈] 탭-[단락] 그룹-[글머리 기호]의 목록 단추를 클릭합니다.

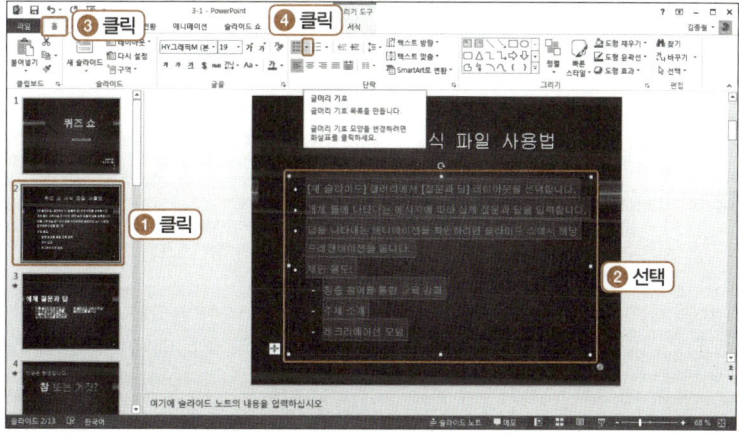

❷ '글머리 기호 및 번호 매기기'
를 선택합니다.

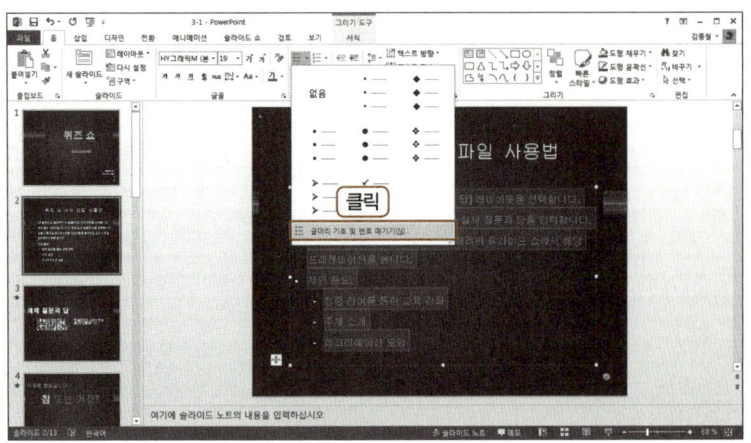

❸ '색'의 목록 단추를 클릭한 후 '노랑'을 선택합니다.

❹ '별표 글머리 기호'를 선택한 후 〈확인〉을 클릭합니다.

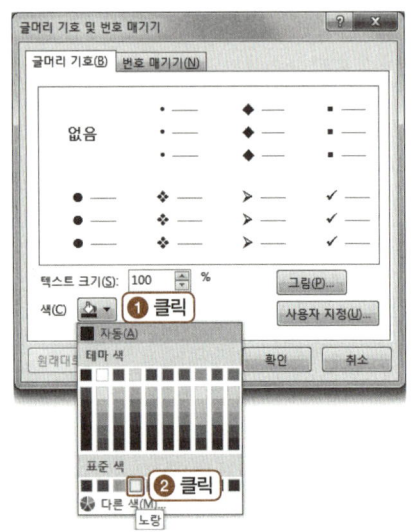

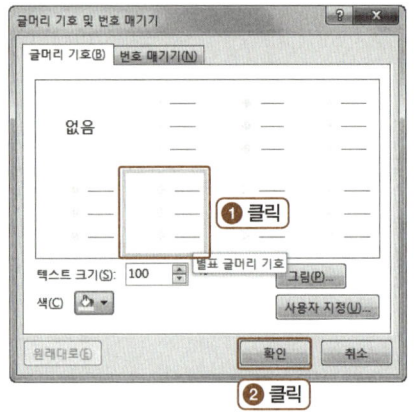

❺ 글머리 기호가 설정됩니다.

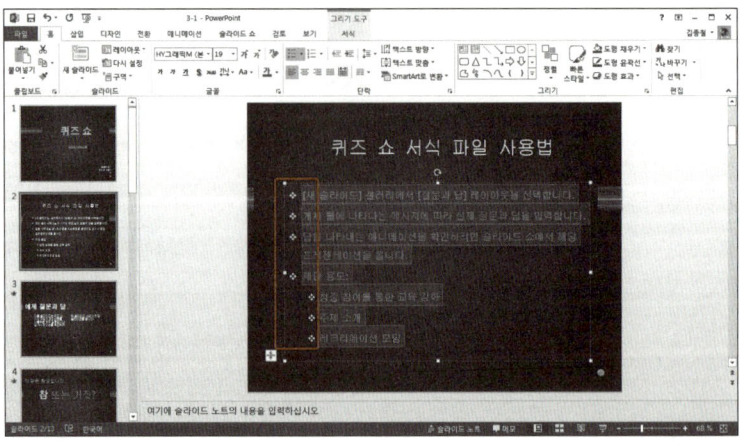

❻ 8번 슬라이드의 내용 텍스트를 선택한 후 [홈] 탭-[단락] 그룹-[번호 매기기]의 목록 단추를 클릭합니다.

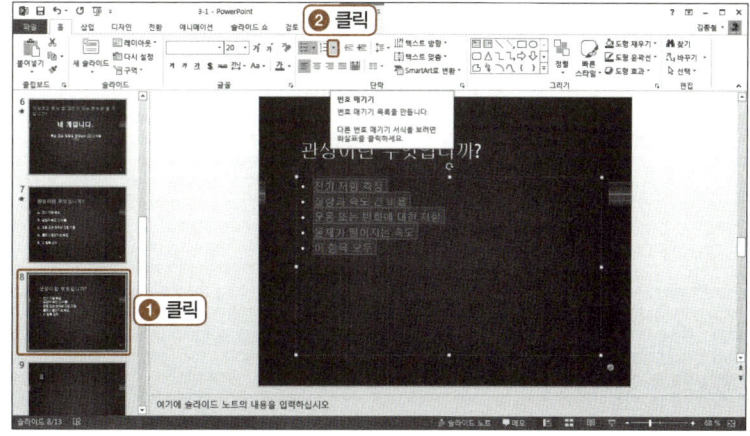

❼ 'Ⅰ, Ⅱ, Ⅲ'을 선택합니다.

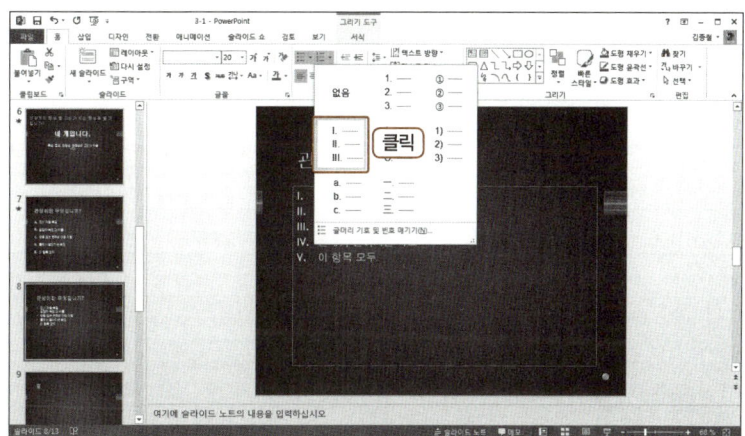

❽ 번호 매기기가 설정됩니다.

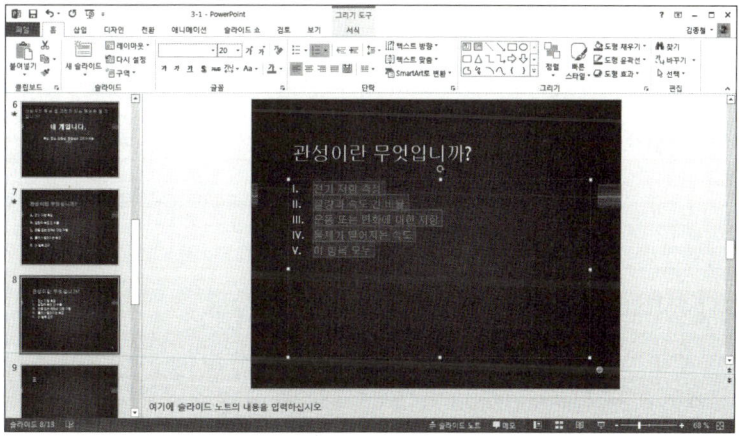

Chapter 02 표 삽입 및 서식 지정

2-1 표 삽입

표는 데이터를 일목요연하게 정리하는 개체로, 텍스트만 있는 슬라이드보다 표를 삽입한 슬라이드가 청중들에게 더 쉽게 내용을 전달할 수 있어 많이 사용합니다. 표는 행과 열을 이용해 만드는데, 편집할 때는 전체가 그룹을 이루고 있기 때문에 주의해야 합니다.

✤ 9번 슬라이드에 3행 5열의 표를 삽입한 후 다음과 같은 내용을 입력하시오.

제목	AI	IoT	Dron	Clouds
1학기				
2학기				

❶ 9번 슬라이드에서 [표 삽입] 명령 단추를 클릭합니다.

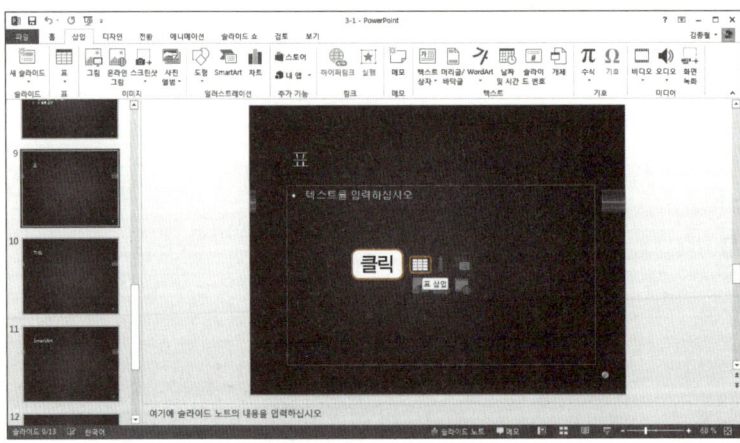

멘토의 한 수
[삽입] 탭-[표] 그룹-[표] 명령 단추를 클릭해도 됩니다.

❷ [표 삽입] 대화 상자가 열리면 '열 개수(5)'와 '행 개수(3)'를 지정한 후 〈확인〉을 클릭합니다.

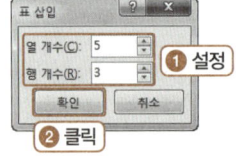

❸ 3행 5열의 표가 삽입되면 내용을 입력합니다.

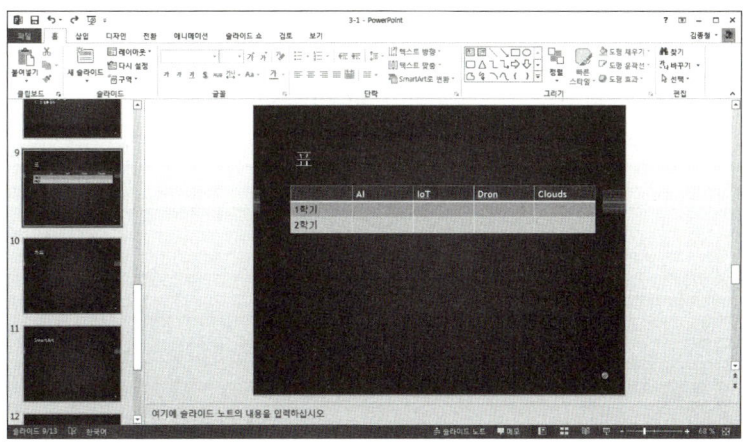

2-2 표 편집

표에 데이터를 추가할 경우 행이나 열을 삽입할 수 있습니다. 반면 기존 데이터가 있는 행이나 열을 삭제할 수도 있습니다. 또한 슬라이드에 삽입한 표는 슬라이드 레이아웃과 표 안의 데이터에 따라 높이와 너비를 변경할 수 있습니다. 이렇게 표는 다양한 방법으로 편집이 가능하도록 도구를 제공하고 있습니다.

✣ 2열과 3열 사이에 새로운 열을 삽입한 후 'Big Data'를 입력한 후 표의 크기를 변경하시오.

❶ 2열에 커서를 이동한 후 [표 도구]-[레이아웃] 탭-[행 및 열] 그룹-[오른쪽에 삽입] 명령 단추를 클릭합니다.

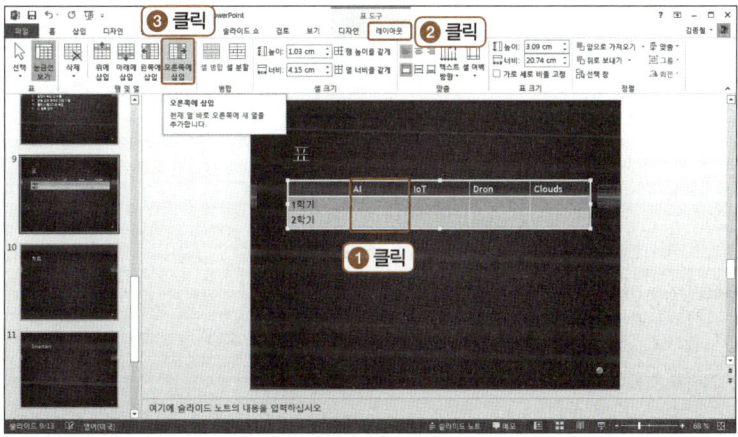

멘토의 한 수

3열에 커서를 이동한 후 [표 도구]-[레이아웃] 탭-[행 및 열] 그룹-[왼쪽에 삽입] 명령 단추를 클릭해도 됩니다.

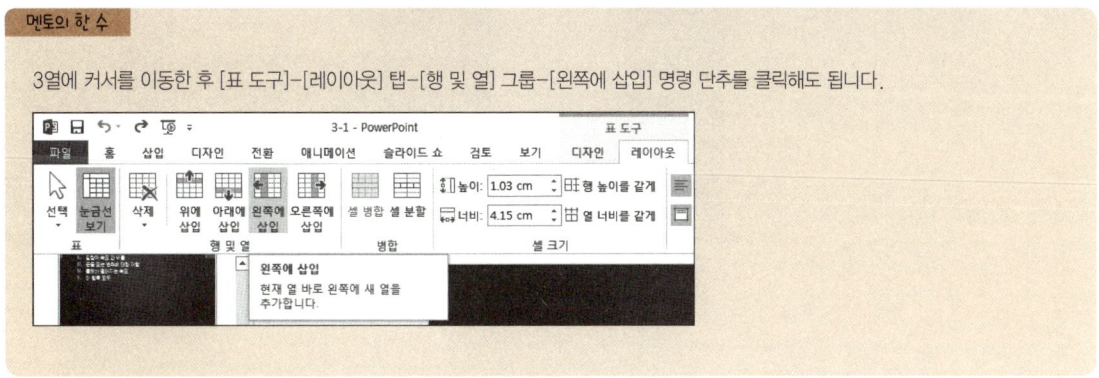

❷ 새로운 열이 삽입되면 'Big Data'를 입력합니다.

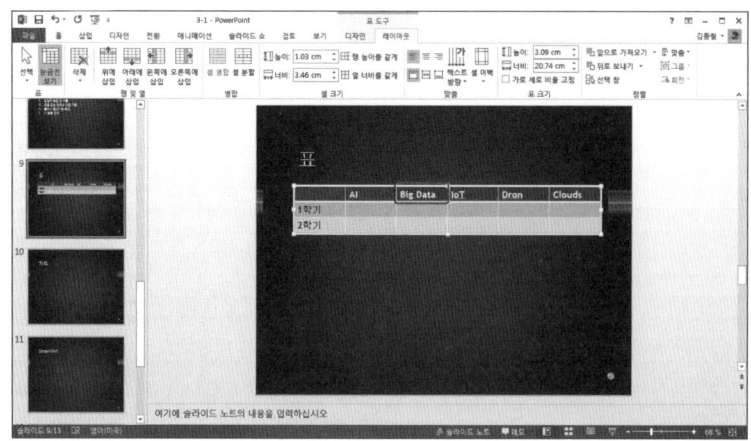

❸ [표 도구]-[레이아웃] 탭-[표 크기] 그룹에 있는 '높이 : 4 cm, 너비 : 19 cm'로 설정합니다.

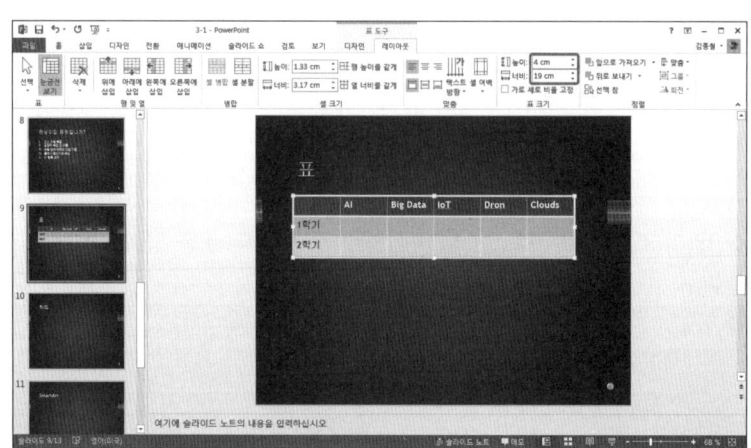

❹ 표의 크기가 변경됩니다.

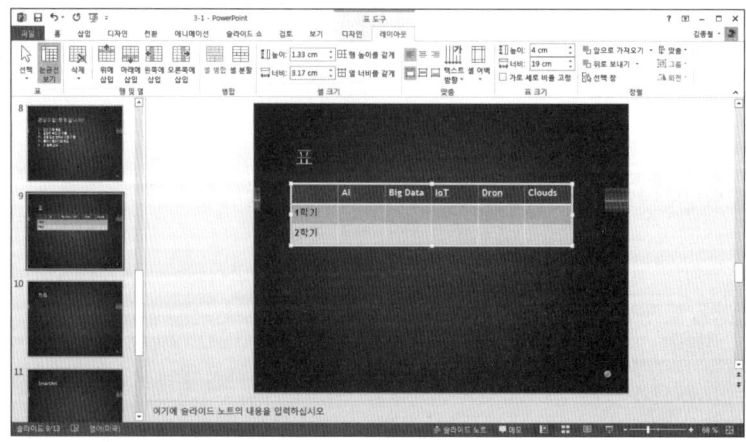

2-3 표 서식

표를 작성하면 기본적으로 스타일이 지정됩니다. 이때 표 스타일 디자인을 활용하면 간단하게 여러 가지 서식을 변경할 수 있습니다. 또한 표 스타일 옵션을 이용해서 표 영역을 부분적으로 강조할 수도 있습니다.

✚ 표의 스타일을 '보통 스타일 1 – 강조 3'으로 설정한 후 그림자를 '안쪽 대각선 오른쪽 아래'로 설정하시오.

❶ [표 도구]–[디자인] 탭–[표 스타일] 그룹에 있는 [자세히] 목록 단추를 클릭합니다.

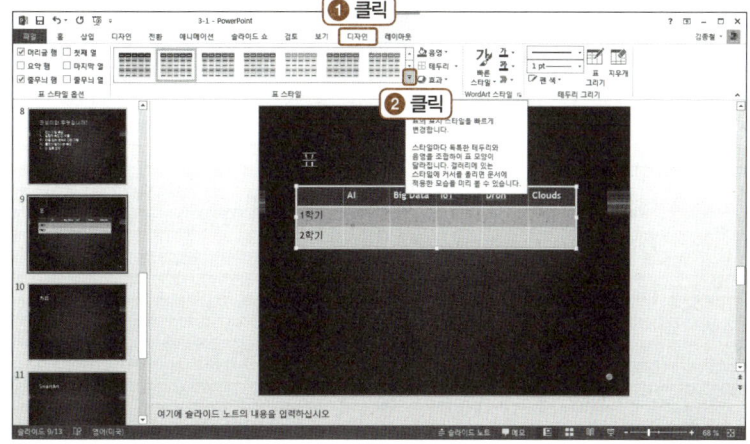

❷ 스타일 목록에서 '보통 스타일 1 – 강조 3'을 선택합니다.

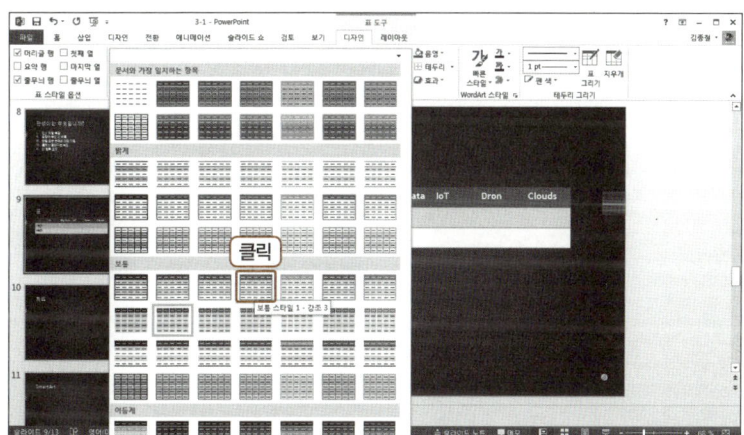

❸ [표 도구]–[디자인] 탭–[표 스타일] 그룹–[효과] 명령 단추를 클릭한 후 '그림자'–'안쪽 대각선 오른쪽 아래'를 선택합니다.

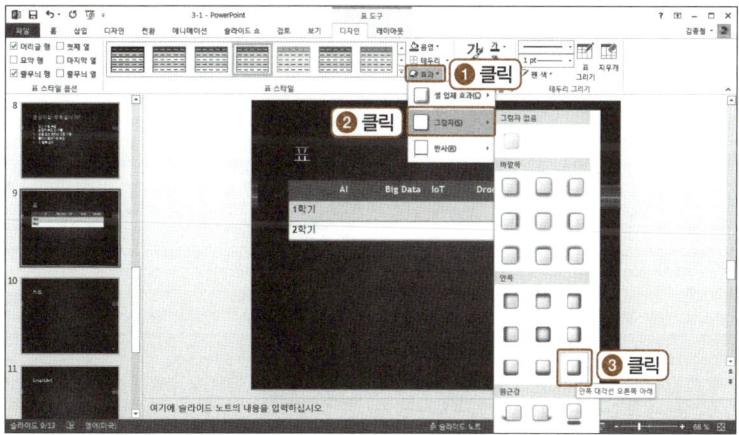

Chapter 02 표 삽입 및 서식 지정 | 99

2-4 표 가져오기

프레젠테이션 문서 내에서 복사할 수 있는 것과 마찬가지로 슬라이드 밖에 있는 표들도 슬라이드로 언제든지 복사하거나 이동할 수 있습니다. 프레젠테이션을 작성하다보면 많이 사용하는 기능으로, 엑셀 표를 효율적으로 사용할 수 있는 방법입니다.

✤ 'C:₩MOS2013₩POWERPOINT₩ICT.xlsx' 파일의 [A1:F3] 영역을 9번 슬라이드의 표 아래에 복사하시오.

❶ 'C:₩MOS2013₩POWERPOINT₩ICT.xlsx' 파일을 엑셀에서 불러온 후 [A1:F3] 영역을 선택합니다. 그런 다음 [홈] 탭-[클립보드] 그룹-[복사] 명령 단추를 클릭합니다.

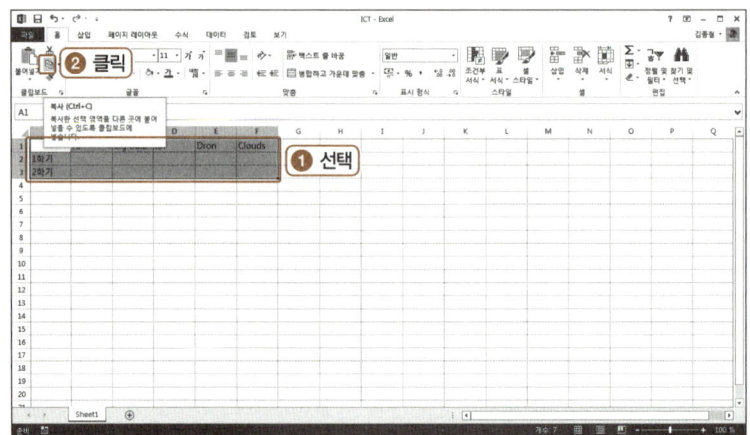

❷ 파워포인트에서 [홈] 탭-[클립보드] 그룹-'붙여넣기'의 목록 단추를 클릭합니다.

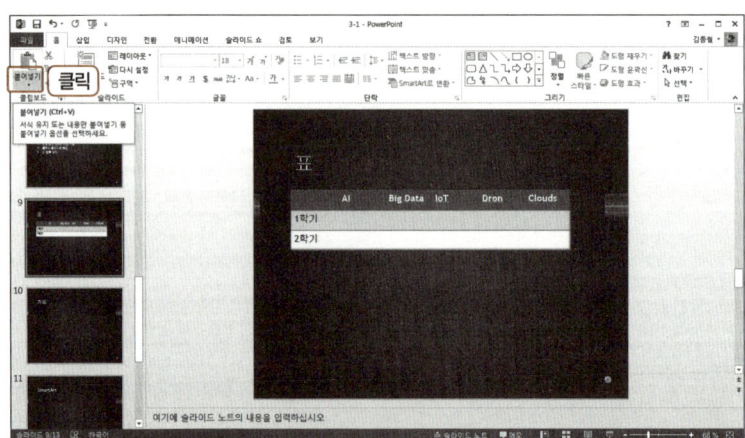

❸ '원본 서식 유지'를 선택합니다.

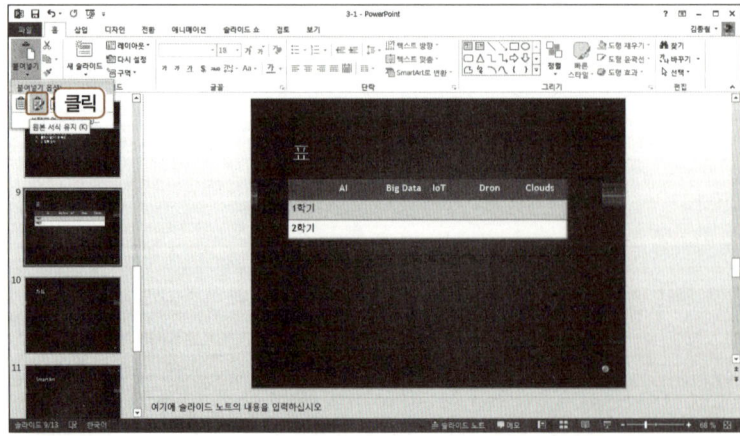

Chapter 03 차트 삽입 및 서식 지정

3-1 차트 삽입

파워포인트는 다양한 차트를 삽입하는 도구를 제공하고 있습니다. 또한 삽입된 차트는 멋지게 꾸밀 수 있는 도구도 제공하고 있어 별도의 차트 프로그램을 사용하지 않아도 됩니다. 멋진 차트는 슬라이드 쇼에서 내용을 효율적으로 전달할 수 있을 것입니다.

✦ 10번 슬라이드에 '누적 가로 막대형' 차트를 삽입한 후 다음과 같은 내용을 입력하시오.

	Mobile	IoT	AR
1학기	80	77	92
2학기	83	81	85

❶ 10번 슬라이드에서 [차트 삽입] 명령 단추를 클릭합니다.

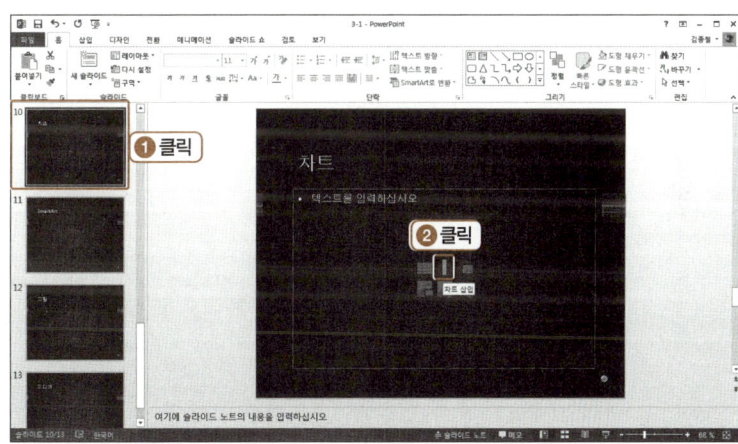

> 멘토의 한 수
>
> [삽입] 탭-[일러스트레이션] 그룹-[차트] 명령 단추를 클릭해도 됩니다.

❷ 모든 차트에서 '가로막대형'-'누적 가로 막대형'을 선택한 후 〈확인〉을 클릭합니다.

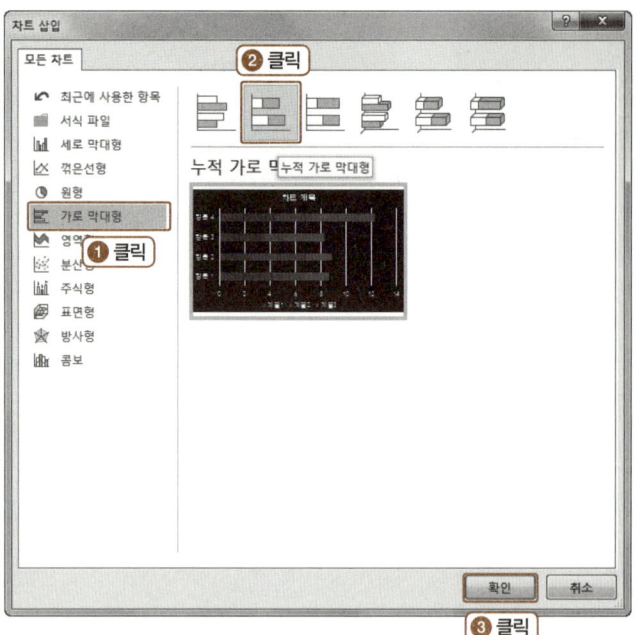

❸ 'Microsoft PowerPoint의 차트'에서 내용을 입력합니다.

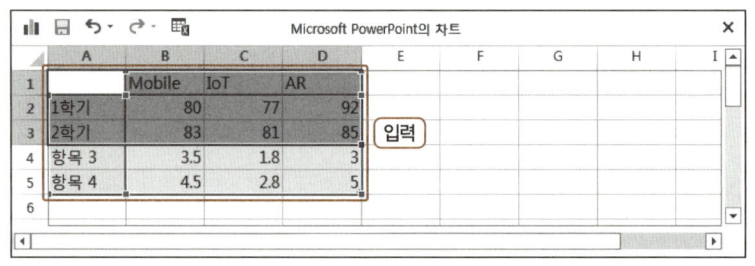

❹ 4~5행을 선택한 후 마우스 오른쪽 단추를 누른 후 '삭제'를 선택합니다.

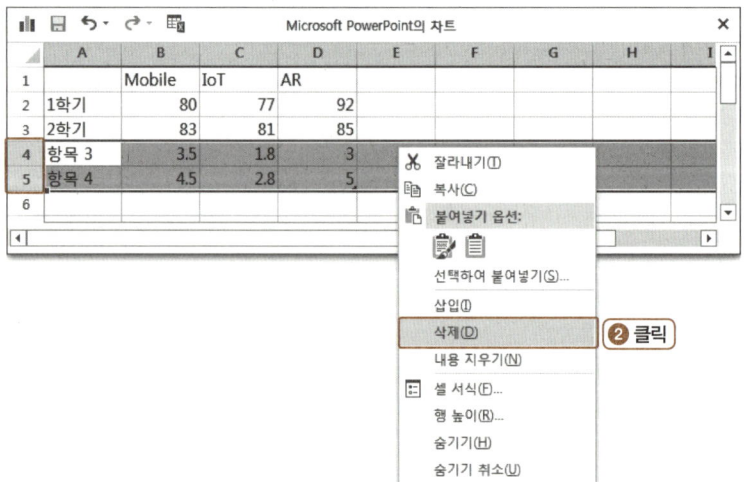

❺ 'Microsoft PowerPoint의 차트'의 '닫기'를 클릭합니다.

3-2 차트 편집

슬라이드에 삽입된 차트는 다른 스타일로 변경할 수 있으며 범례, 데이터 레이블 등을 추가할 수 있습니다. 또한 다양한 레이아웃을 제공하고 있어 편리하게 원하는 차트를 꾸밀 수 있습니다.

✤ 차트를 '스타일 8'로 변경한 후 데이터 레이블이 가운데에 나타나도록 설정하시오.

❶ 차트를 선택한 후 [차트 도구]-[디자인] 탭-[차트 스타일] 그룹에 있는 [자세히] 목록 단추를 클릭합니다.

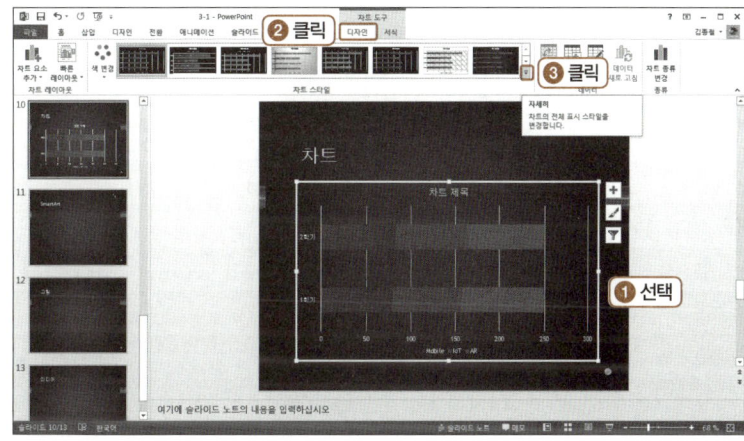

❷ '스타일 8'을 선택합니다.

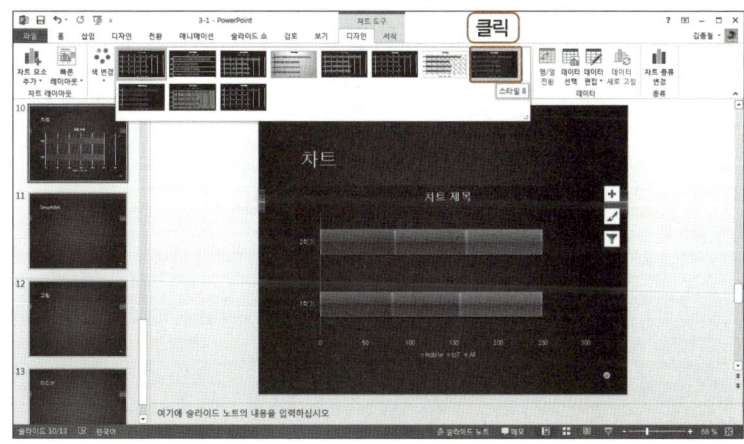

> **멘토의 한 수**
> 차트 종류를 변경할 때는 [차트 도구]-[디자인] 탭-[종류] 그룹-[차트 종류 변경] 명령 단추를 클릭합니다.

❸ [차트 도구]-[디자인] 탭-[차트 레이아웃] 그룹-[차트 요소 추가] 명령 단추를 클릭한 후 '데이터 레이블'-'가운데'를 클릭합니다.

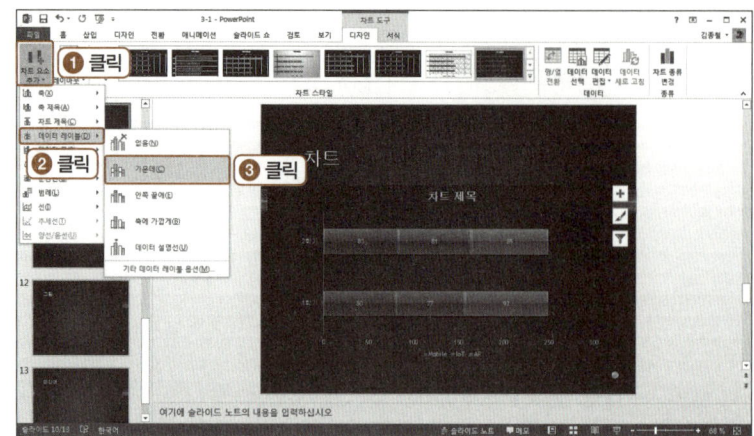

3-3 차트 서식

슬라이드에 삽입된 차트는 제목, 레이블, 요소 등의 서식을 변경할 수 있습니다. 프레젠테이션의 분위기에 맞게 서식을 변경하면 보다 효과적인 프레젠테이션을 만들 수 있을 것입니다.

✤ '차트' 텍스트에 '분홍, 배경 2' 색으로 변경한 후 데이터 계열의 간격을 '200%'로 설정하시오.

❶ '차트' 텍스트를 선택한 후 [홈] 탭-[글꼴]-[글꼴 색]에 있는 목록 단추를 클릭합니다.

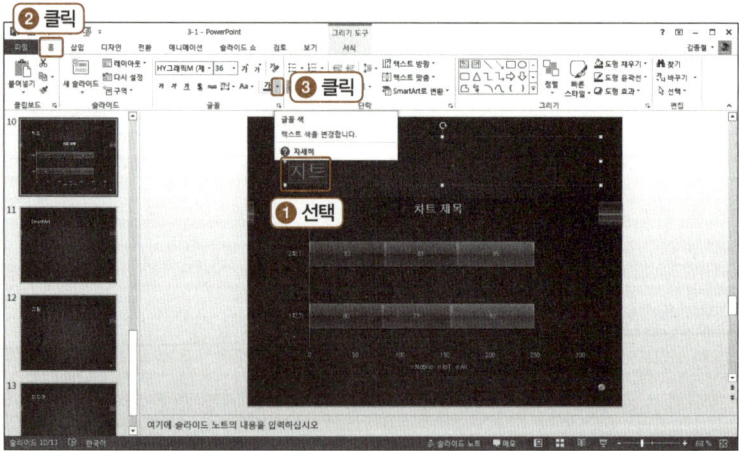

❷ '분홍, 배경 2'를 선택합니다.

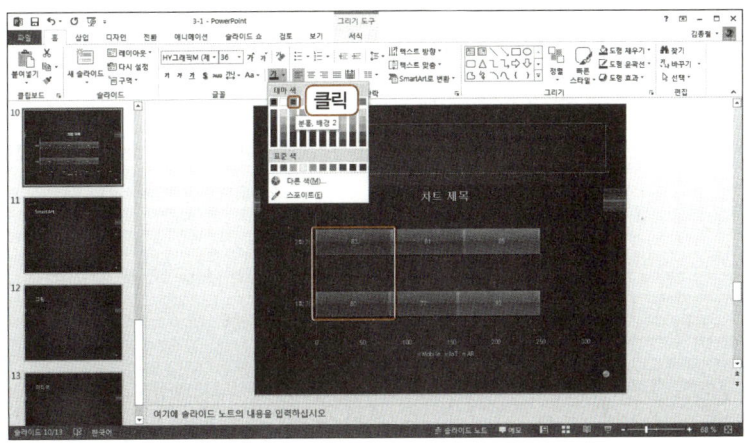

❸ 데이터 계열을 선택한 후 [차트 도구]-[서식] 탭-[현재 선택 영역] 그룹-[선택 영역 서식] 명령 단추를 클릭합니다.

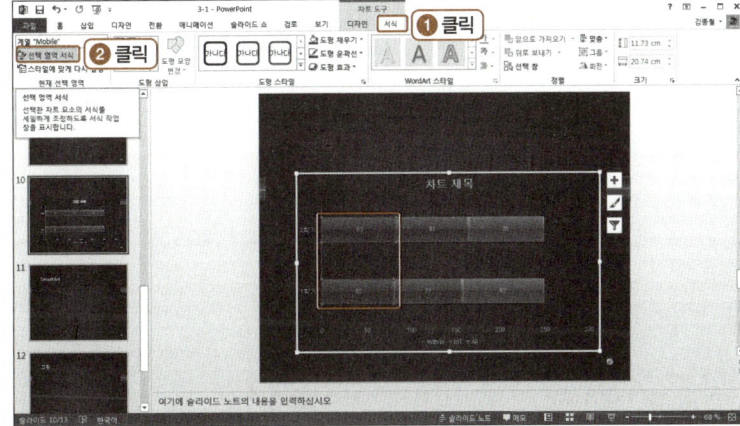

> **멘토의 한 수**
> 마우스 오른쪽 단추를 클릭한 후 '데이터 계열 서식'을 선택해도 됩니다.

❹ '간격 너비 : 200 %'로 설정합니다.

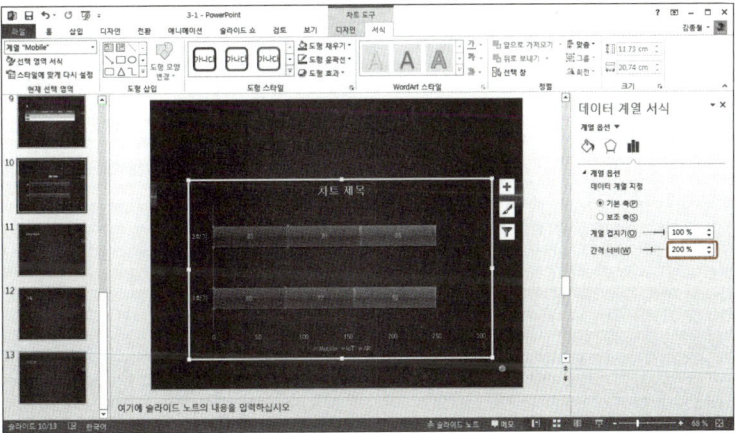

Chapter 03 차트 삽입 및 서식 지정 | 105

3-4 차트 가져오기

프레젠테이션 문서 내에서 복사할 수 있는 것과 마찬가지로 슬라이드 밖에 있는 차트도 슬라이드로 언제든지 복사하거나 이동할 수 있습니다. 프레젠테이션을 작성하다보면 많이 사용하는 기능으로, 엑셀 차트를 효율적으로 사용할 수 있는 방법입니다.

✤ 'C:₩MOS2013₩POWERPOINT₩ICT(차트포함).xlsx' 파일의 차트를 10번 슬라이드의 오른쪽 위에 그림으로 복사하시오.

❶ 'C:₩MOS2013₩POWERPOINT ₩ICT(차트포함).xlsx' 파일을 엑셀에서 불러온 후 차트를 선택합니다. 그런 다음 [홈] 탭-[클립보드] 그룹-[복사] 명령 단추를 클릭합니다.

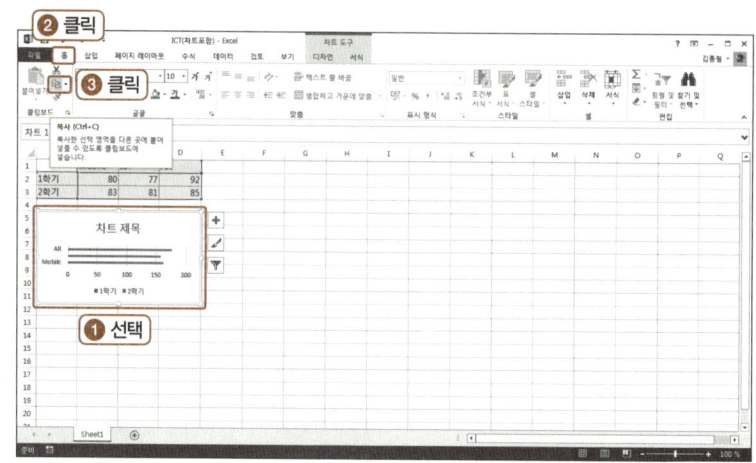

❷ 파워포인트에서 [홈] 탭-[클립보드] 그룹-'붙여넣기'의 목록 단추를 클릭한 후 '그림'을 선택합니다.

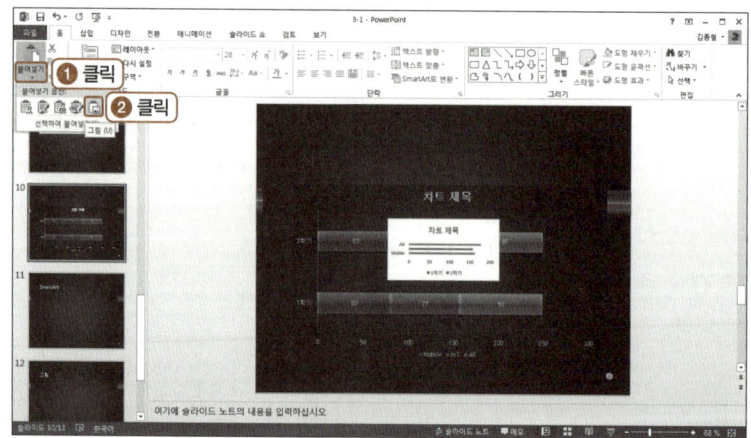

❸ 차트를 오른쪽 위로 이동합니다.

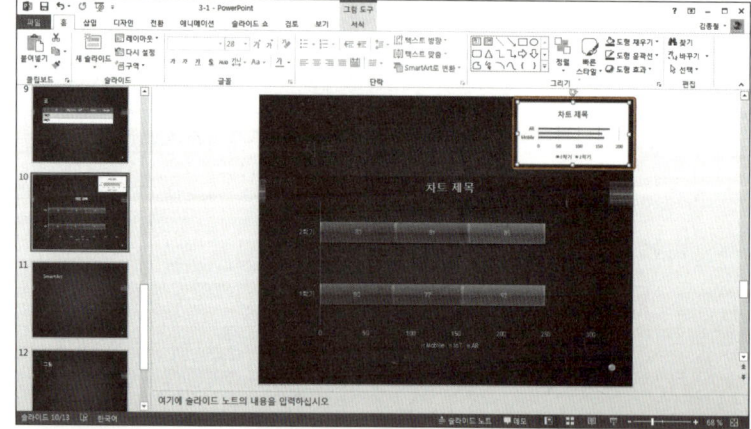

106 | Part 03 슬라이드 내용 만들기

Chapter 04 SmartArt 삽입 및 서식 지정

4-1 SmartArt 삽입

스마트아트(SmartArt)란 조직도와 다이어그램을 업그레이드 한 기능으로, 간단한 작업만으로도 전문가가 작성한 것과 같은 일러스트레이션 효과를 연출할 수 있습니다. 또한 다양한 효과와 레이아웃으로 구성된 그래픽을 만들 수 있는 기능입니다.

✤ 11번 슬라이드에 '연속 블록 프로세스형' SmartArt를 삽입한 후 뒤에 도형을 삽입하시오.

❶ 11번 슬라이드에서 [SmartArt 그래픽 삽입] 명령 단추를 클릭합니다.

> **멘토의 한 수**
> [삽입] 탭-[일러스트레이션] 그룹-[SmartArt] 명령 단추를 클릭해도 됩니다.

❷ '프로세스형'-'연속 블록 프로세스형'을 선택한 후 〈확인〉을 클릭합니다.

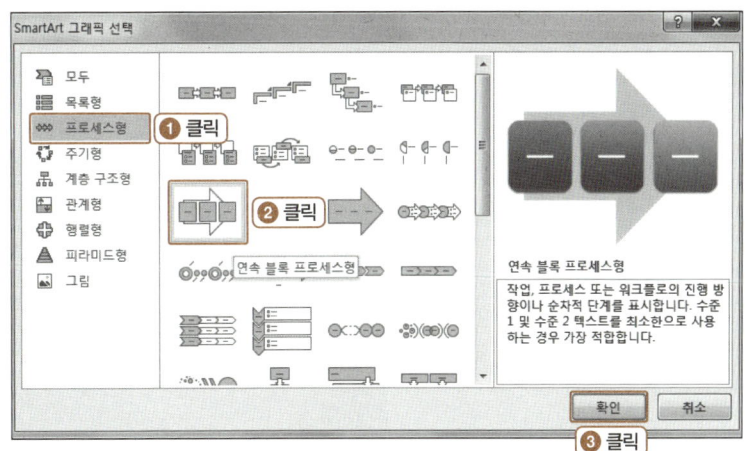

❸ [SmartArt 도구]-[디자인] 탭-[그래픽 만들기] 그룹에 있는 '도형 추가' 목록 단추를 클릭합니다.

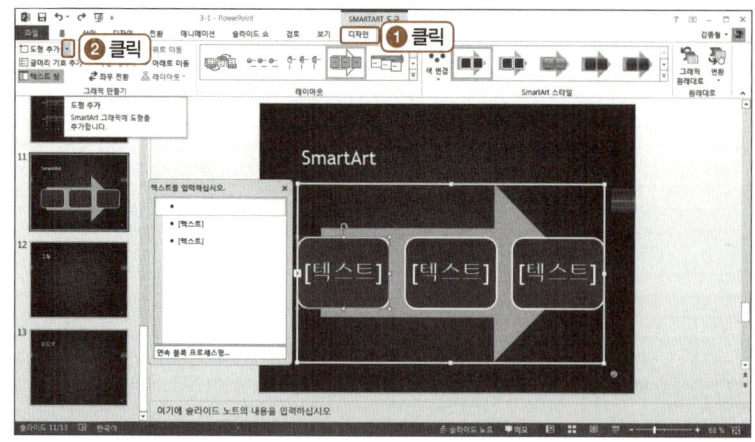

❹ '뒤에 도형 추가'를 선택합니다.

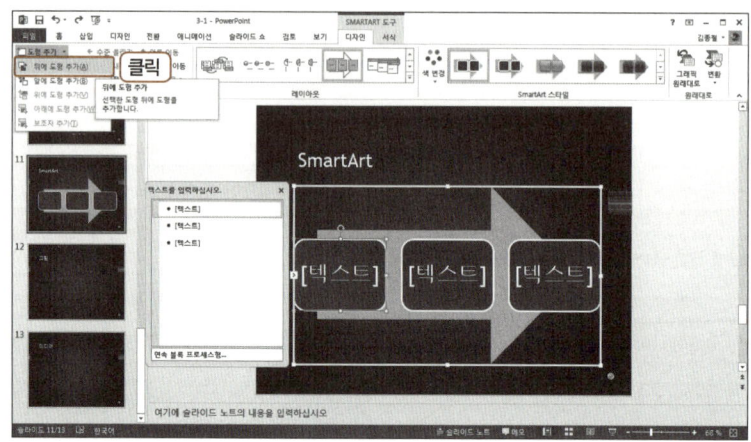

4-2 SmartArt 변환

SmartArt로 만든 도형은 언제든지 텍스트 개체로 변환할 수 있습니다. 물론 그 반대의 경우도 언제든지 변환이 가능하기 때문에 상황에 맞게 SmartArt 도형을 활용할 수 있습니다.

✦ 텍스트에 'AR, VR, MR'을 입력한 후 텍스트 개체로 변환하시오.

❶ 'AR, VR, MR'을 입력한 후 [SmartArt 도구]-[디자인] 탭-[원래대로] 그룹-[변환] 명령 단추를 클릭하고 '텍스트로 변환'을 선택합니다.

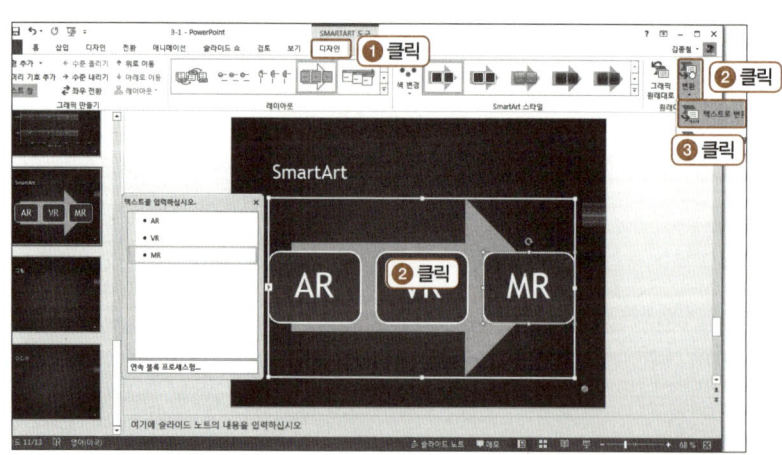

❷ SmartArt 도형이 텍스트로 변환됩니다.

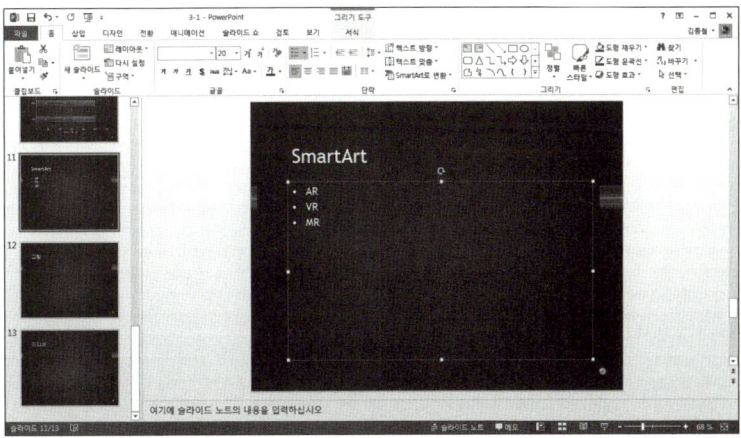

멘토의 한 수

텍스트 개체를 SmartArt로 변환할 때는 [홈] 탭-[단락] 그룹-[SmartArt로 변환] 명령 단추를 클릭합니다.

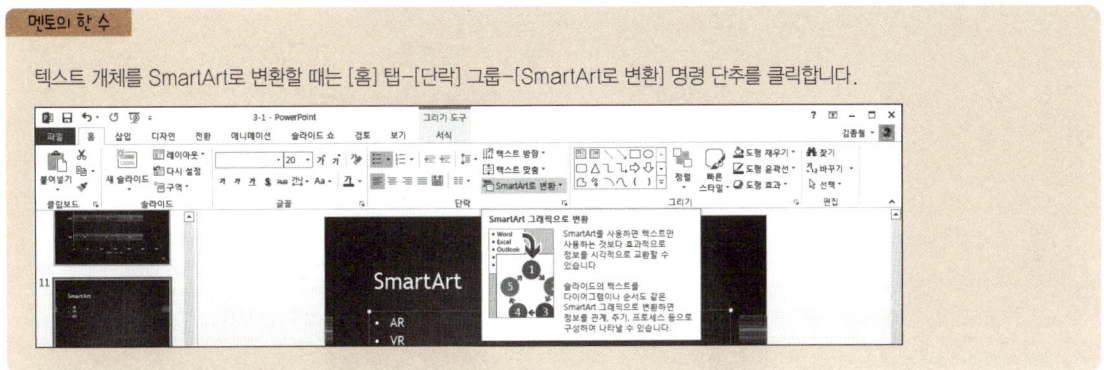

4-3 SmartArt 서식

슬라이드에 삽입된 SmartArt는 다양한 모양으로 변경할 수 있습니다. 색상, 스타일 등 전달하고자 하는 내용에 맞게 SmartArt를 변경한다면 효과적인 슬라이드 쇼를 진행하는 데 많은 도움이 될 것입니다.

✚ 텍스트 개체를 '그림 강조 벤딩 목록형'의 SmartArt로 변환한 후 '조감도' 서식을 설정하시오.

❶ 텍스트 개체를 선택한 후 [홈] 탭-[단락] 그룹-[SmartArt로 변환] 명령 단추를 클릭합니다. 그런 다음 '그림 강조 벤딩 목록형'을 선택합니다.

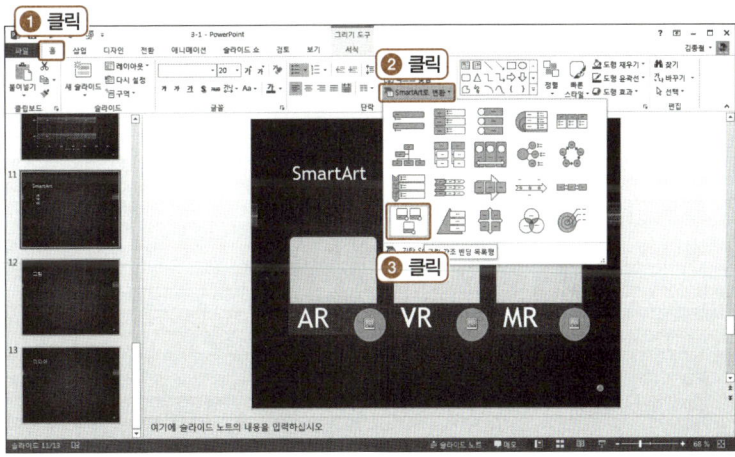

❷ [SmartArt 도구]-[디자인] 탭-[SmartArt 스타일] 그룹에 있는 [자세히] 목록 단추를 클릭합니다.

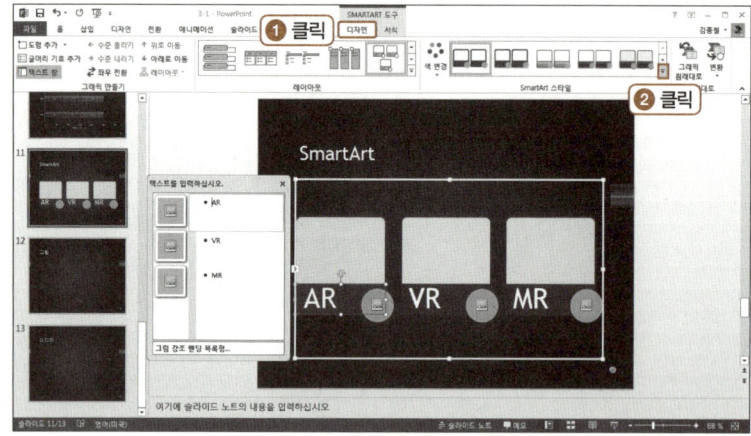

❸ '조감도'를 선택합니다.

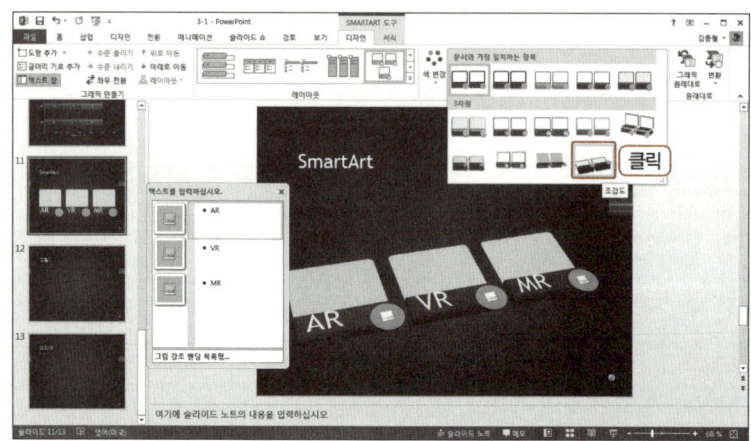

4-4 SmartArt 편집

슬라이드에 삽입된 SmartArt는 그 모양을 언제든 다르게 변경할 수 있습니다. 또한 삽입된 도형들의 순서는 변경할 수 있으며, 새롭게 도형도 추가할 수 있습니다.

✚ 'VR' 도형을 맨 뒤로 이동한 후 레이아웃을 '사다리꼴 목록형'으로 변경하시오.

❶ 'VR' 도형을 선택한 후 [SmartArt 도구]-[디자인] 탭-[그래픽 만들기] 그룹-[아래로 이동] 명령 단추를 클릭합니다.

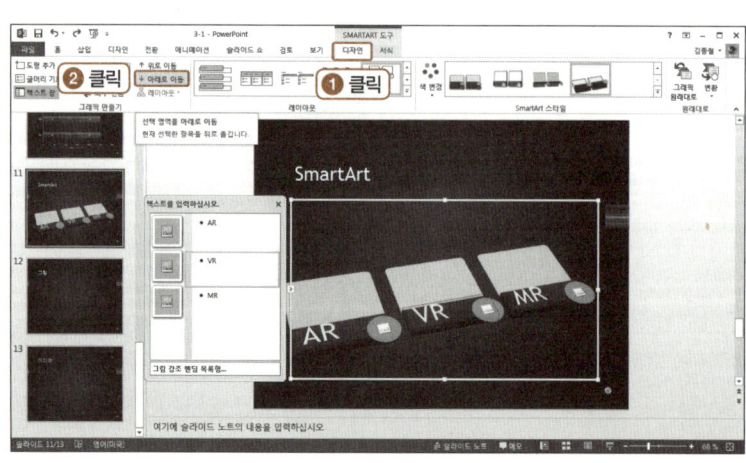

❷ 'VR' 도형이 맨 뒤로 이동됩니다.

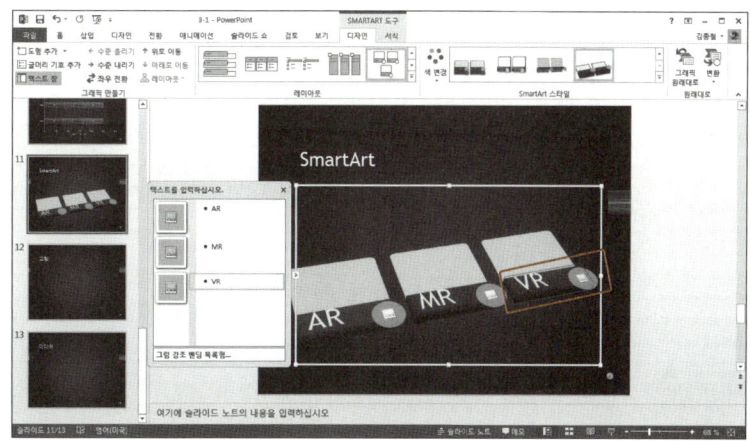

❸ [SmartArt 도구]-[디자인] 탭-[레이아웃] 그룹에 있는 [자세히] 목록 단추를 클릭합니다.

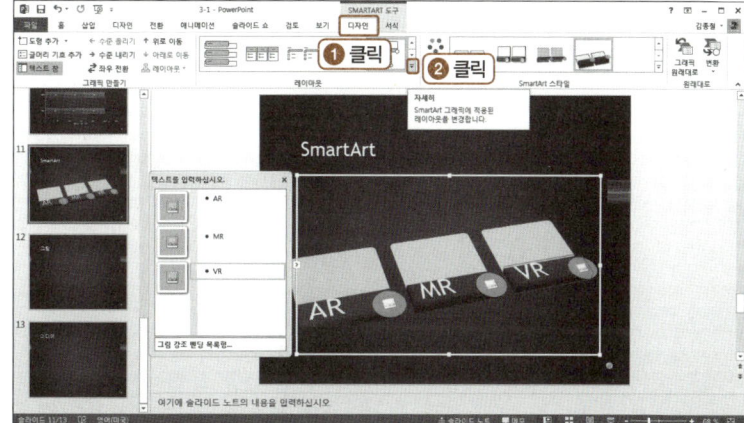

❹ '사다리꼴 목록형'을 선택합니다.

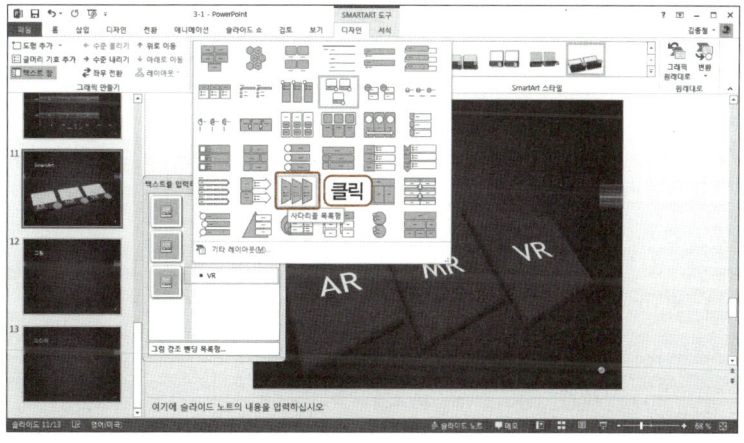

Chapter 05 그림 삽입 및 서식 지정

5-1 그림 삽입

인터넷에서 다운로드 한 그림 파일이나 직접 카메라로 촬영한 사진 등은 슬라이드에 삽입할 수 있습니다. 삽입한 그림은 슬라이드와 분리되어 독립적으로 움직이는 개체이기 때문에 크기나 위치를 원하는 대로 조절할 수 있습니다.

✤ 12번 슬라이드에 'C:₩MOS2013₩POWERPOINT₩phone.jpg' 그림 / 온라인 그림(모바일 관련)을 삽입한 후 겹치지 않도록 배치하시오.

❶ 12번 슬라이드에서 [그림] 명령 단추를 클릭합니다.

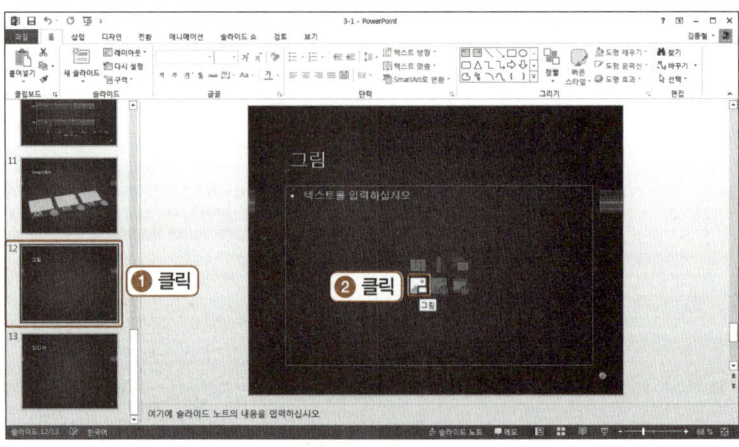

> **멘토의 한 수**
> [삽입] 탭-[이미지] 그룹-[그림] 명령 단추를 클릭해도 됩니다.

❷ 'C:₩MOS2013₩POWERPOINT₩phone.jpg' 파일을 선택한 후 〈삽입〉을 클릭합니다.

❸ 그림이 삽입됩니다.

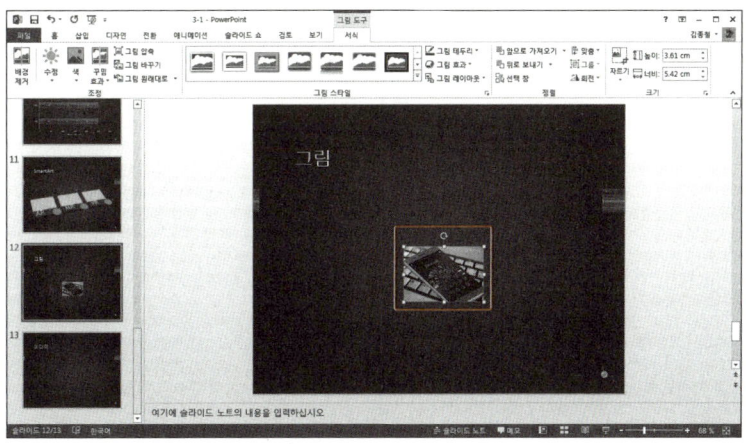

❹ [삽입] 탭-[이미지] 그룹-[온라인 그림] 명령 단추를 클릭합니다.

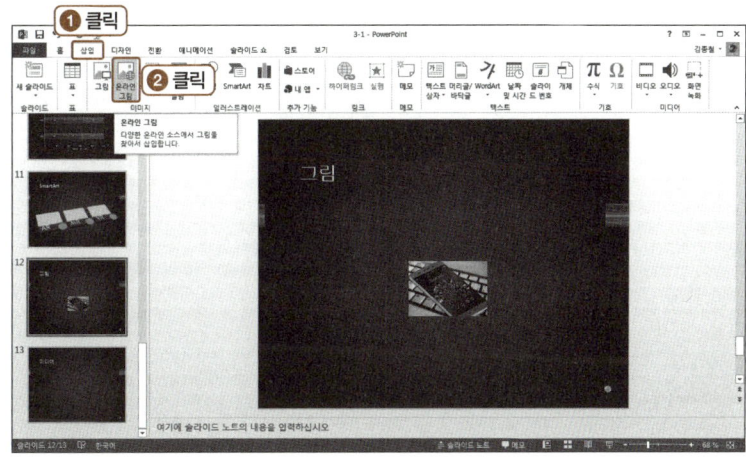

❺ 'Bing 이미지 검색'에서 '모바일'을 입력한 후 〈검색〉을 클릭합니다.

❻ 이미지를 선택한 후 〈삽입〉을 클릭합니다.

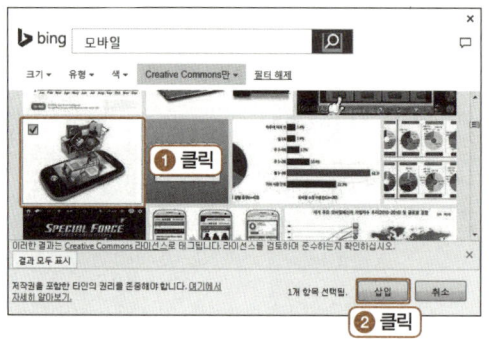

❼ 이미지가 겹치지 않도록 배치합니다.

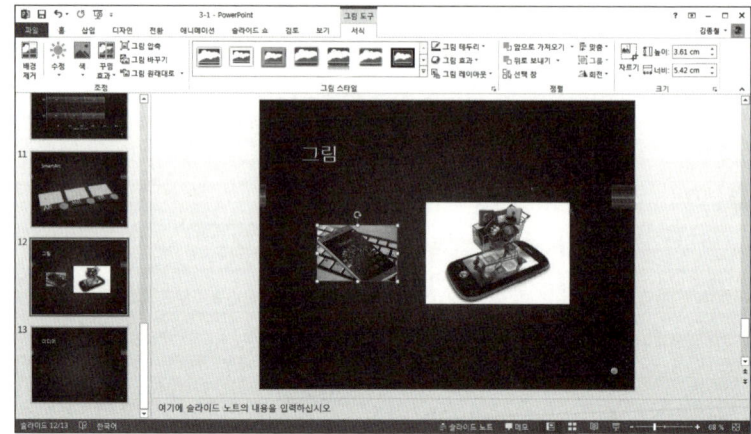

5-2 그림 편집

슬라이드에 삽입된 그림은 크기와 위치, 순서 등을 변경할 수 있습니다. 특히, 그림은 슬라이드 쇼에서 중요한 역할을 하고 있기 때문에 많이 활용되고 있습니다.

✤ 왼쪽 그림을 좌우 대칭으로 변경하고, 오른쪽 그림의 위치를 '기준 : 왼쪽 위 모서리, 가로 위치 : 10.5 cm, 세로 위치 : 6.5 cm'로 설정하시오.

❶ 왼쪽 그림을 선택한 후 [그림 도구]-[서식] 탭-[정렬] 그룹-[회전] 명령 단추를 클릭합니다.

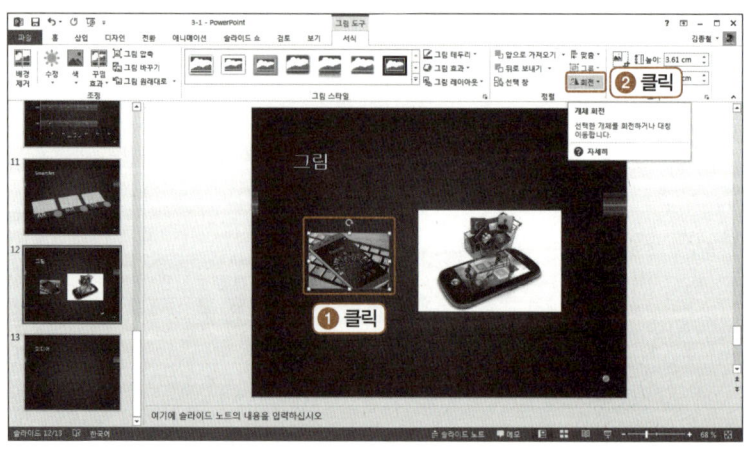

❷ '좌우 대칭'을 선택합니다.

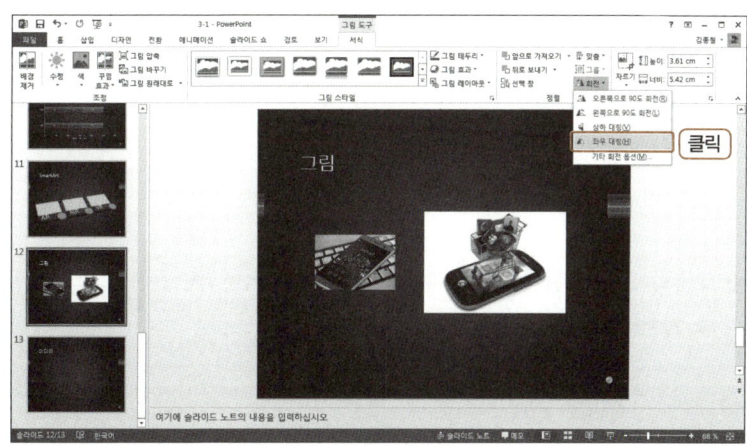

❸ 오른쪽 그림을 선택한 후 [그림 도구]-[서식] 탭-[크기] 그룹-[자세히] 명령 단추를 클릭합니다.

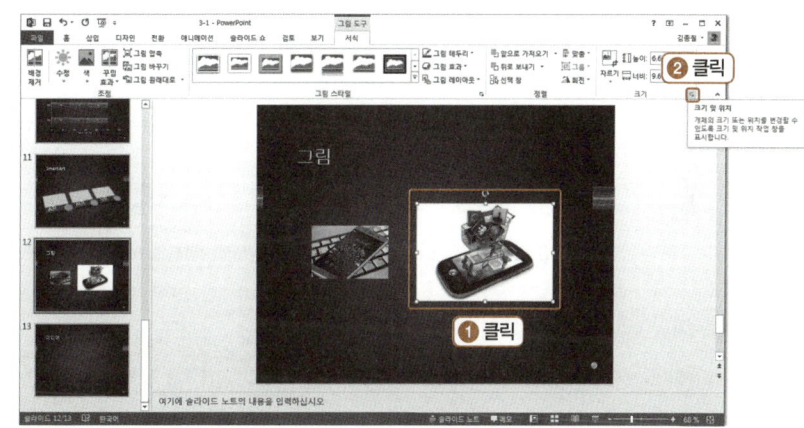

❹ '위치'에서 '기준 : 왼쪽 위 모서리, 가로 위치 : 10.5 cm, 세로 위치 : 6.5 cm'로 설정합니다.

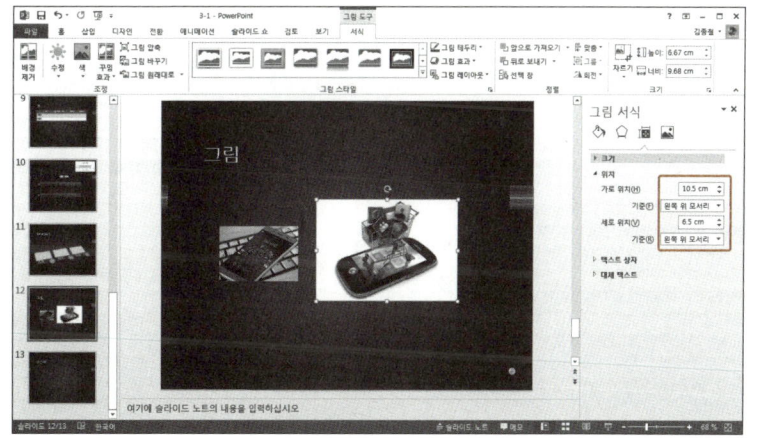

5-3 그림 서식

슬라이드에 있는 그림은 스타일, 효과를 주어 다양하게 꾸밀 수 있습니다. 여러 말보다 하나의 그림이 내용을 효과적으로 전달할 수 있기 때문에 중요하게 다루고 있습니다. 또한 배경에 맞는 색상을 보정하는 도구도 제공되고 있습니다.

❖ 오른쪽 그림의 흰색 배경을 투명한 색으로 설정한 후, 왼쪽 그림의 테두리를 '색 : 분홍, 강조 5, 두께 : 3pt'로 설정하시오.

❶ 오른쪽 그림을 선택한 후 [그림 도구]-[서식] 탭-[조정] 그룹-[색] 명령 단추를 클릭합니다.

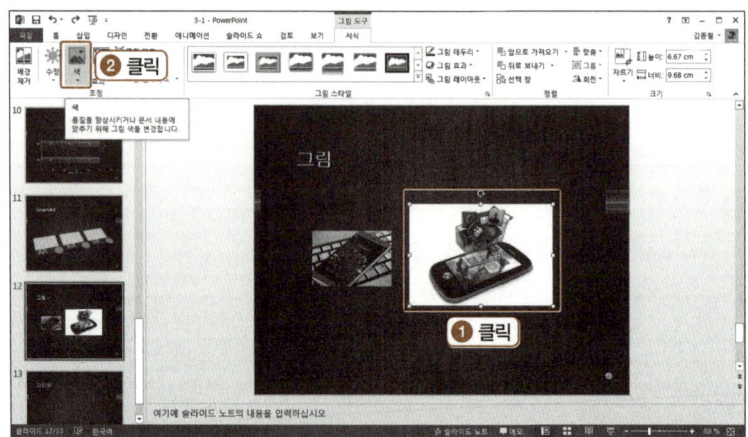

❷ '투명한 색 설정'을 선택합니다.

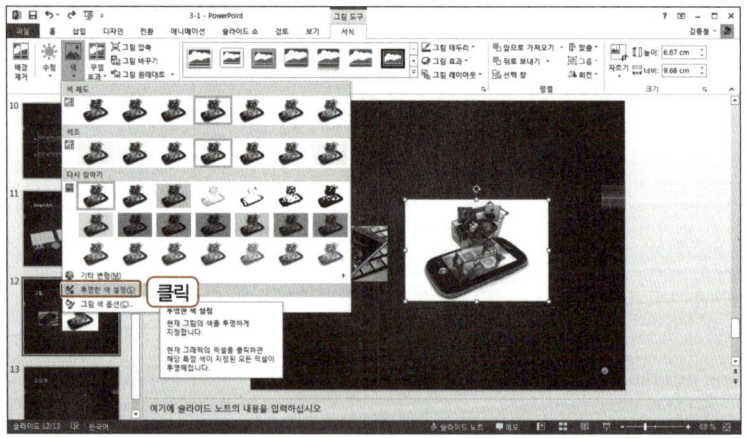

❸ 그림의 흰색 배경을 클릭합니다.

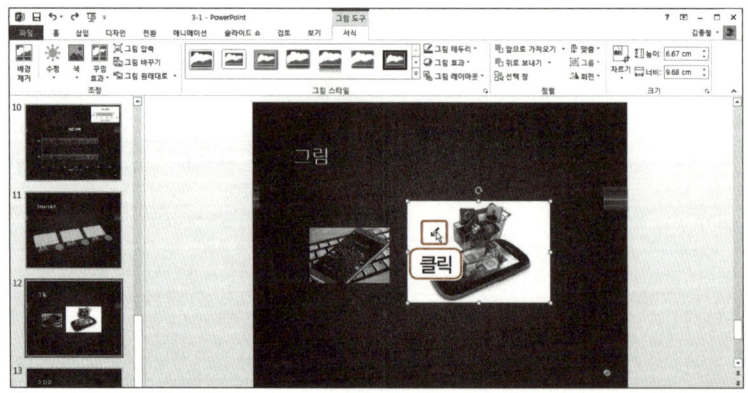

❹ 흰색 배경이 투명하게 처리됩니다.

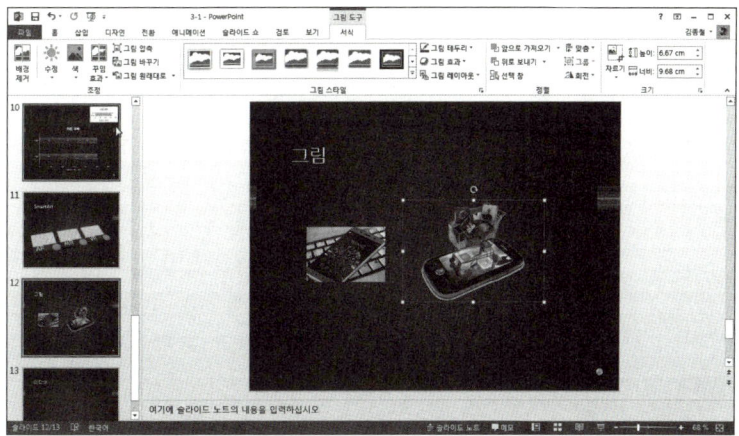

❺ 왼쪽 그림을 선택한 후 [그림 도구]-[서식] 탭-[그림 스타일] 그룹-[그림 테두리] 명령 단추를 클릭합니다. 그런 다음 '분홍, 강조 5'를 선택합니다.

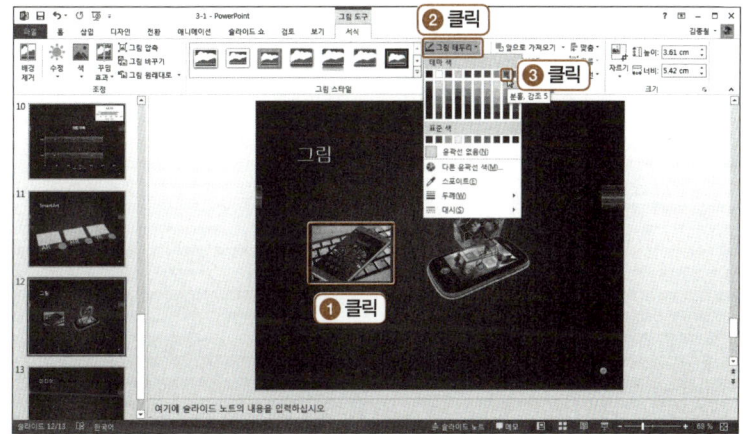

❻ [그림 도구]-[서식] 탭-[그림 스타일] 그룹-[그림 테두리] 명령 단추를 클릭합니다. 그런 다음 '두께 : 3pt'를 지정합니다.

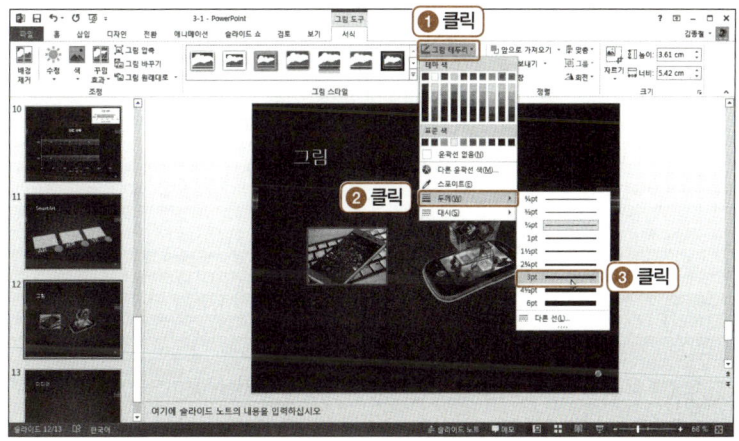

Chapter 06 미디어 삽입 및 서식 지정

6-1 미디어 삽입

보다 비주얼한 프레젠테이션을 진행할 때는 동영상과 오디오를 활용하는 것이 좋습니다. 동영상은 저장해 둔 파일은 물론 YouTube 동영상도 가져와서 슬라이드에 삽입할 수 있습니다.

✦ 13번 슬라이드에 'C:\MOS2013\POWERPOINT\MOSP.mp4 / Kalimba.mp3' 파일을 삽입한 후 오디오 파일은 슬라이드 밖으로 배치하시오.

❶ 13번 슬라이드에서 [비디오 삽입] 명령 단추를 클릭합니다.

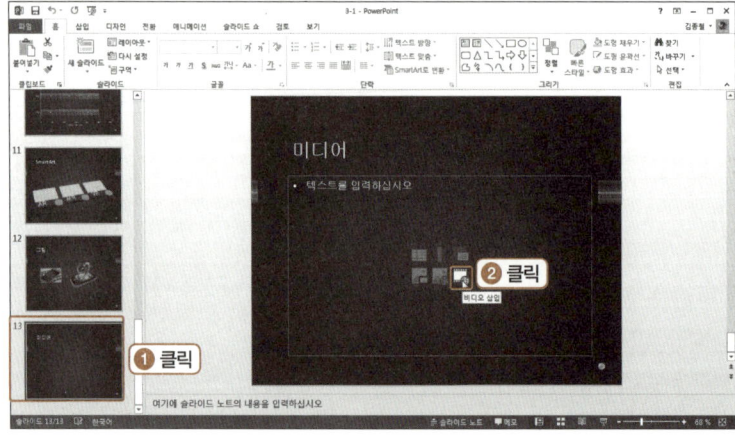

> **멘토의 한 수**
> [삽입] 탭-[미디어] 그룹-[비디오] 명령 단추를 클릭한 후 '내 PC의 비디오'를 선택해도 됩니다.

❷ '파일에서-찾아보기'를 클릭합니다.

❸ 'MOSP.mp4' 동영상 파일을 선택한 후 〈삽입〉을 클릭합니다.

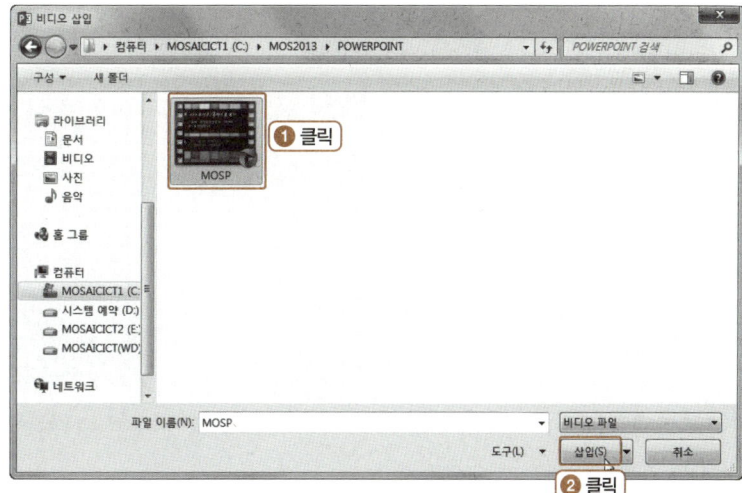

❹ [삽입] 탭-[미디어] 그룹-[오디오] 명령 단추를 클릭한 후 '내 PC의 오디오'를 선택합니다.

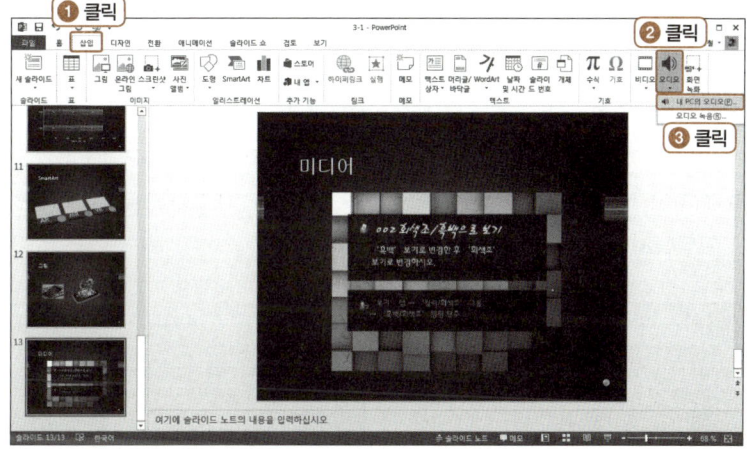

❺ 'Kalimba.mp3' 오디오 파일을 선택한 후 〈삽입〉을 클릭합니다.

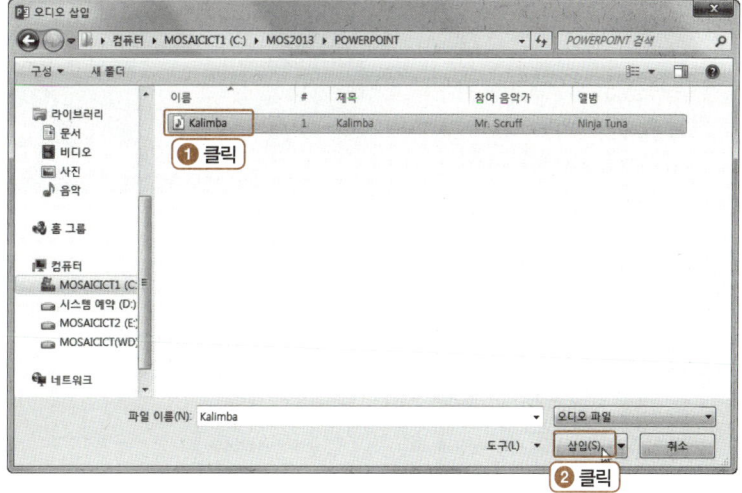

❻ 오디오 파일을 슬라이드 밖으로 이동합니다.

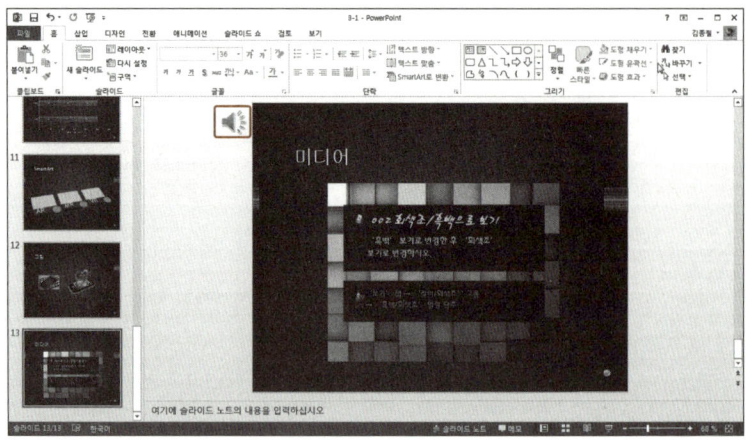

6-2 미디어 옵션

삽입된 동영상과 오디오 파일은 다양한 옵션을 수정할 수 있습니다. 별도의 프로그램을 이용하지 않아도 간단한 편집을 할 수 있기 때문에 유용하게 사용할 수 있습니다.

✚ 비디오 파일을 '시작 시간 : 00.00, 종료 시간 : 02:00'으로 트리밍 / 오디오 파일을 자동으로 실행되도록 설정하시오.

❶ [비디오 도구]-[재생] 탭-[편집] 그룹-[비디오 트리밍] 명령 단추를 클릭합니다.

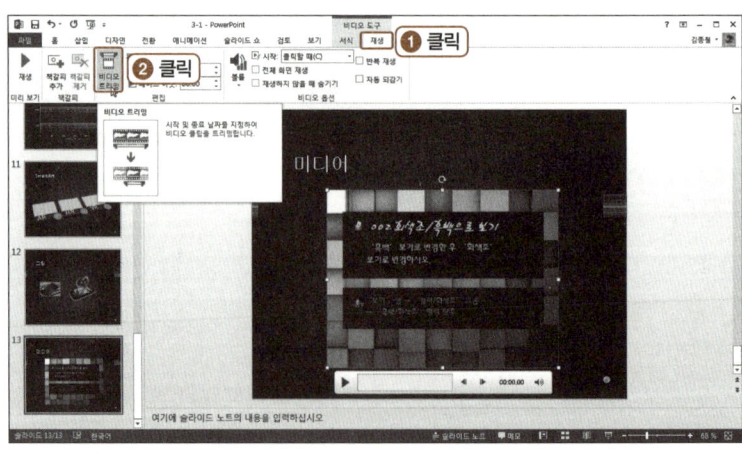

멘토의 한 수
'트리밍'은 필요한 부분만 남겨두고 동영상을 잘라내는 것을 말합니다.

멘토의 한 수
볼륨을 조정할 때는 [비디오 도구]-[재생] 탭-[비디오 옵션] 그룹-[볼륨] 명령 단추를 클릭합니다.

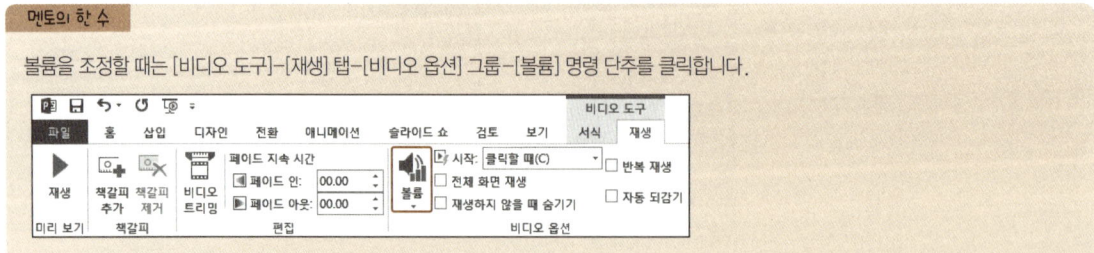

❷ '시작 시간 : 00.00, 종료 시간 : 02:00'으로 설정한 후 〈확인〉을 클릭합니다.

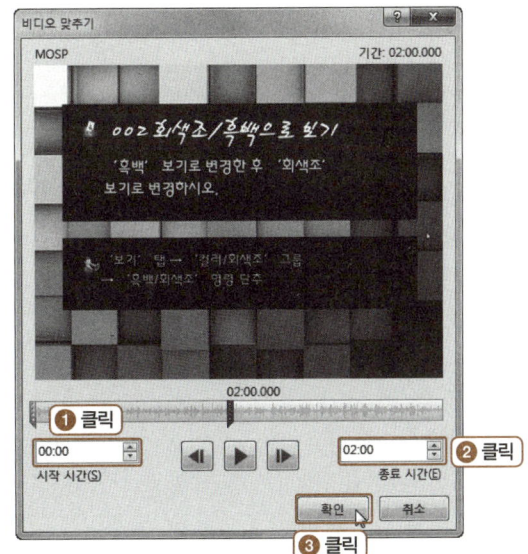

❸ [오디오 도구]-[재생] 탭-[오디오 옵션] 그룹-'시작'의 목록 단추를 클릭한 후 '자동 실행'을 선택합니다.

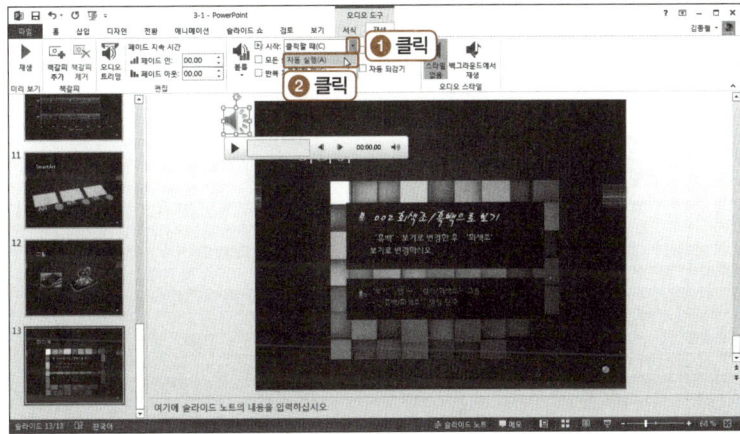

M·E·M·O

PART 4

전환 및 애니메이션 적용

학습목표

슬라이드 간 전환 적용, 슬라이드 내용에 애니메이션 효과주기, 전환 및 애니메이션 타이밍 설정하는 방법에 대해 알아봅니다.

Chapter 01. 슬라이드 간 전환 적용

Chapter 02. 슬라이드 내용에 애니메이션 효과주기

Chapter 03. 전환 및 애니메이션 타이밍 설정

Chapter 01 슬라이드 간 전환 적용

○ 예제: C:\MOS2013\POWERPOINT\4-1.pptx

1-1 화면 전환

화면 전환 효과를 지정하면 슬라이드 간을 이동할 때 화면 전체에 애니메이션 효과가 표시됩니다. 슬라이드마다 여러 종류의 화면 전환 효과를 지정하면 오히려 혼란스러움을 줄 수도 있지만 적절히 활용하면 효과적인 슬라이드 쇼를 진행할 수 있습니다.

✤ 모든 슬라이드에 왼쪽에서 진행하는 '큐브' 화면 전환 효과를 설정하시오.

❶ [전환] 탭-[슬라이드 화면 전환] 그룹에 있는 [자세히] 명령 단추를 클릭합니다.

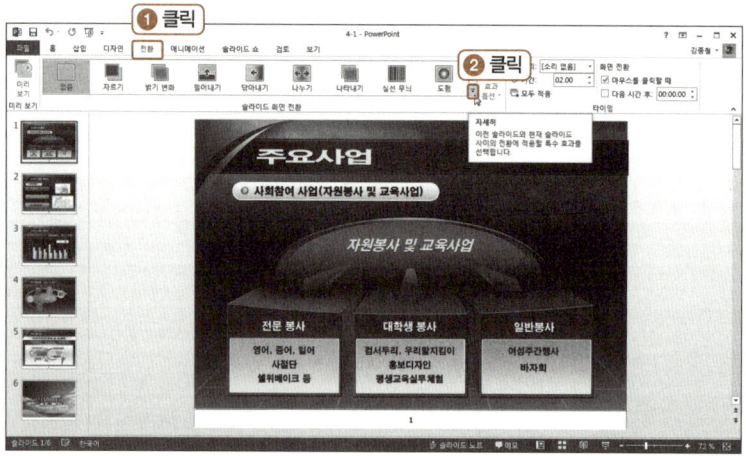

❷ '큐브'를 선택합니다.

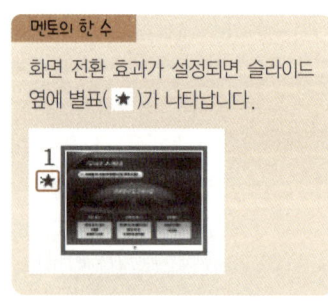

멘토의 한 수

화면 전환 효과가 설정되면 슬라이드 옆에 별표(★)가 나타납니다.

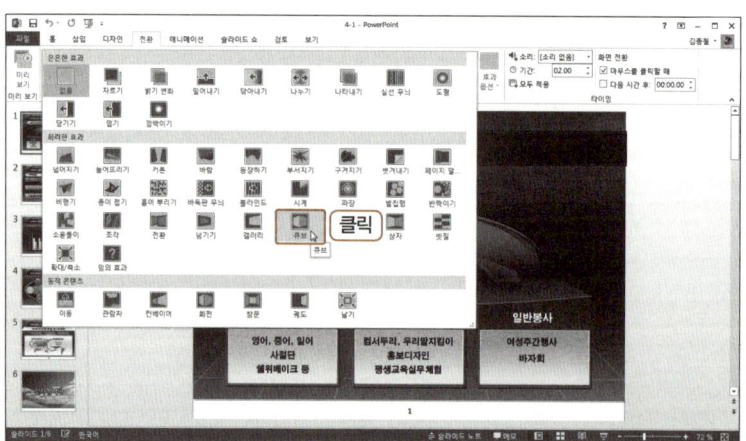

124 | Part 04 전환 및 애니메이션 적용

❸ [전환] 탭-[슬라이드 화면 전환] 그룹에 있는 [효과 옵션] 명령 단추를 클릭한 후 '왼쪽에서'를 선택합니다.

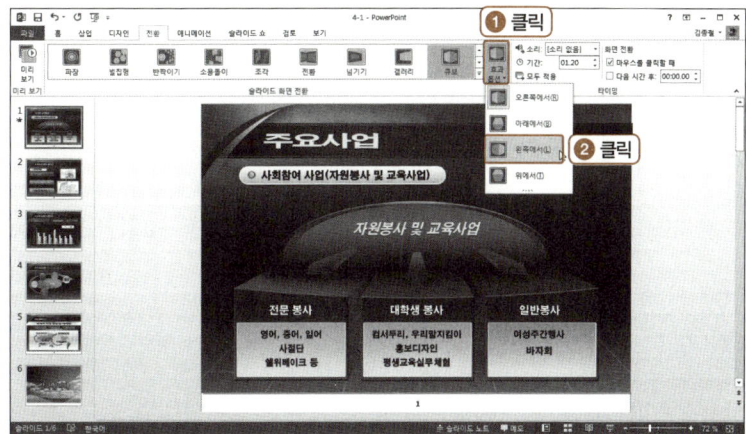

❹ [전환] 탭-[타이밍] 그룹-[모두 적용] 명령 단추를 클릭합니다.

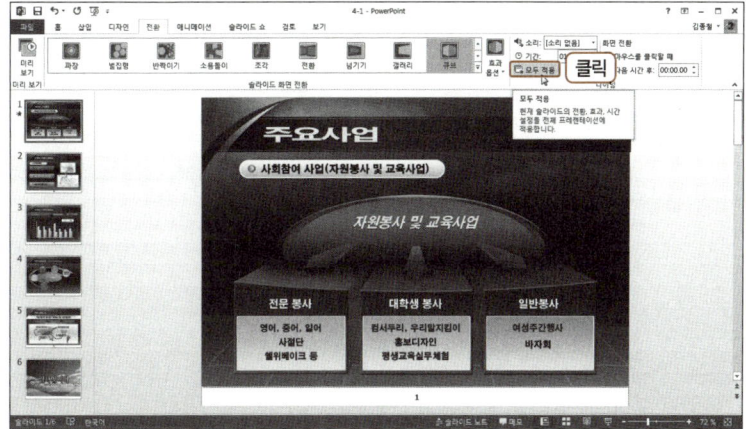

❺ 모든 슬라이드에 전환 효과가 설정됩니다.

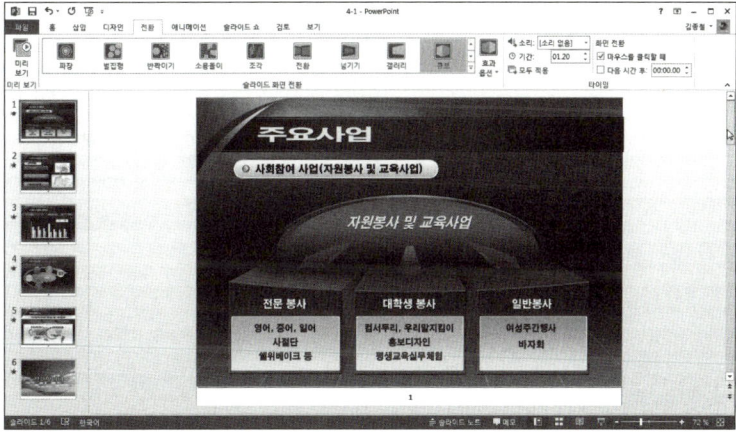

1-2 화면 전환 옵션

프레젠테이션에 설정된 전환 효과는 상황에 맞게 옵션을 변경할 수 있습니다. 시간, 소리, 재생 방향, 실행 방법 등 다양한 옵션을 제공하기 때문에 쇼에 맞게 설정할 수 있습니다.

✚ 슬라이드 3, 5의 화면 전환 효과가 실행될 때 '요술봉' 소리가 나타나도록 설정하시오.

❶ Crtl 을 누르면서 3/5번 슬라이드를 선택합니다.

멘토의 한 수

떨어져 있는 슬라이드를 선택할 때는 Ctrl 을, 연속되어 있는 슬라이드를 선택할 때는 Shift 를 누르면서 선택합니다.

❷ [전환] 탭-[타이밍] 그룹에 있는 '소리'의 목록 단추를 클릭한 후 '요술봉'을 선택합니다.

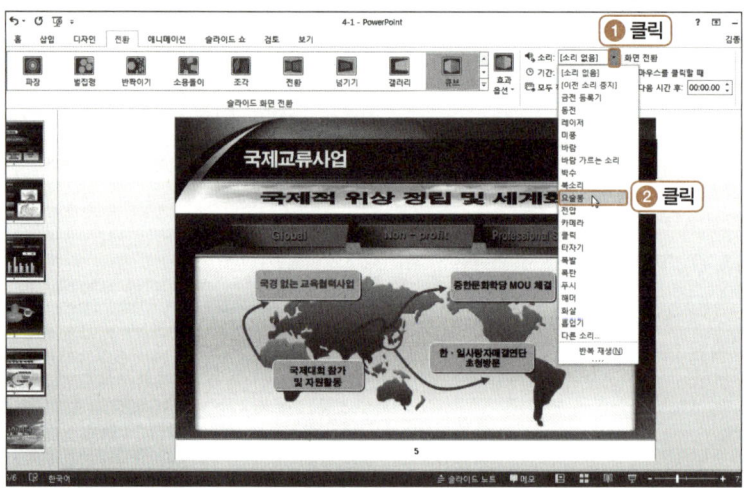

Chapter 02 슬라이드 내용에 애니메이션 효과주기

2-1 애니메이션 적용하기

슬라이드 쇼를 진행할 때 화면 전환 효과 외에 많이 사용하는 기능이 애니메이션 효과입니다. 적절한 애니메이션 효과는 쇼를 집중하는 데 도움을 주기 때문에 많이 사용되고 있습니다.

✚ 4번 슬라이드에 있는 '자원봉사' 도형에 '오른쪽 아래에서' 날아오는 애니메이션을 설정하시오.

❶ 4번 슬라이드에서 애니메이션을 설정할 개체(자원봉사)를 선택한 후 [애니메이션] 탭-[애니메이션] 그룹-[자세히] 명령 단추를 클릭합니다.

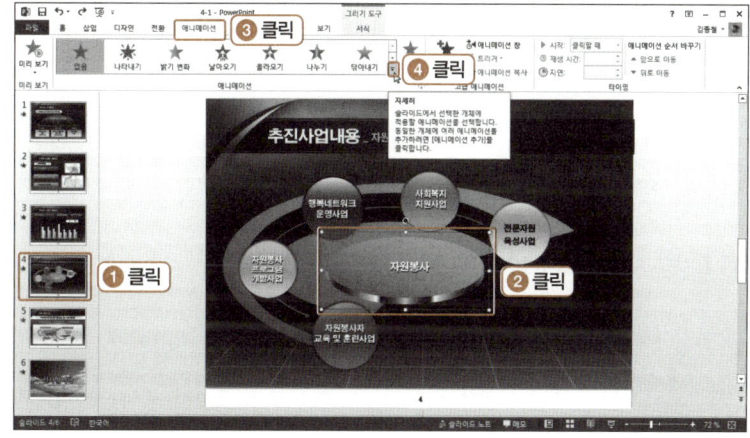

❷ '날아오기' 애니메이션을 선택합니다.

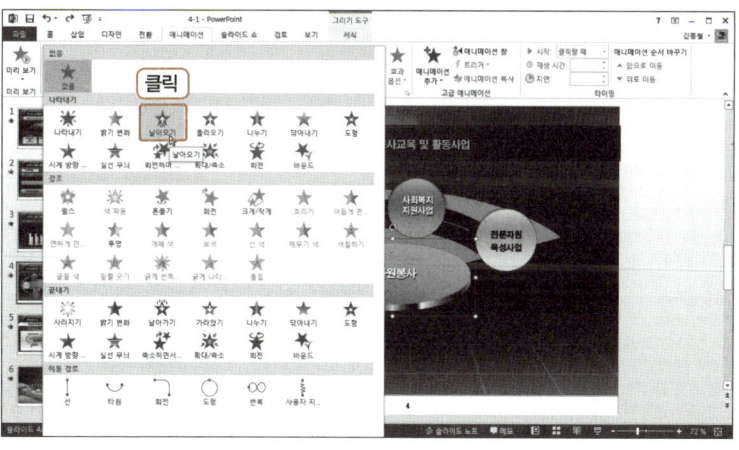

❸ [애니메이션] 탭-[애니메이션] 그룹-[효과 옵션] 명령 단추를 클릭한 후 '오른쪽 아래에서'를 선택합니다.

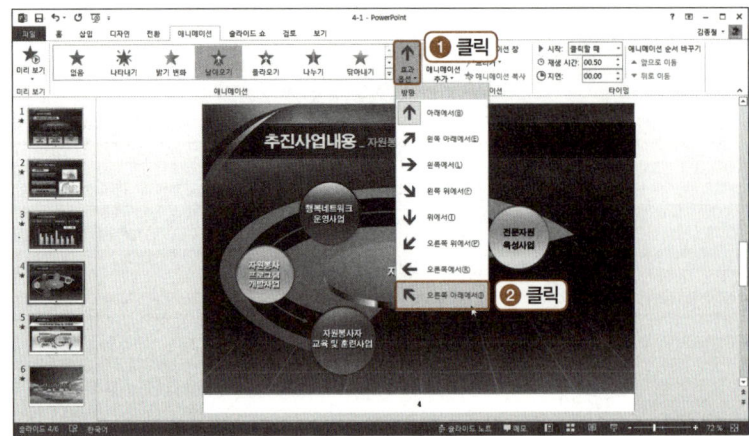

멘토의 한 수

애니메이션이 설정되면 실행되는 순서의 번호가 나타납니다.

2-2 애니메이션 편집하기

슬라이드에 삽입된 애니메이션은 다른 애니메이션으로 수정하거나 복사해서 다른 곳에 사용할 수 있습니다. 특히, 애니메이션 복사는 동일한 애니메이션을 다른 곳에 이용할 때 사용하면 편리합니다.

✚ 4번 슬라이드의 '자원봉사'에 설정된 애니메이션을 아래에 있는 '자원봉사자…' 도형에 복사하시오.

❶ [애니메이션] 탭-[고급 애니메이션] 그룹-[애니메이션 복사] 명령 단추를 클릭합니다.

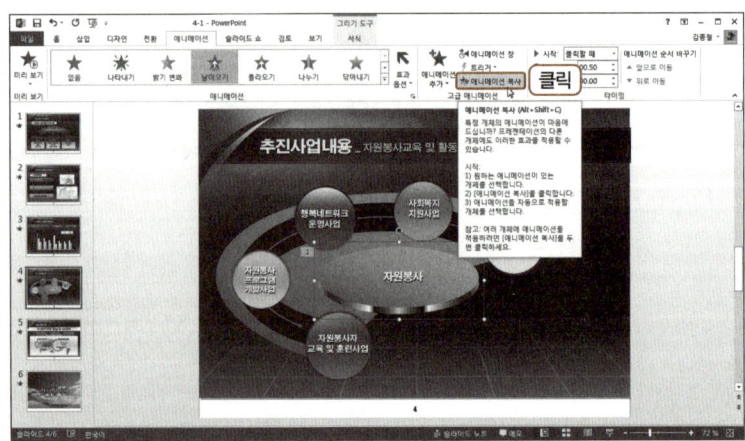

❷ '자원봉사자…' 도형을 클릭합니다.

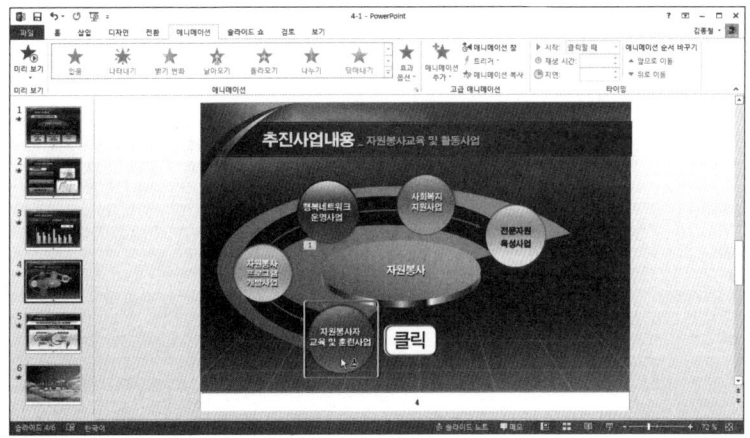

❸ 애니메이션이 복사됩니다.

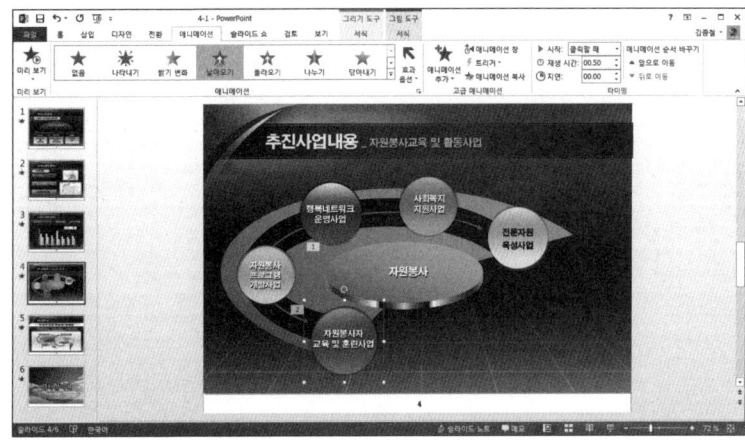

2-3 추가 이동 경로를 이용해 애니메이션 효과 지정하기

개체에 애니메이션을 지정하면 기본 경로가 설정됩니다. 이 경우 추가 이동 경로를 지정하면 삽입한 개체의 크기나 분위기에 맞추어 더욱 감각적이고 독특한 애니메이션 효과를 연출하면서 청중들의 관심을 끌 수 있으므로 유용하게 사용할 수 있습니다.

❖ 4번 슬라이드의 '자원봉사자…' 도형의 애니메이션에 '누운 8자' 이동 경로를 추가하시오.

❶ 4번 슬라이드의 '자원봉사자…' 도형을 선택한 후 [애니메이션] 탭-[고급 애니메이션] 그룹-[애니메이션 추가] 명령 단추를 클릭합니다.

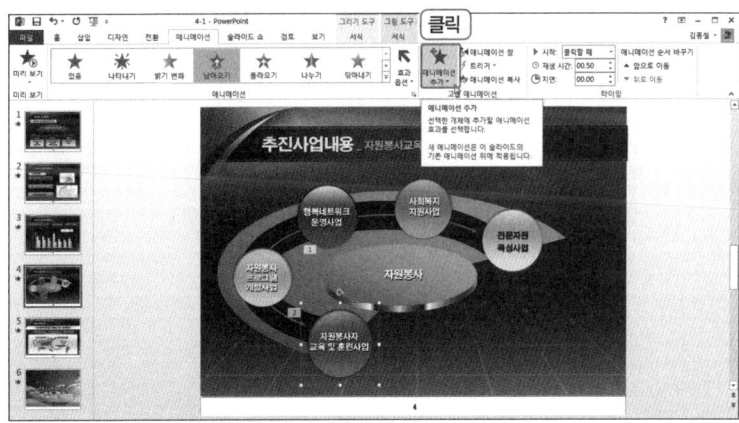

❷ '추가 이동 경로'를 선택합니다.

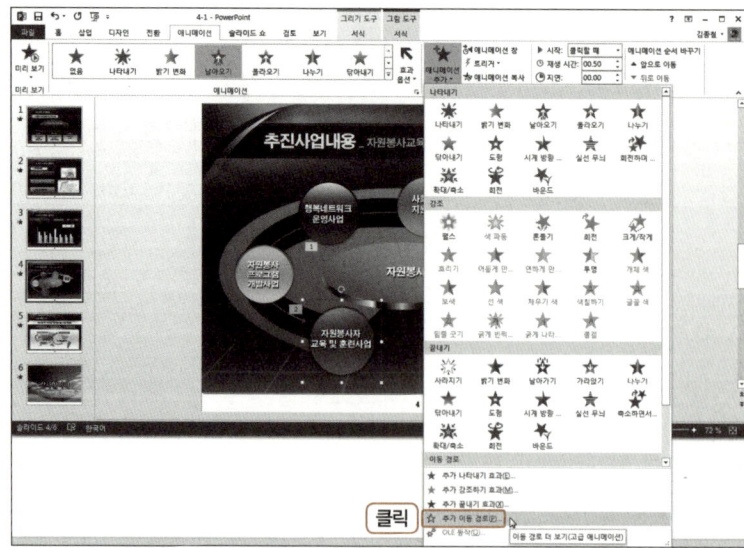

❸ '누운 8자'를 선택한 후 〈확인〉을 클릭합니다.

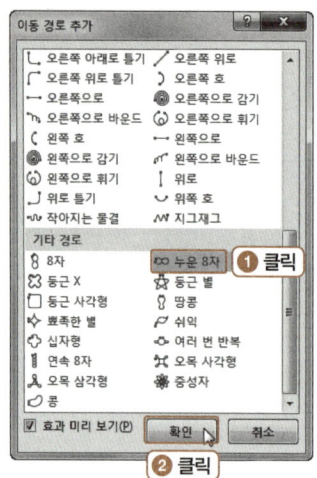

Chapter 03 전환 및 애니메이션 타이밍 설정

3-1 전환 효과 타이밍 설정

화면 전환 효과가 설정되면 실행되는 시간을 조정할 수 있습니다. 시간은 전환 효과가 보이는 것과 다음 슬라이드의 효과가 나타나는 시간을 설정할 수 있습니다.

✣ 모든 슬라이드의 화면 전환 효과가 3초간 재생되며, 2초가 지나면 다음 슬라이드로 전환 효과가 진행되도록 설정하시오.

❶ [전환] 탭-[타이밍] 그룹에 있는 '다음 시간 후'를 체크 표시한 후 '00:02:00'으로 설정합니다.

❷ [전환] 탭-[타이밍] 그룹에 있는 '기간 : 03:00'으로 설정합니다.

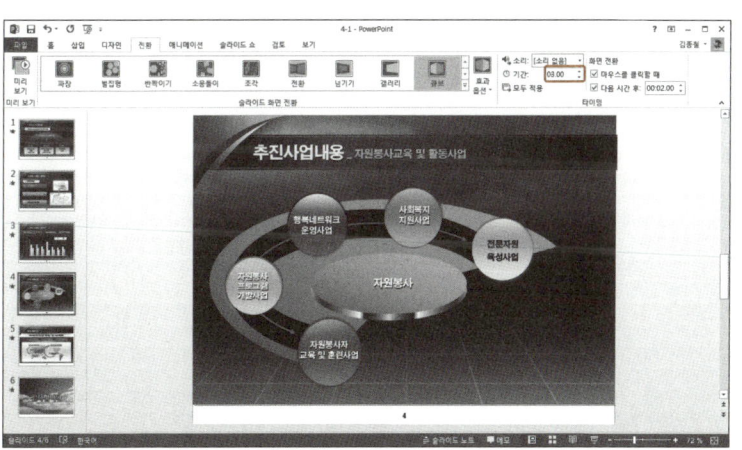

❸ [전환] 탭-[타이밍] 그룹-[모두 적용] 명령 단추를 클릭합니다.

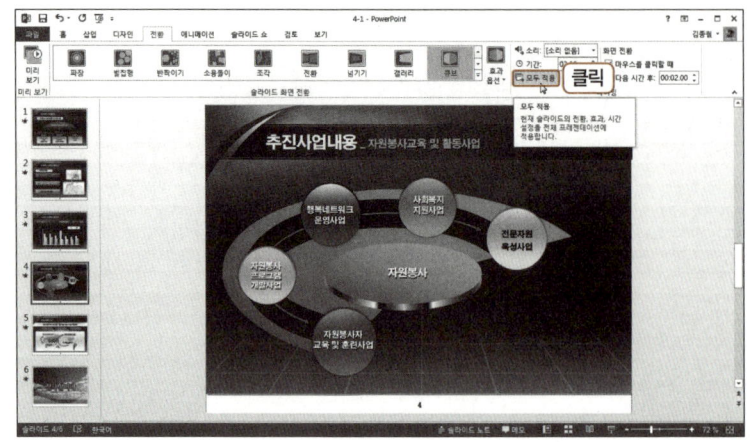

3-2 애니메이션 효과 타이밍 설정

애니메이션 효과가 설정되면 실행되는 시간을 조정할 수 있습니다. 시간은 애니메이션 효과가 보이는 것과 다음 애니메이션의 효과가 나타나기 전까지의 지연 시간을 설정할 수 있습니다.

✤ 4번 슬라이드에 'WordArt 4'를 클릭하면 '자원봉사자…' 도형의 애니메이션이 실행되도록 트리거를 설정하시오.

❶ 4번 슬라이드에 '자원봉사자…' 도형을 선택한 후 [애니메이션] 탭-[고급 애니메이션] 그룹-[트리거] 명령 단추를 클릭합니다.

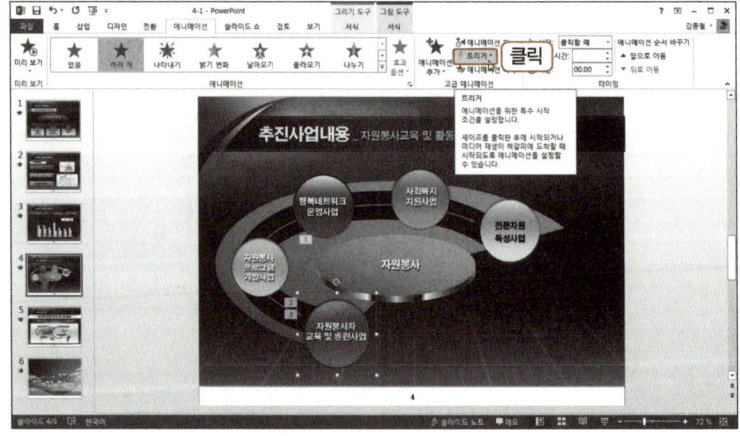

❷ 슬라이드 쇼에서 'WordArt 4'를 클릭하면 '자원봉사자…' 도형의 애니메이션이 나타납니다.

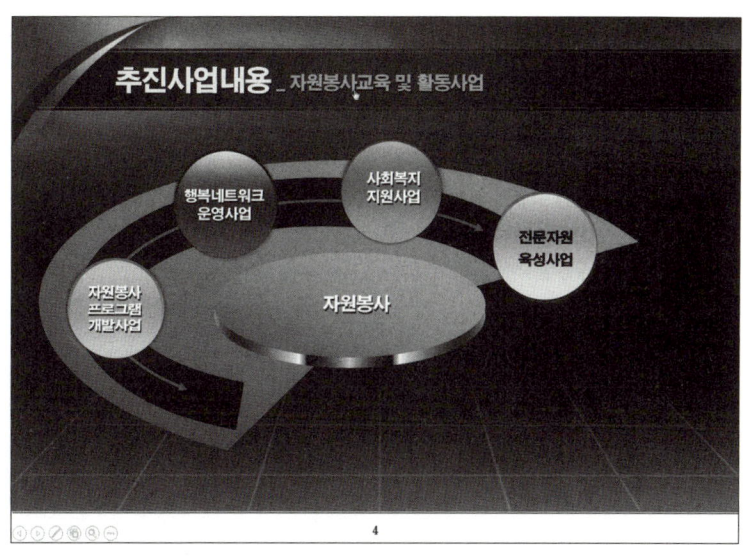

> **멘토의 한 수**
>
> [홈] 탭-[편집] 그룹-[선택] 명령 단추를 클릭한 후 '선택 창'을 선택하면 'WordArt 4'를 알 수 있습니다.

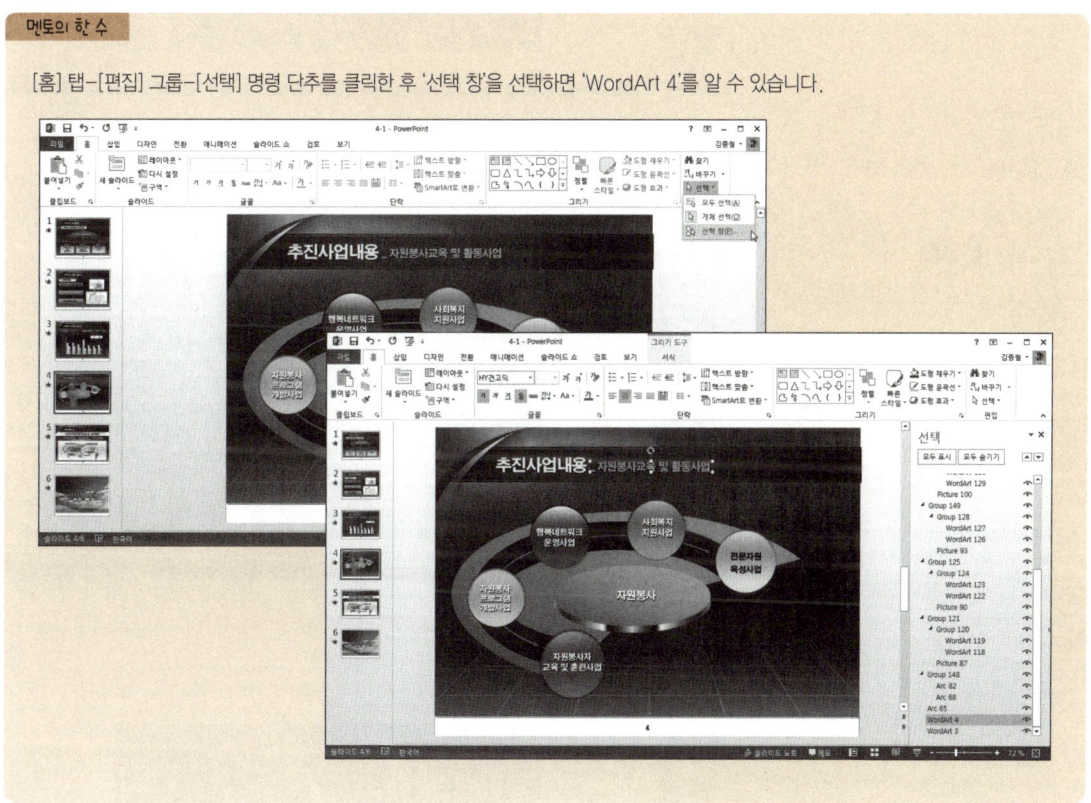

Chapter 03 전환 및 애니메이션 타이밍 설정 | 133

3-3 애니메이션 효과 타이밍 설정

슬라이드에 설정된 애니메이션은 상황에 따라 그 실행 순서를 변경할 때가 있습니다. 이럴 경우를 대비해서 파워포인트에서는 애니메이션 순서를 변경할 수 있습니다.

✤ '전문자원…' 도형에 '나타내기' 애니메이션을 설정한 후 제일 먼저 실행되도록 설정하시오.

❶ '전문자원…' 도형을 선택한 후 [애니메이션] 탭-[애니메이션] 그룹에 있는 '나타내기' 애니메이션을 클릭합니다.

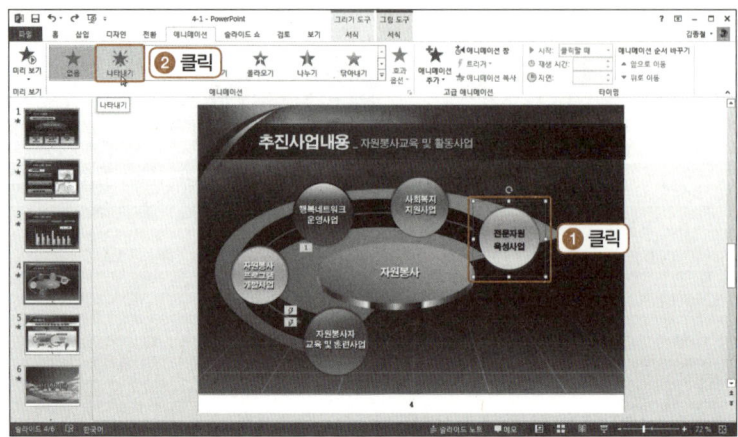

❷ [애니메이션] 탭-[타이밍] 그룹-[앞으로 이동] 명령 단추를 클릭합니다.

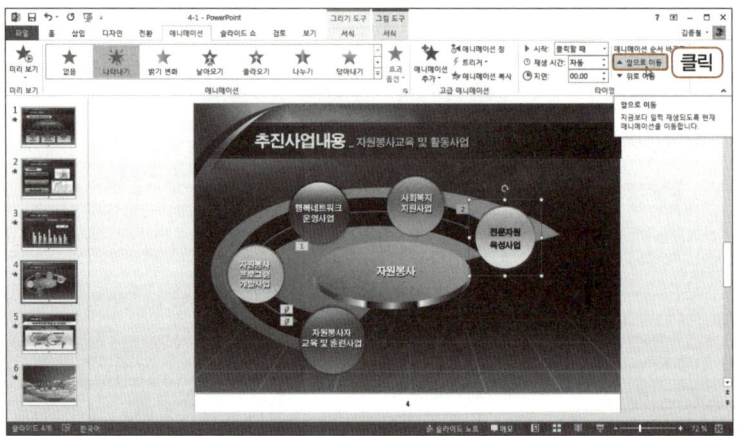

❸ 애니메이션의 순서가 맨 앞으로 이동합니다.

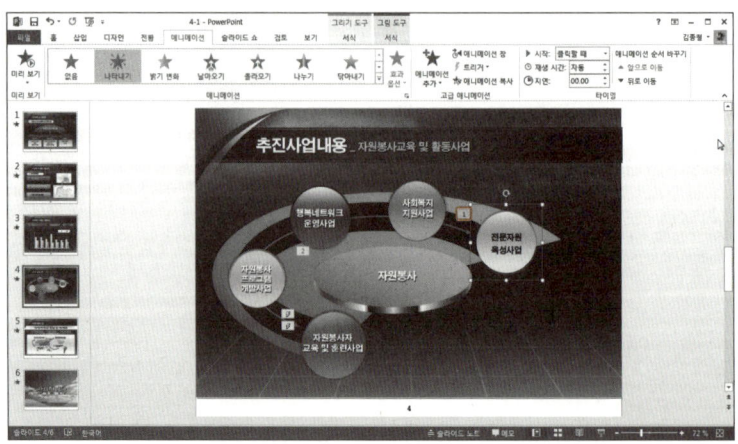

Microsoft Office Specialist

PART 5

여러 프레젠테이션 관리

학습목표

프레젠테이션 내용 병합, 변경 내용 추적 및 차이 확인, 프레젠테이션 보호 및 공유 방법에 대해 알아봅니다.

Chapter 01. 여러 프레젠테이션 내용 병합

Chapter 02. 변경 내용 추적 및 차이 확인

Chapter 03. 프레젠테이션 보호 및 공유

Chapter 01 여러 프레젠테이션 내용 병합

◎ 예제: C:₩MOS2013₩POWERPOINT₩5-1.pptx

1-1 창 정렬

프레젠테이션 작업을 하다 보면 두 개 이상의 파일을 불러온 후 작업할 경우가 있습니다. 이럴 때 창을 정렬하면 서로 다른 파일들을 보면서 작업할 수 있습니다.

✤ 'C:₩MOS2013₩POWERPOINT₩5-2.pptx' 프레젠테이션을 연 후 모두 보기로 정렬하시오.

❶ [파일] 탭을 클릭한 후 [열기]를 클릭합니다.

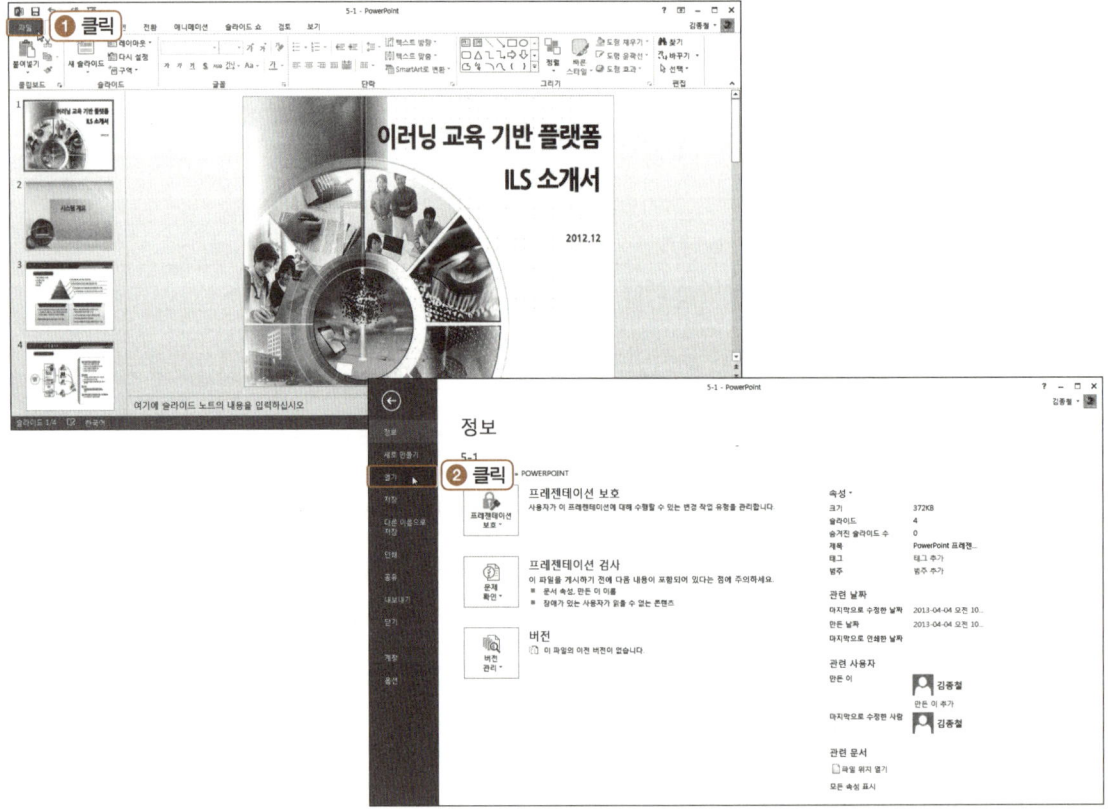

❷ '컴퓨터'를 클릭한 후 '찾아보기'를 클릭합니다.

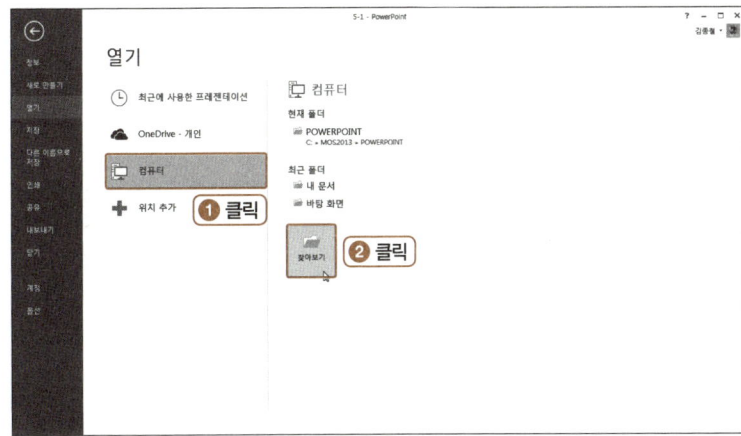

❸ '5-2.pptx' 파일을 선택한 후 〈열기〉를 클릭합니다.

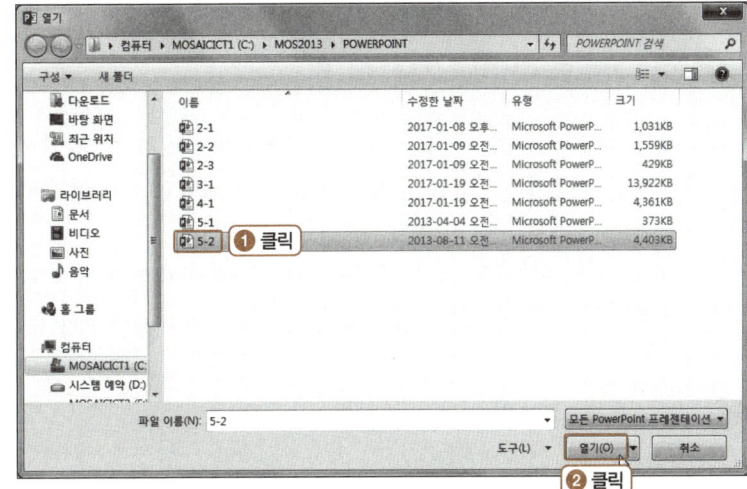

❹ [보기] 탭-[창] 그룹-[모두 정렬] 명령 단추를 클릭합니다.

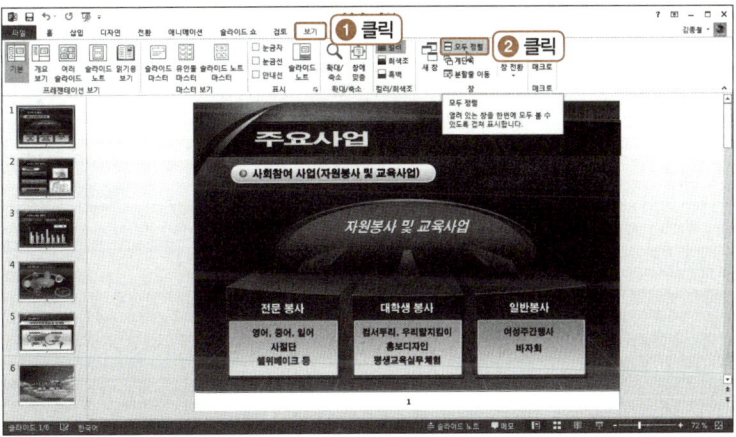

❺ 프레젠테이션이 모두 보입니다.

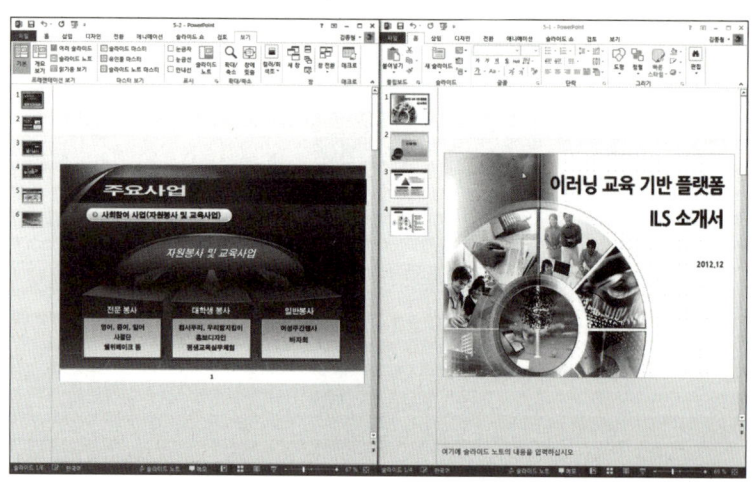

1-2 다른 슬라이드 사용하기

프레젠테이션 작업 시 다른 파일에 있는 슬라이드를 가지고 와서 사용할 수 있습니다. 기존에 잘 만들어진 슬라이드라면 재사용해서 활용하면 보다 빠르게 작업을 완료할 수 있을 것입니다.

✢ 프레젠테이션의 마지막에 'C:₩MOS2013₩POWERPOINT₩5-2.pptx' 파일의 2번, 4번 슬라이드를 가져오시오.('5-1.pptx' 파일에서 작업할 것).

❶ '5-1.pptx' 파일에서 [홈] 탭-[슬라이드] 그룹에 있는 '새 슬라이드'의 목록 단추를 클릭한 후 '슬라이드 다시 사용'을 선택합니다.

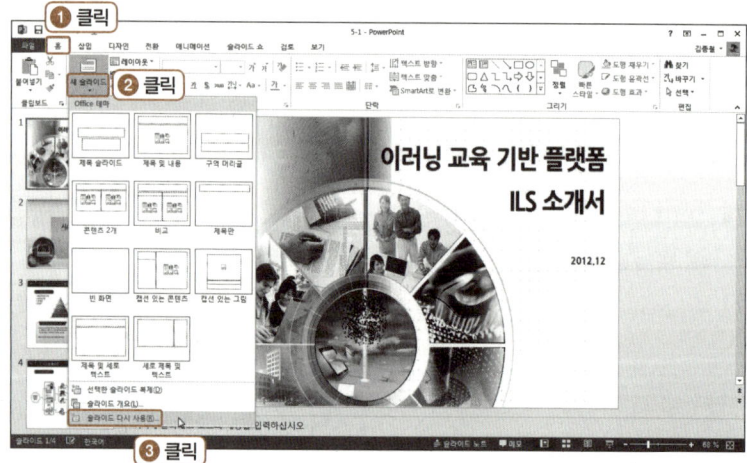

❷ [찾아보기]를 클릭한 후 '파일 찾아보기'를 선택합니다.

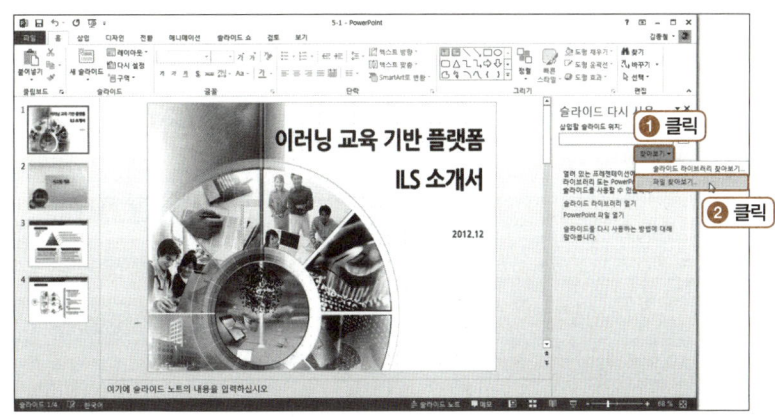

❸ 'C:₩MOS2013₩POWERPOINT₩5-2.pptx' 파일을 선택한 후 〈열기〉를 클릭합니다.

❹ 화면 왼쪽에서 슬라이드의 마지막에 커서를 이동한 후 '슬라이드 2'를 클릭합니다.

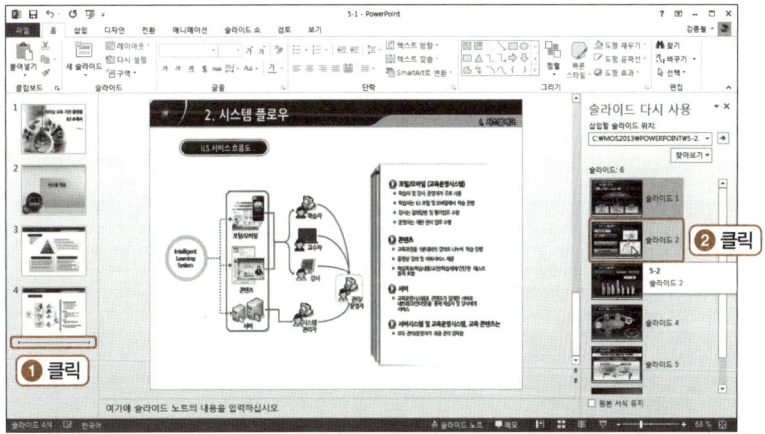

❺ 동일한 방법으로 '슬라이드 4'
를 클릭합니다.

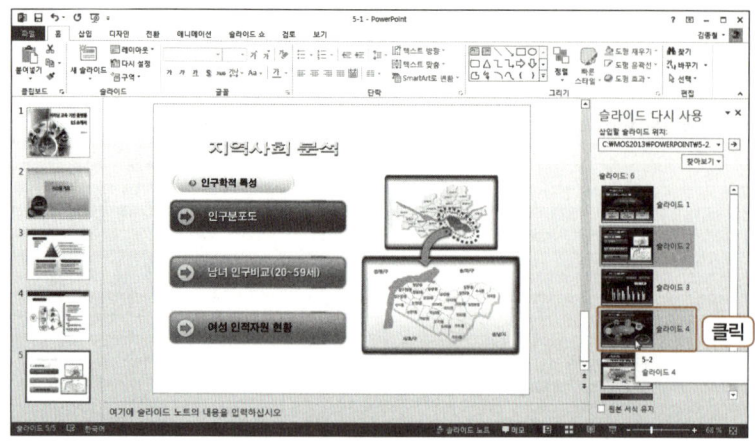

❻ 2번, 4번 슬라이드가 재사용됩
니다.

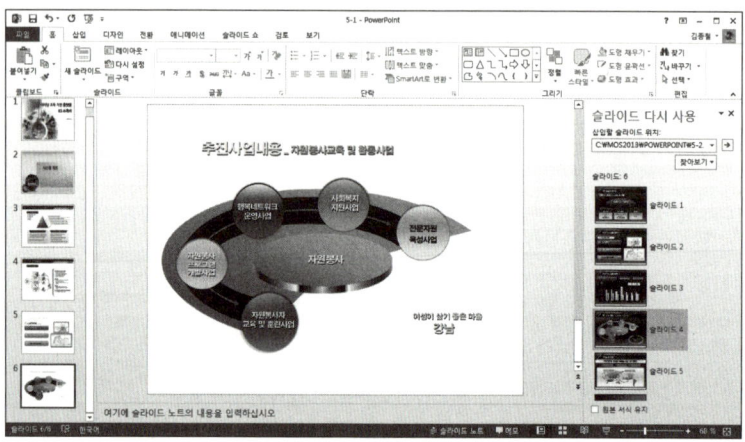

기존 프레젠테이션의 서식을 그대로 가지고 올 때는 '원본 서식 유지'를 체크 표시합니다.

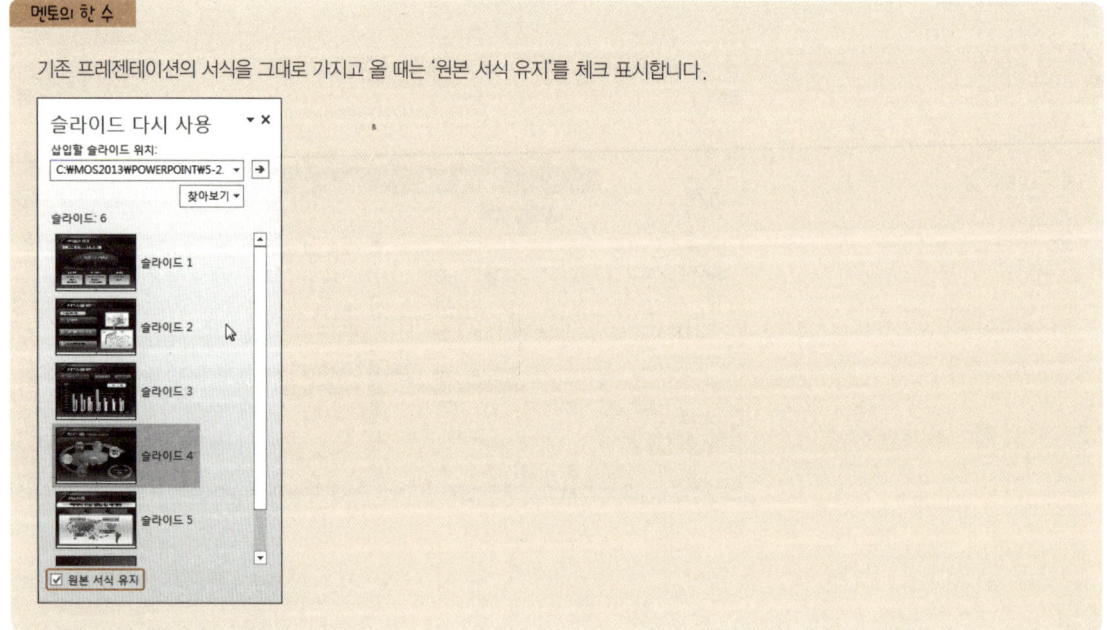

Chapter 02 변경 내용 추적 및 차이 확인

◎ 예제: C:\MOS2013\POWERPOINT\5-3.pptx

2-1 프레젠테이션 비교하기

파워포인트는 문서를 작성한 후 다른 사용자에게 전달했을 경우 두 문서 간의 달라진 점을 비교할 수 있습니다. 또한 변경 내용을 추적할 수 있어 공동 작업할 때 편리합니다.

✤ 'C:\MOS2013\POWERPOINT\5-4.pptx' 파일과 비교하시오.

❶ [검토] 탭-[비교] 그룹-[비교] 명령 단추를 클릭합니다.

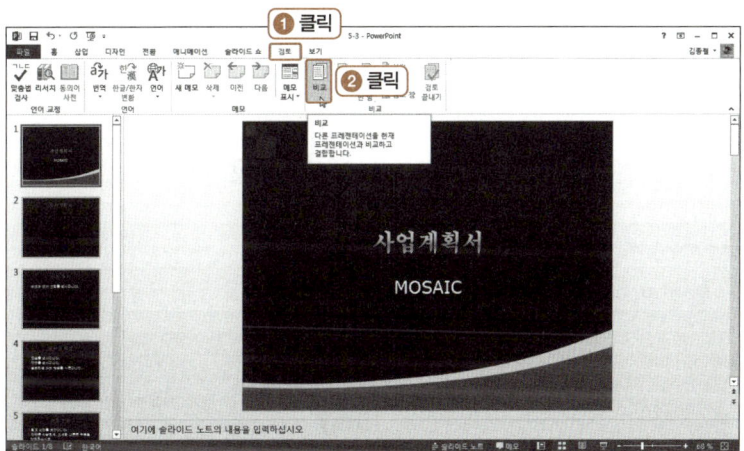

❷ 'C:\MOS2013\POWERPOINT\5-4.pptx' 파일을 선택한 후 〈병합〉을 클릭합니다.

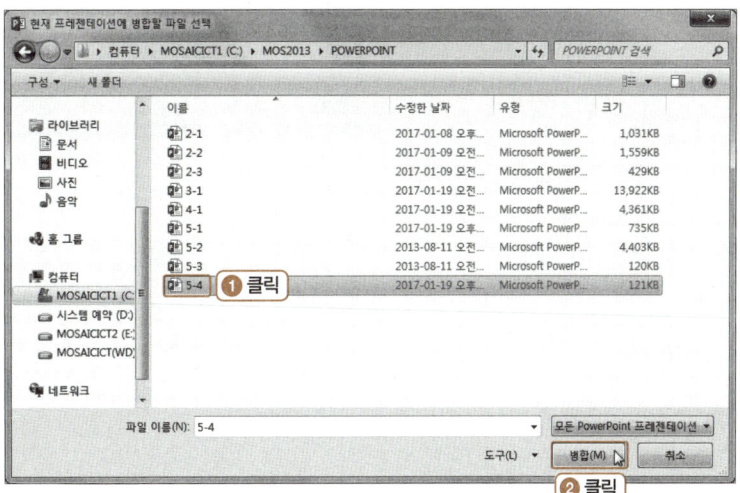

❸ 두 문서 간의 변경된 내용을 볼 수 있습니다.

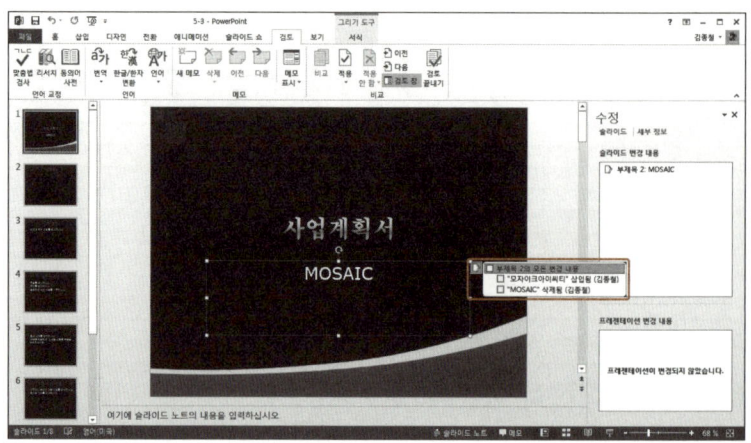

2-2 변경 내용 추적하기

프레젠테이션을 만든 후 모든 슬라이드의 글꼴을 한 번에 변경할 때 마스터를 이용하면 편리하게 작업할 수 있습니다. 프레젠테이션을 만들 때 많이 사용되는 편리한 기능입니다.

✤ 변경된 내용을 확인한 후 모든 변경 내용을 적용하시오.

❶ [검토] 탭-[비교] 그룹-[다음] 명령 단추를 클릭합니다.

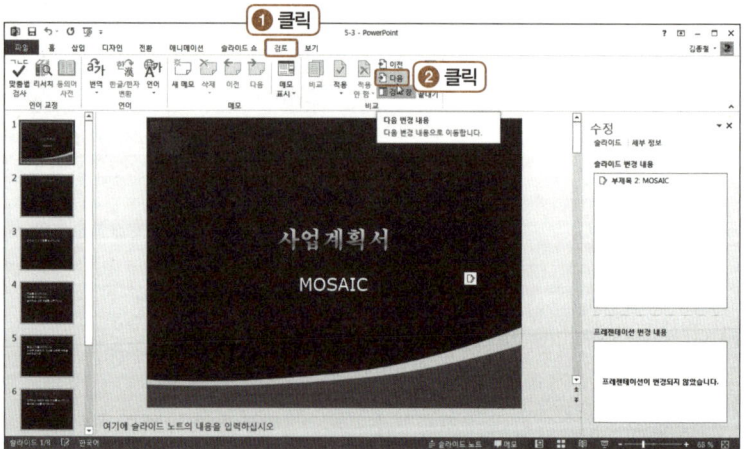

❷ 다음 화면이 나올 때까지 [다음] 명령 단추를 클릭합니다. 〈취소〉를 클릭합니다.

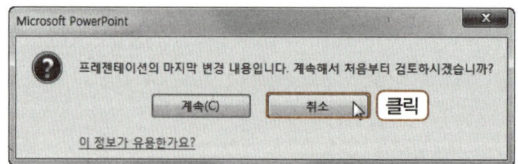

❸ [검토] 탭-[비교] 그룹-[적용] 명령 단추를 클릭한 후 '프레젠테이션의 모든 변경 내용 적용'을 선택합니다.

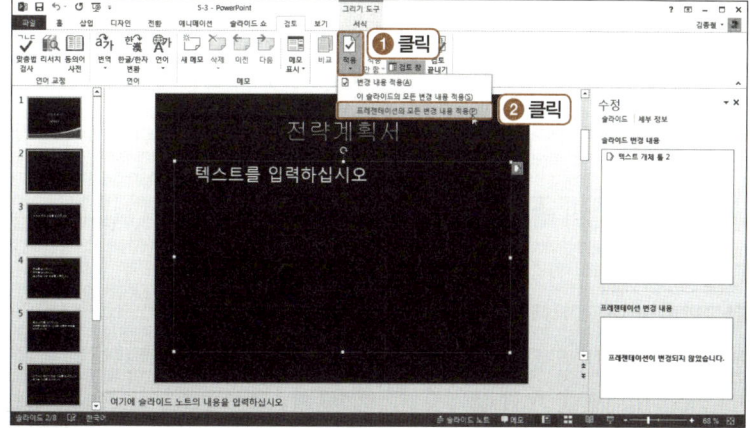

❹ 프레젠테이션의 변경된 내용이 적용됩니다.

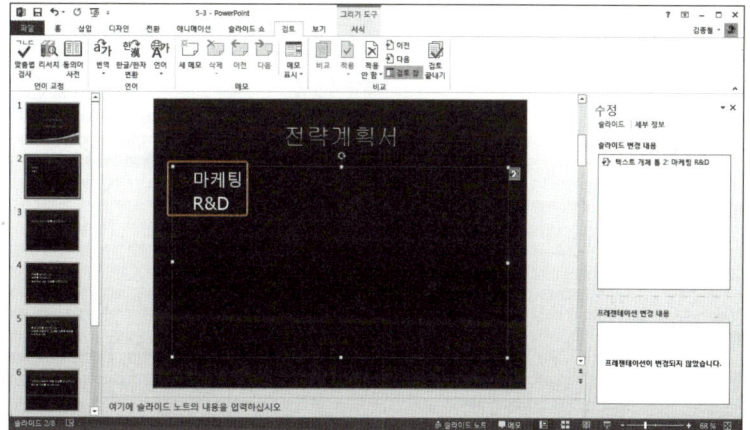

2-3 메모

슬라이드를 공동으로 작업할 때 서로 의사소통을 하기 위해 메모를 삽입하면 다른 사람이 메모를 보고 참고할 수 있어서 편리합니다. 이렇게 메모를 삽입해 두면 나중에 슬라이드를 편집할 때 유용하게 사용할 수 있습니다.

✤ 7번 슬라이드의 텍스트 '나열'에 '온오프라인 병행'이라는 메모를 삽입하시오.

❶ 7번 슬라이드의 텍스트 '나열'을 선택한 후 [검토] 탭-[메모] 그룹-[새 메모] 명령 단추를 클릭합니다.

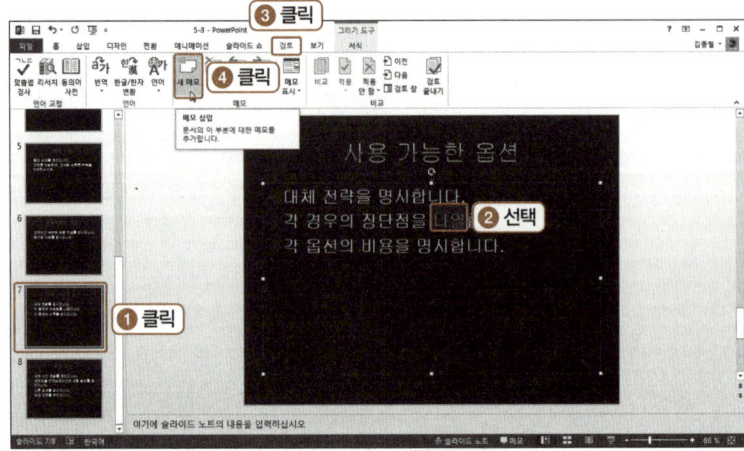

❷ 메모(온오프라인 병행)를 입력합니다.

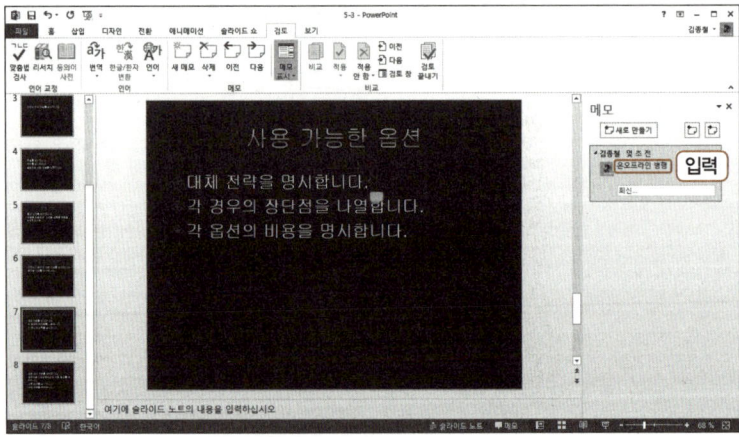

Chapter 03 프레젠테이션 보호 및 공유

◎ 예제: C:\MOS2013\POWERPOINT\5-5.pptx

3-1 프레젠테이션 교정하기

프레젠테이션을 완성한 후 혹시나 모를 오타를 대비해서 교정을 보는 것이 좋습니다. 본인이 만든 문서는 틀린 부분을 찾기가 어려울 수 있기 때문에 파워포인트에서 제공하는 맞춤법 검사를 실행하는 것이 좋을 것입니다.

✤ 프레젠테이션을 맞춤법 감사를 실행하여 '미케팅→마케팅, 옵선→옵션'으로 교정하시오.

❶ [검토] 탭-[언어 교정] 그룹-[맞춤법 검사] 명령 단추를 클릭합니다.

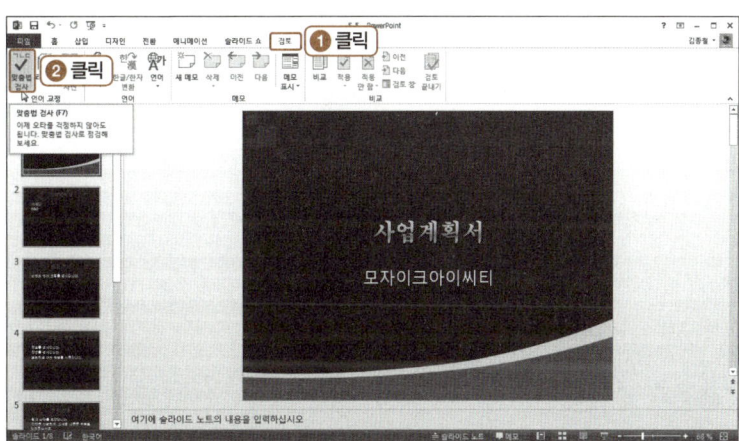

> **멘토의 한 수**
> 단축키 F7 을 클릭해도 됩니다.

❷ '미케팅'을 '마케팅'으로 변경하는지 묻는 화면이 나타나면 '변경'을 클릭합니다.

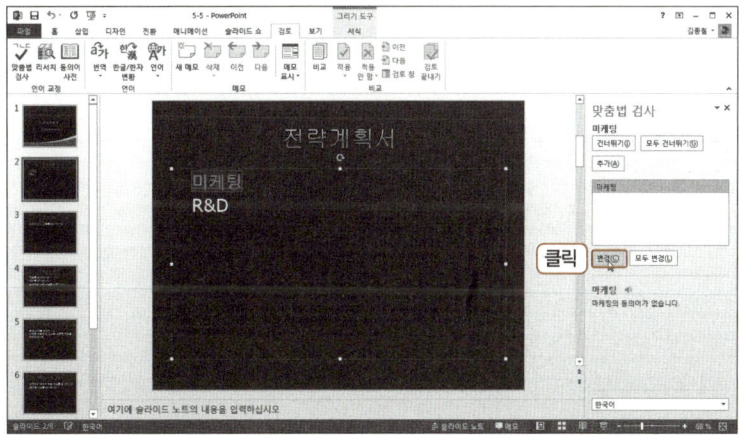

❸ '건너뛰기'를 클릭합니다.

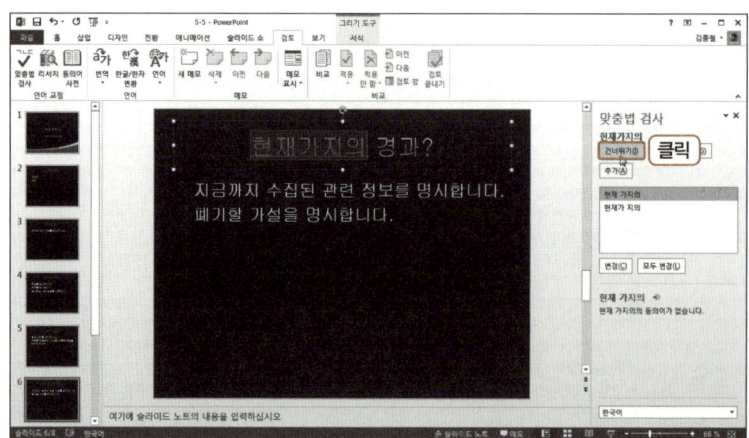

❹ '욥션'을 '옵션'으로 변경하는지 묻는 화면이 나타나면 '변경'을 클릭합니다.

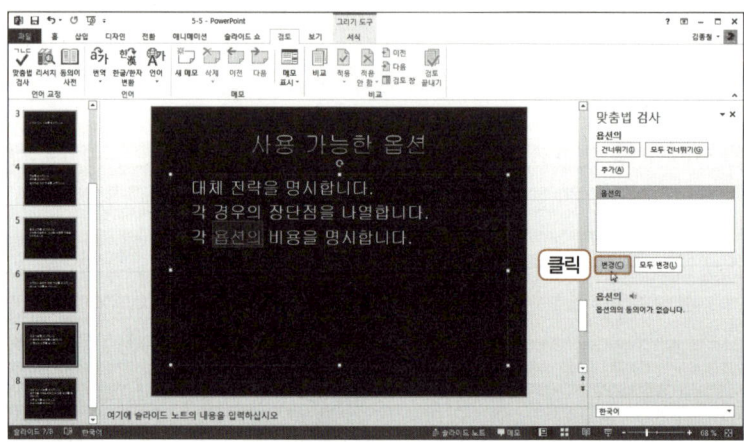

❺ 맞춤법 검사가 끝났다는 화면이 나타나면 〈확인〉을 클릭합니다.

3-2 프레젠테이션 검사하기

프레젠테이션 검사는 문서에 숨겨있는 정보나 문서 속성, 슬라이드 외부 내용 등을 찾을 수 있는 기능입니다. 물론 찾은 후 불필요한 정보는 삭제할 수도 있습니다.

✤ 프레젠테이션을 검사한 후 '슬라이드 외부 내용'을 모두 삭제하시오.

❶ [파일] 탭-[정보]-[문제 확인]-[문서 검사] 명령 단추를 클릭합니다.

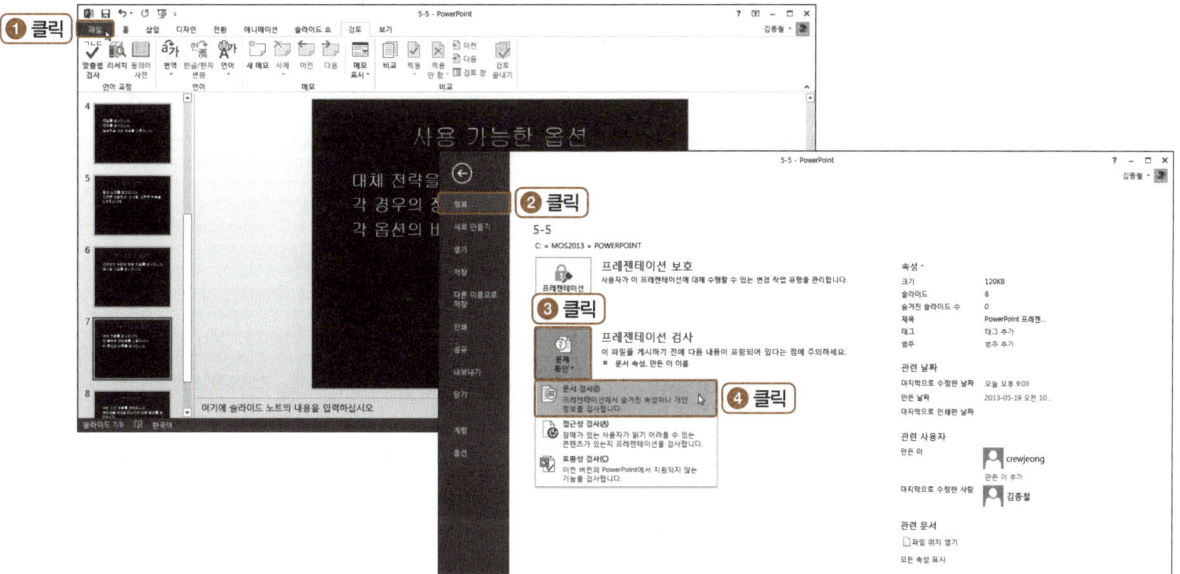

❷ 파일을 저장하는 화면이 나타나면 〈예〉를 클릭합니다.

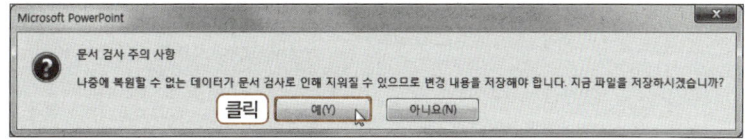

❸ '슬라이드 외부 내용'을 체크 표시한 후 〈검사〉를 클릭합니다.

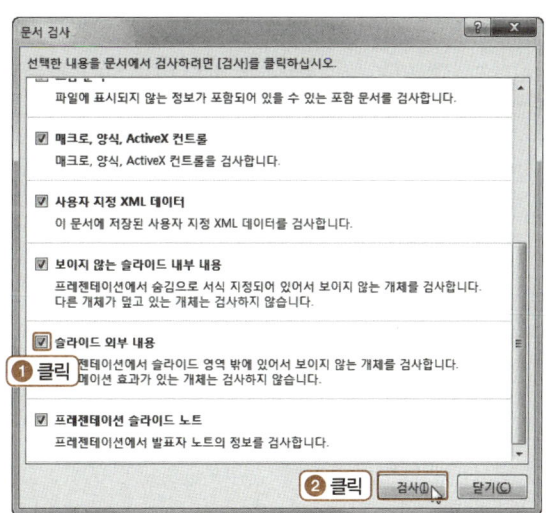

❹ 〈모두 제거〉를 클릭합니다.

❺ 〈닫기〉를 클릭합니다.

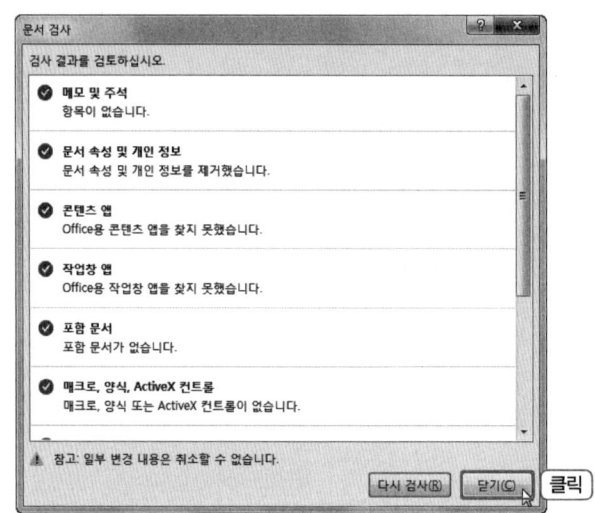

3-3 프레젠테이션 배포하기

프레젠테이션 문서를 다른 사용자가 수정하지 못하게 할 경우에는 최종본으로 설정하면 됩니다. 이렇게 설정하면 다른 사용자는 읽기 전용으로 설정되어 문서가 수정되는 것을 방지할 수 있습니다.

✤ 프레젠테이션을 최종본으로 저장하시오.

❶ [파일] 탭-[정보]-[프레젠테이션 보호]-[최종본으로 표시]를 클릭합니다.

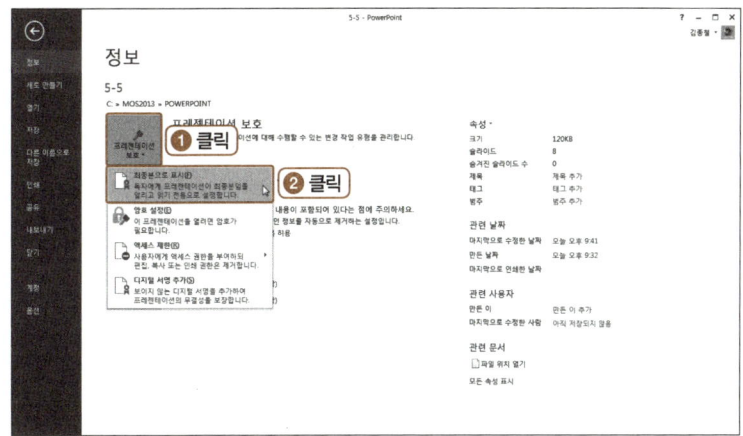

❷ 〈확인〉을 클릭합니다.

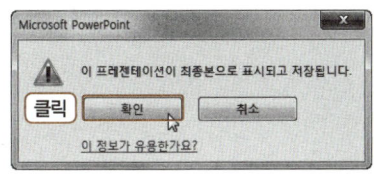

❸ 최종본으로 표시되었다는 화면이 나타나면 〈확인〉을 클릭합니다.

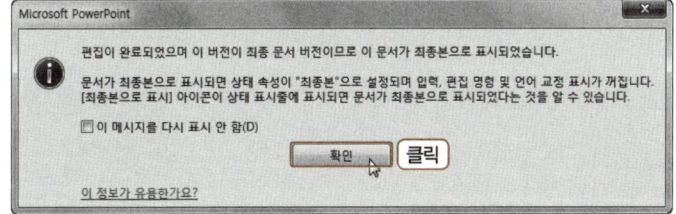

❹ 〈계속 편집〉을 클릭합니다.

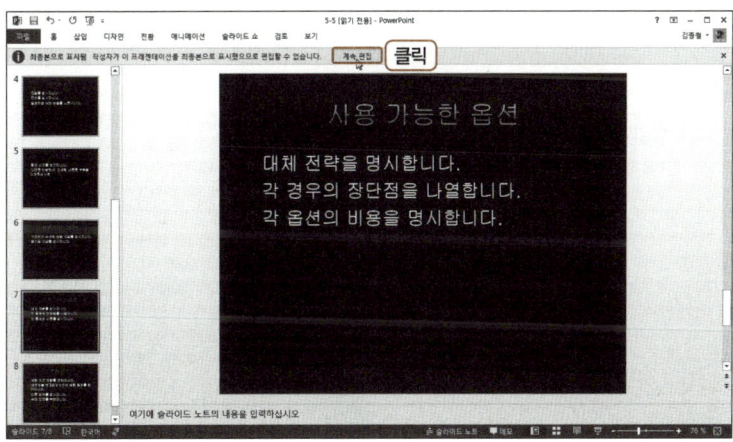

3-4 프레젠테이션 암호 설정하기

중요한 프레젠테이션 문서는 다른 사람이 볼 수 없도록 암호를 지정하는 것이 좋습니다. 열기 암호를 지정하면 암호를 입력해야 프레젠테이션 파일을 열 수 있습니다. 그리고 쓰기 암호를 지정한 후 읽기 전용으로 열면 내용을 수정할 수 없습니다.

❖ 프레젠테이션에 열기 암호 'mosaic'을 설정하시오.

❶ [파일] 탭-[정보]-[프레젠테이션 보호]-[암호 설정]을 클릭합니다.

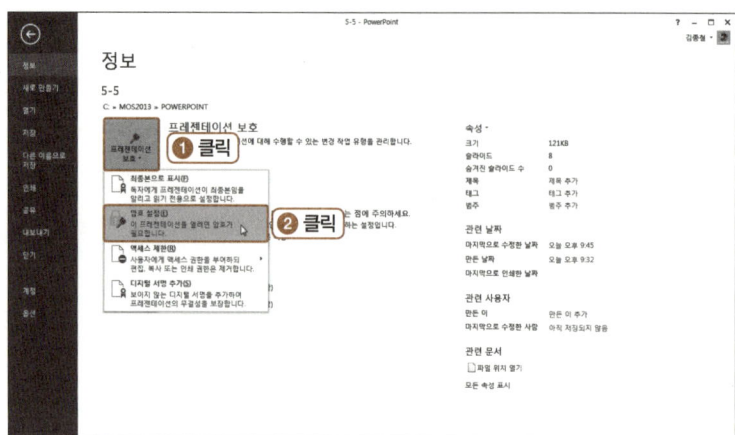

❷ 암호(mosaic)를 입력한 후 〈확인〉을 클릭합니다.

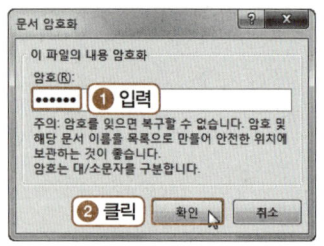

❸ 암호를 한 번 더 입력한 후 〈확인〉을 클릭합니다.

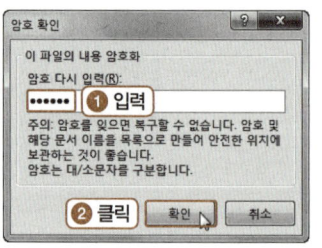

❹ 프레젠테이션에 암호가 설정된 것을 볼 수 있습니다.

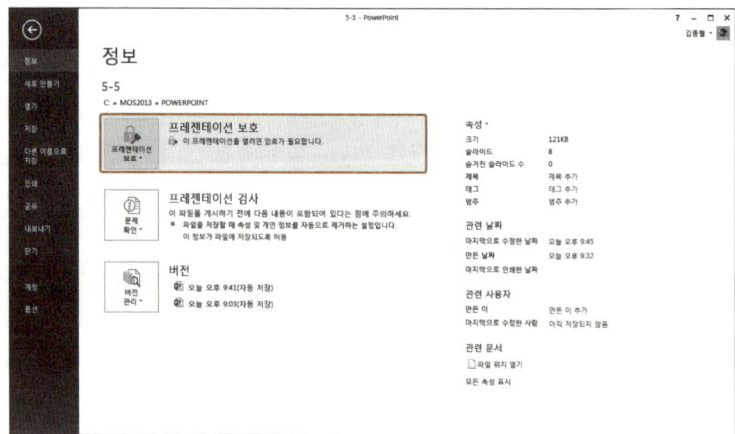

Microsoft Office Specialist

PART
6

기출유형 모의고사

● 학습목표

1~5 파트에서 익힌 기능을 바탕으로 최신 출제유형과 같은 문제를 풀어봄으로써 최종적으로 실력을 점검합니다.

기출유형 모의고사 **01**회

기출유형 모의고사 **02**회

기출유형 모의고사 **03**회

01회 기출유형 모의고사

● 예제 : test1.pptx   ● 결과 : test1(완성).pptx

1. 슬라이드의 크기를 '화면 슬라이드 쇼(16:10)'로 설정하시오(콘텐츠 크기를 '최대화' 할 것).

❶ [디자인] 탭-[사용자 지정] 그룹-[슬라이드 크기] 명령 단추를 클릭한 후 '사용자 지정 슬라이드 크기'를 선택합니다.

❷ [슬라이드 크기] 대화 상자가 열리면 '슬라이드 크기' 항목의 목록 단추를 클릭한 후 '화면 슬라이드 쇼 (16:10)'를 선택한 후 〈확인〉을 클릭합니다.

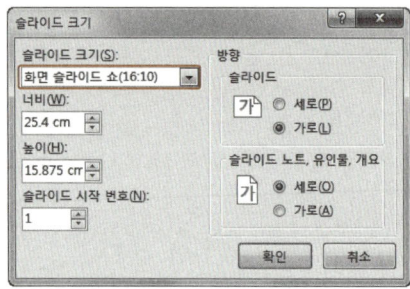

❸ 〈최대화〉를 클릭합니다.

2. 'EcoLiving' 슬라이드 마스터를 이용하여 다음과 같이 그림 파일을 삽입하시오.

그림 파일	위치
logo	가로 : 0.5 cm/왼쪽 위 모서리, 세로 : 0.5 cm/왼쪽 위 모서리

❶ [보기] 탭-[마스터 보기] 그룹-[슬라이드 마스터] 명령 단추를 클릭합니다.

❷ 슬라이드 마스터 화면으로 전환되면 'EcoLiving 슬라이드 마스터'를 선택한 후 [삽입] 탭-[이미지] 그룹-[그림] 명령 단추를 클릭합니다.

❸ 그림 파일(C:\MOS2013\POWERPOINT\logo)을 선택한 후 〈삽입〉을 클릭합니다.

❹ 삽입한 그림 위에서 마우스 오른쪽 단추를 클릭한 후 '크기 및 위치'를 선택합니다.

❺ '위치'에서 '가로 : 0.5 cm, 왼쪽 위 모서리', '세로 : 0.5 cm, 왼쪽 위 모서리'로 설정합니다.

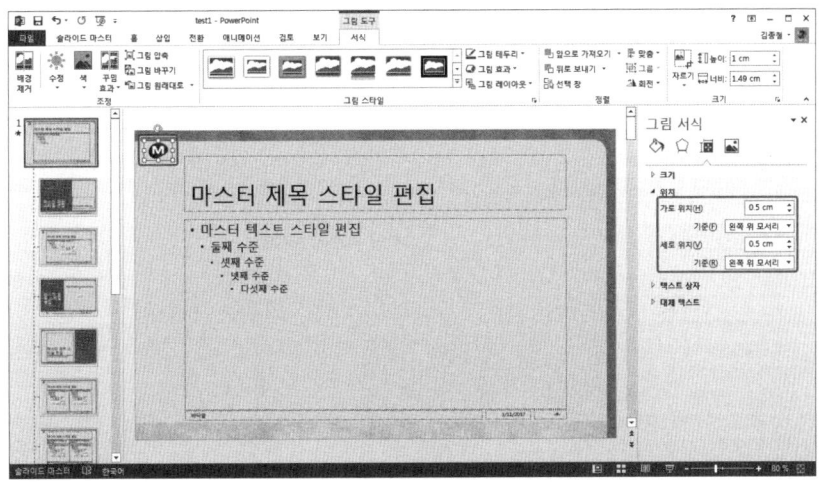

❻ 기본 보기 화면으로 전환하기 위해 [슬라이드 마스터] 탭-[닫기] 그룹-[마스터 보기 닫기] 명령 단추를 클릭합니다.

3. 3번 슬라이드의 개체 틀에 그림 파일(IoT)을 삽입하시오.

❶ 개체 틀에서 '그림'을 클릭합니다.

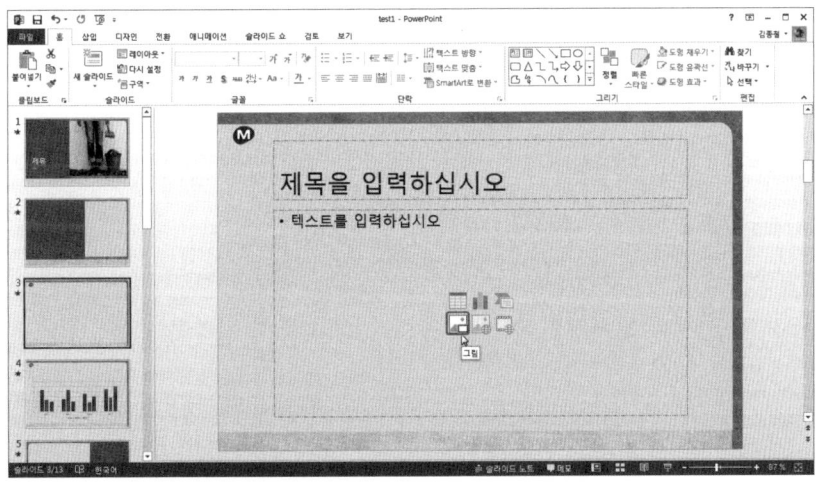

❷ 그림 파일(C:₩MOS2013₩POWERPOINT₩IoT)을 선택한 후 〈삽입〉을 클릭합니다.

4. 그림 스타일을 '원근감 있는 그림자, 흰색'으로 설정하시오.

❶ 그림을 선택한 후 [그림 도구]-[서식] 탭-[그림 스타일] 그룹-'자세히' 단추를 클릭합니다.

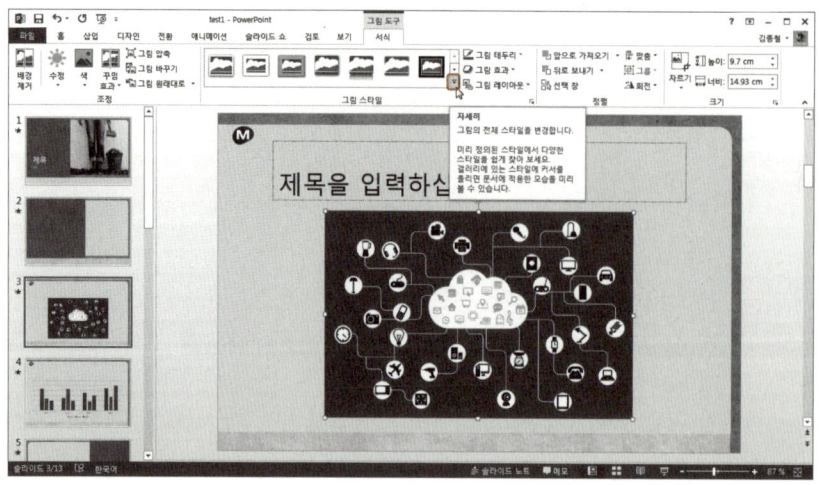

❷ '원근감 있는 그림자, 흰색'을 선택합니다.

5. 6번 슬라이드의 레이아웃을 '내용(캡션 포함)'으로 변경하시오.

❶ 6번 슬라이드를 선택한 후 [홈] 탭-[슬라이드] 그룹-[레이아웃] 명령 단추를 클릭합니다.
❷ '내용(캡션 포함)'을 선택합니다.

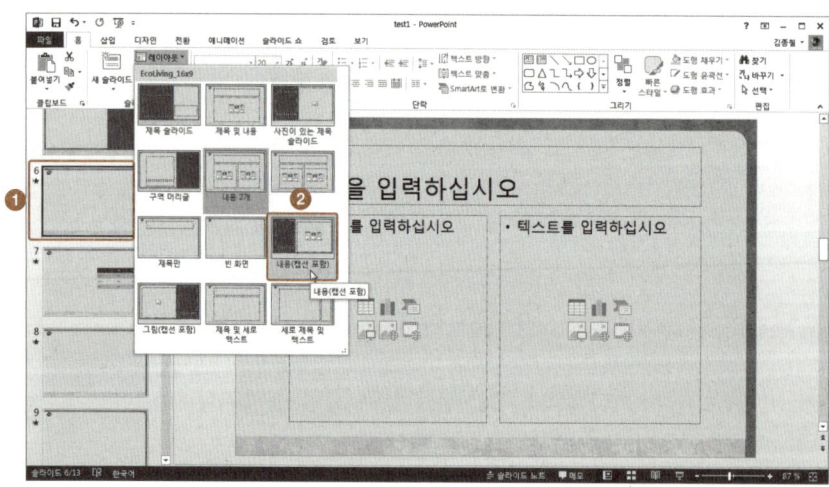

6. 슬라이드 개요를 이용하여 마지막 슬라이드에 워드 파일(전략계획서)을 삽입하시오.

❶ 마지막 슬라이드를 선택한 후 [홈] 탭-[슬라이드] 그룹-[새 슬라이드]의 목록 단추를 클릭합니다.
❷ '슬라이드 개요'를 선택합니다.

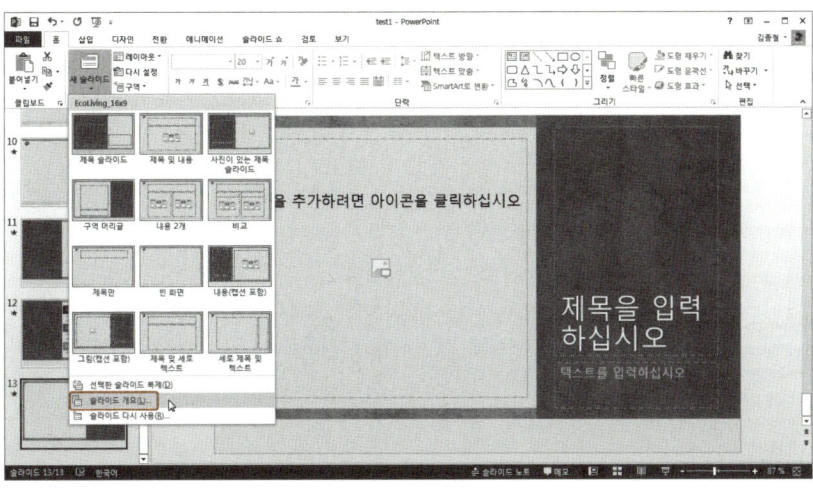

❸ 워드 파일 'C:₩MOS2013₩POWERPOINT₩전략계획서'를 선택한 후 〈삽입〉을 클릭합니다.

7. 4번 슬라이드에 슬라이드 노트(IoT Map)를 추가하시오.

❶ 4번 슬라이드를 선택한 후 화면 아래에 있는 '슬라이드 노트'를 클릭합니다.

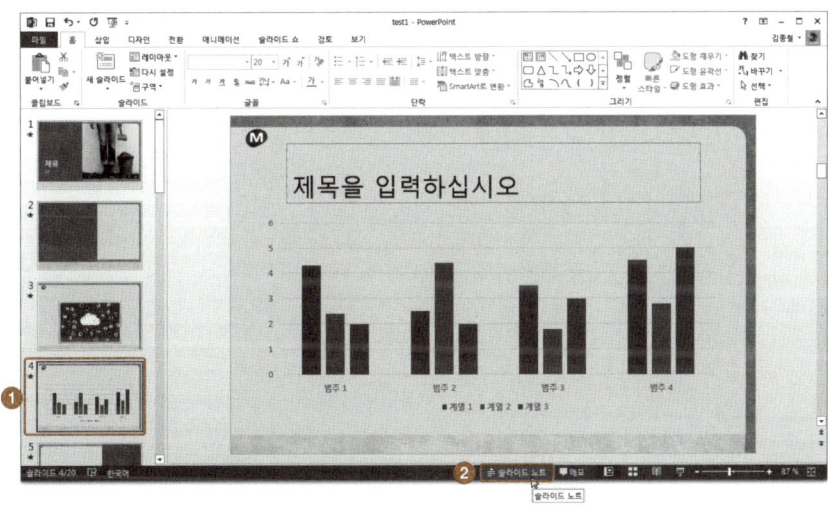

❷ 'IoT Map'을 입력합니다.

8. 마지막 슬라이드에 'C:₩MOS2013₩POWERPOINT₩시스템개요서'를 이용하여 4번 슬라이드를 다시 사용하시오.

❶ [홈] 탭-[슬라이드] 그룹에 있는 '새 슬라이드'의 목록 단추를 클릭한 후 '슬라이드 다시 사용'을 선택합니다.

❷ [찾아보기]를 클릭한 후 '파일 찾아보기'를 선택합니다.

❸ 'C:₩MOS2013₩POWERPOINT₩시스템개요서' 파일을 선택한 후 〈열기〉를 클릭합니다.

❹ 화면 왼쪽에서 슬라이드의 마지막에 커서를 이동한 후 '슬라이드 4'를 클릭합니다.

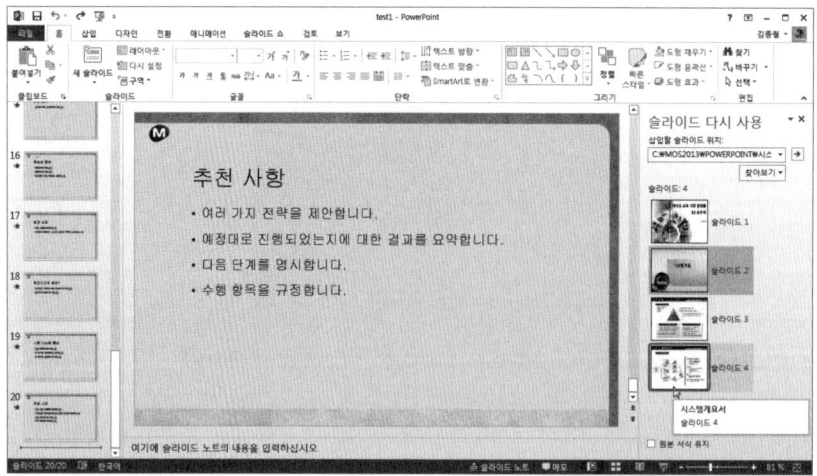

9. 16번 슬라이드의 글머리 기호를 번호 매기기(Ⅰ, Ⅱ, Ⅲ …)로 변경한 후 텍스트 크기를 '100%'로 설정하시오.

❶ 16번 슬라이드의 내용 텍스트를 선택한 후 [홈] 탭-[단락] 그룹-[번호 매기기]의 목록 단추를 클릭합니다.

❷ '글머리 기호 및 번호 매기기'를 선택합니다.

❸ 'Ⅰ, Ⅱ, Ⅲ 텍스트 크기 : 100%'로 설정합니다.

10. 7번 슬라이드에 있는 표의 3행을 삭제하시오.

❶ 7번 슬라이드의 표에서 3행에 커서를 이동한 후 [표 도구]-[레이아웃] 탭-[행 및 열] 그룹-[삭제] 명령 단추를 클릭합니다.

❷ '행 삭제'를 선택합니다.

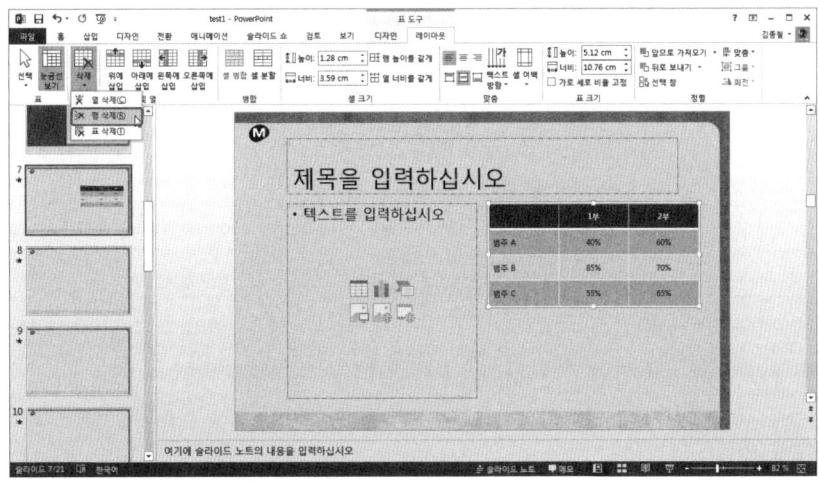

11. 19번 슬라이드의 텍스트 내용을 '전략, 장단점, 비용'으로 변경한 후 SmartArt로 변환하시오('기본 프로세스형'으로 설정할 것).

❶ 19번 슬라이드의 텍스트 내용을 '전략, 장단점, 비용'으로 변경합니다.

❷ 텍스트를 선택한 후 [홈] 탭-[단락] 그룹-[SmartArt로 변환] 명령 단추를 클릭합니다.

❸ '세로 그림 강조 목록형'을 선택합니다.

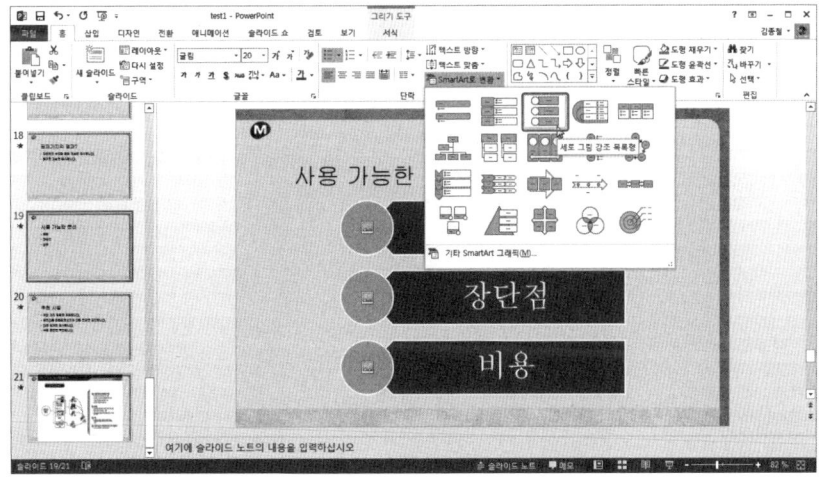

12. SmartArt의 도형 안에 그림(idea)을 삽입하시오.

❶ SmartArt에서 '그림' 부분을 클릭합니다.

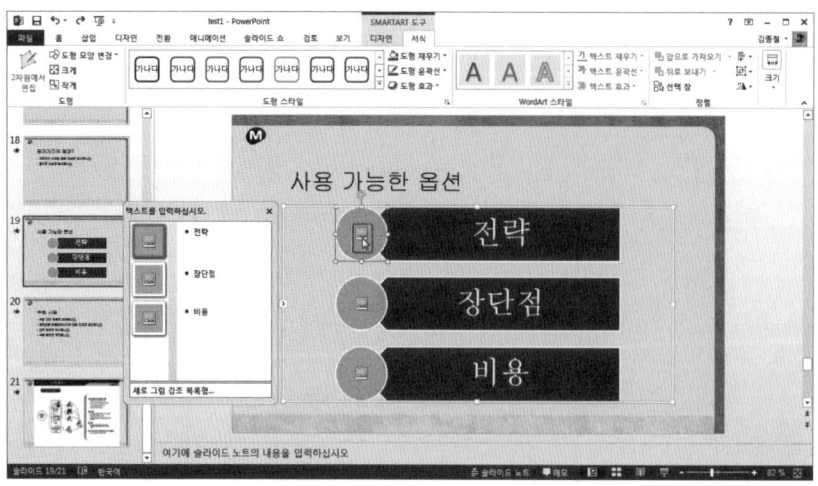

❷ '파일에서-찾아보기'를 클릭합니다.

❸ 'C:₩MOS2013₩POWERPOINT₩idea'를 선택한 후 〈삽입〉을 클릭합니다.

❹ 동일한 방법으로 나머지 도형에도 그림을 채웁니다.

13. 19번 슬라이드의 제목 텍스트 개체의 WordArt 스타일을 '그라데이션 채우기 - 밤색, 강조 1, 반사'로 설정하시오.

❶ 19번 슬라이드의 제목 텍스트 개체를 선택한 후 [그리기 도구]-[서식] 탭-[WordArt 스타일] 그룹-'자세히' 단추를 클릭합니다.

❷ '그라데이션 채우기 - 밤색, 강조 1, 반사'를 선택합니다.

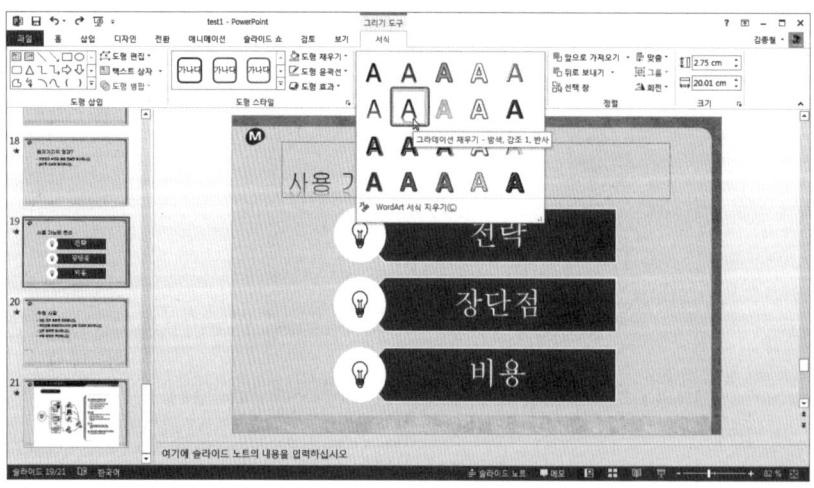

14. 7번 슬라이드의 왼쪽 개체에 동영상(드론)을 삽입하시오.

❶ 7번 슬라이드에서 '비디오 삽입' 명령 단추를 클릭합니다.

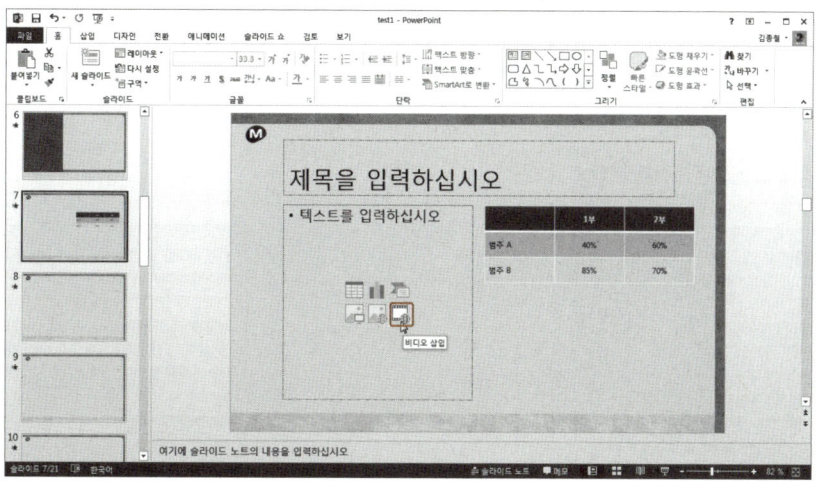

❷ '파일에서-찾아보기'를 클릭합니다.
❸ 'C:₩MOS2013₩POWERPOINT₩드론'을 선택한 후 〈삽입〉을 클릭합니다.

15. 삽입한 동영상(드론)이 자동 실행되게 설정하시오.

❶ 동영상(드론)을 선택합니다.
❷ [비디오 도구]-[재생] 탭-[비디오 옵션] 그룹-[시작]의 목록 단추를 클릭합니다.
❸ '자동 실행'을 선택합니다.

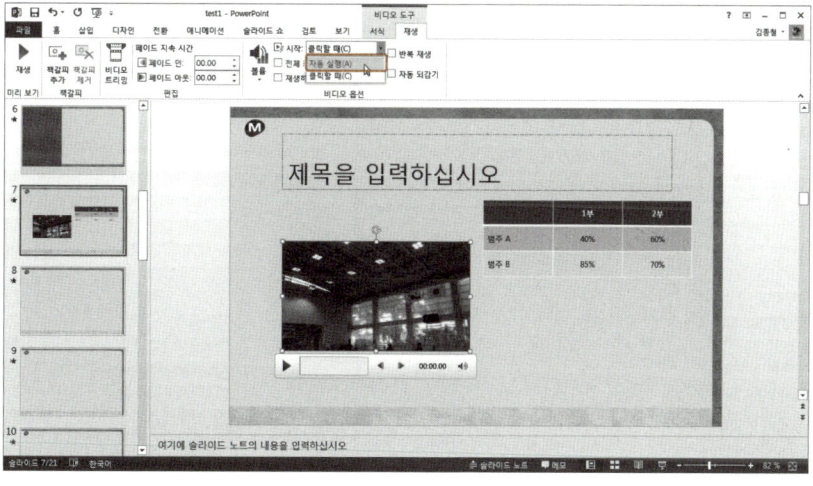

16. 동영상(드론)을 '시작 시간 : 00.01, 종료 시간 : 00:10'으로 트리밍 하시오.

❶ 동영상(드론)을 선택한 후 [비디오 도구] 탭-[재생] 탭-[편집] 그룹-[비디오 트리밍] 명령 단추를 클릭합니다.

❷ '시작 시간 : 00.01, 종료 시간 : 00:10'으로 설정한 후 〈확인〉을 클릭합니다.

17. 4번 슬라이드의 차트를 '100% 기준 누적 꺾은선형'을 선택합니다.

❶ 4번 슬라이드의 차트를 선택한 후 [차트 도구]-[디자인] 탭-[종류] 그룹-[차트 종류 변경] 명령 단추를 클릭합니다.

❷ '100% 기준 누적 꺾은선형'을 선택한 후 〈확인〉을 클릭합니다.

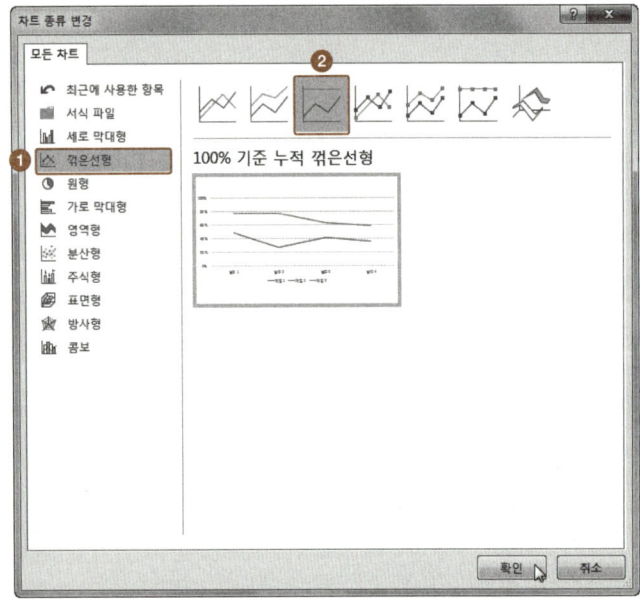

18. 차트의 범례를 오른쪽으로 이동하시오.

❶ 차트를 선택한 후 [차트 도구]-[디자인] 탭-[차트 레이아웃] 그룹-[차트 요소 추가] 명령 단추를 클릭합니다.

❷ '범례'-'오른쪽'을 선택합니다.

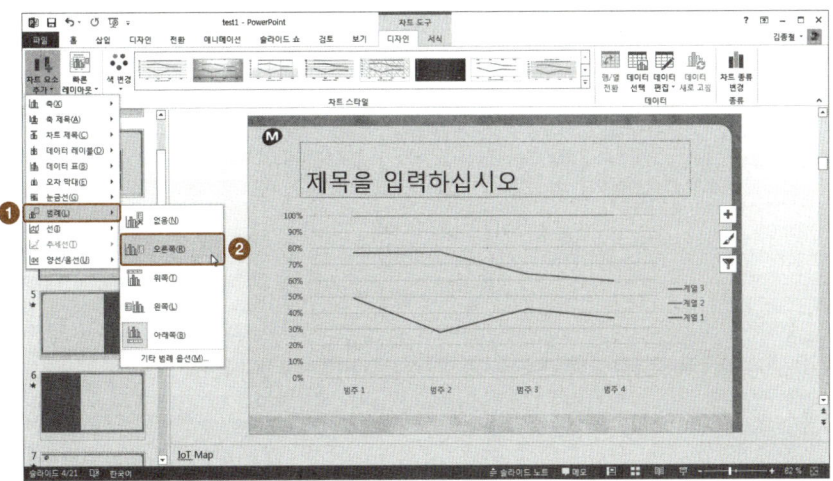

19. 12번 슬라이드를 숨기시오.

❶ 12번 슬라이드를 선택한 후 [슬라이드 쇼] 탭-[설정] 그룹-[슬라이드 숨기기] 명령 단추를 클릭합니다.

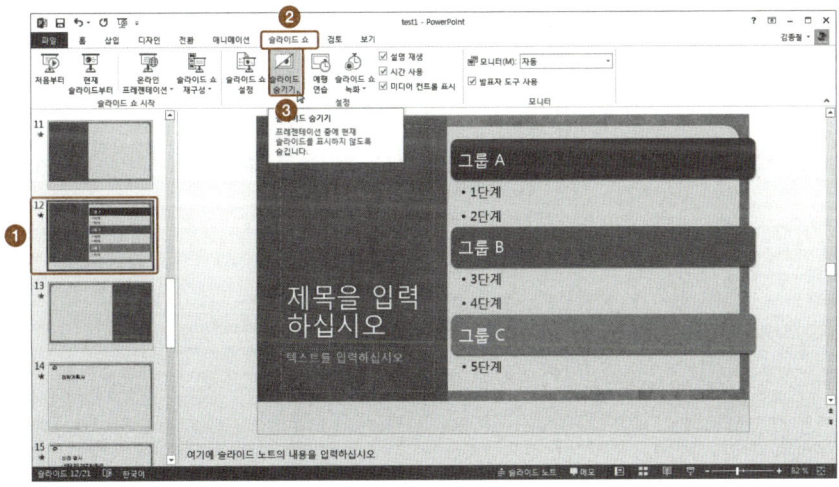

❷ 슬라이드가 숨기기 됩니다.

20. 21번 슬라이드를 20번 슬라이드 앞으로 이동하시오.

❶ 21번 슬라이드를 드래그해서 20번 슬라이드 앞에 놓습니다.

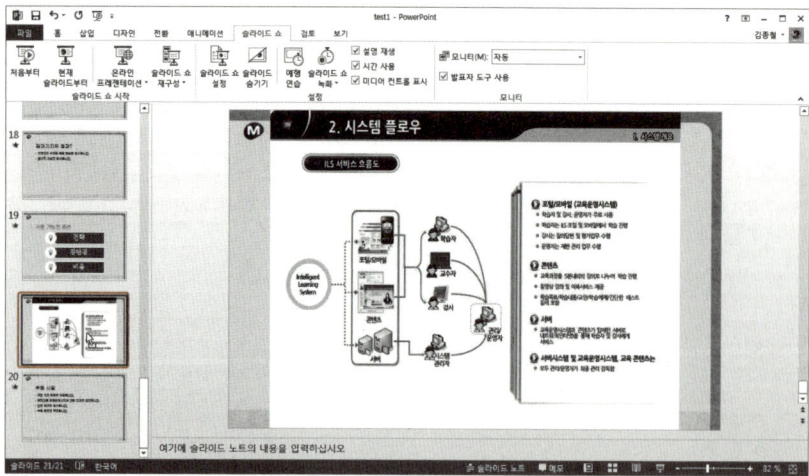

❷ 21번 슬라이드가 20번 슬라이드 앞으로 이동됩니다.

21. 16번 슬라이드의 텍스트(내용) 개체에 '흔들기' 강조 애니메이션을 설정하시오.

❶ 16번 슬라이드의 텍스트(내용) 개체를 선택한 후 [애니메이션] 탭-[애니메이션] 그룹-'자세히' 단추를 클릭합니다.

❷ '강조' 항목에서 '흔들기'를 선택합니다.

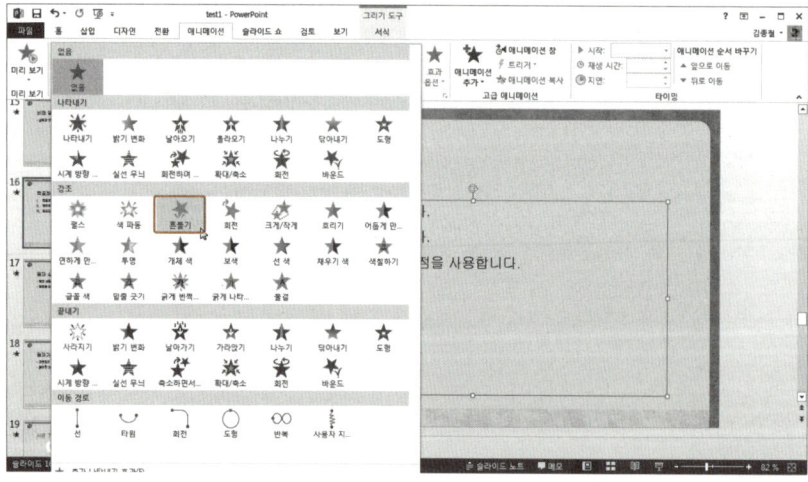

22. 16번 슬라이드의 텍스트(제목) 개체에 '날아오기' 나타내기 애니메이션을 설정한 후 맨 처음에 나타나도록 설정하시오.

❶ 16번 슬라이드의 텍스트(제목) 개체를 선택한 후 [애니메이션] 탭-[애니메이션] 그룹-'자세히' 단추를 클릭합니다.

❷ '나타내기' 항목에서 '날아오기'를 선택합니다.

❸ [애니메이션] 탭-[고급 애니메이션] 그룹-[애니메이션 창] 명령 단추를 클릭합니다.

❹ '앞으로 이동'을 클릭합니다.

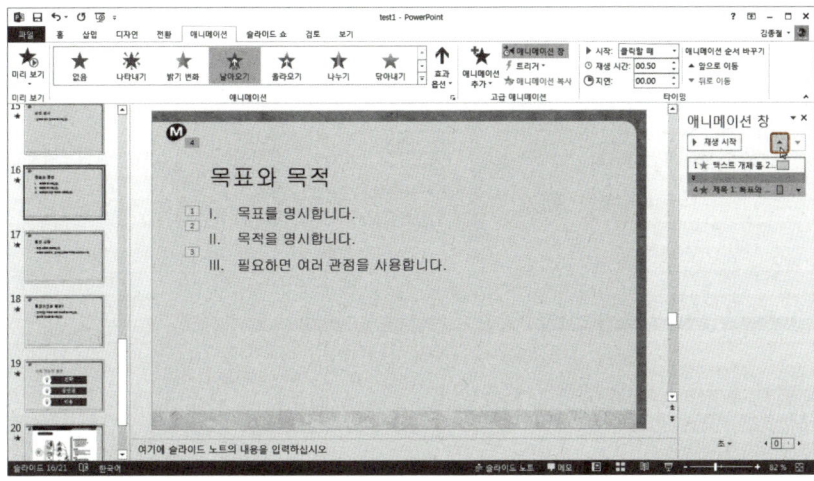

23. 제목 슬라이드를 제외한 모든 슬라이드에 번호를 삽입하시오.

❶ [삽입] 탭-[텍스트] 그룹-[슬라이드 번호] 명령 단추를 클릭합니다.

❷ '슬라이드 번호', '제목 슬라이드에는 표시 안 함'에 체크 표시합니다.

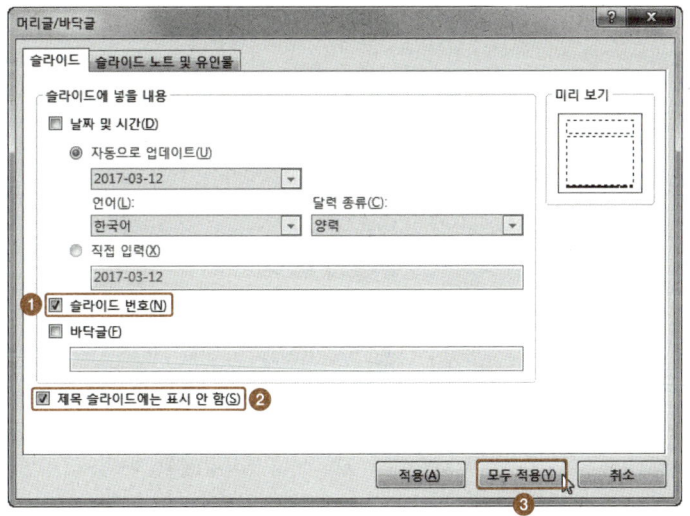

24. 19번과 20번 슬라이드 사이에 구역을 설정하시오(구역 이름은 '시스템플로우'로 할 것).

❶ 20번 슬라이드를 선택한 후 [홈] 탭-[슬라이드] 그룹-[구역] 명령 단추를 클릭합니다.

❷ '구역 추가'를 선택합니다.

❸ [홈] 탭-[슬라이드] 그룹-[구역] 명령 단추를 클릭한 후 '구역 이름 바꾸기'를 선택합니다.

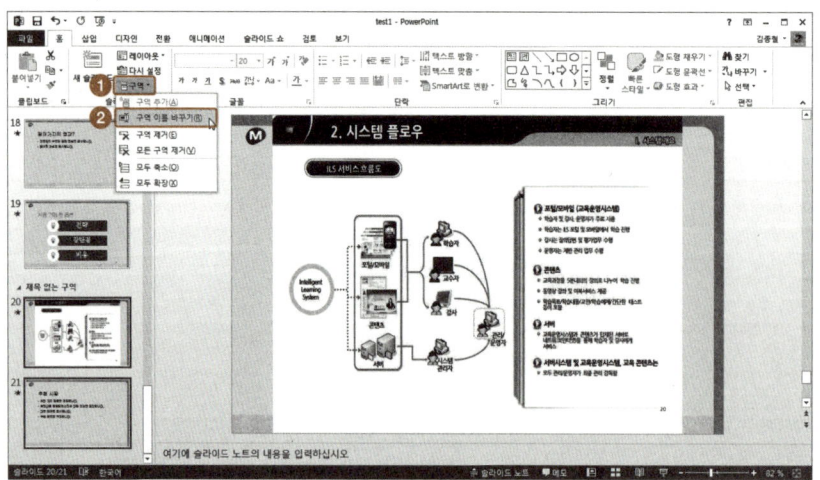

❹ '시스템플로우'를 입력한 후 〈이름 바꾸기〉를 클릭합니다.

25. 프레젠테이션 속성(태그)에 '모자이크'를 추가하시오.

❶ [파일] 탭을 클릭합니다.

❷ [정보]-[모든 속성 표시]를 클릭합니다.

❸ '태그' 항목에서 '태그 추가'를 클릭합니다.

❹ '모자이크'를 추가합니다.

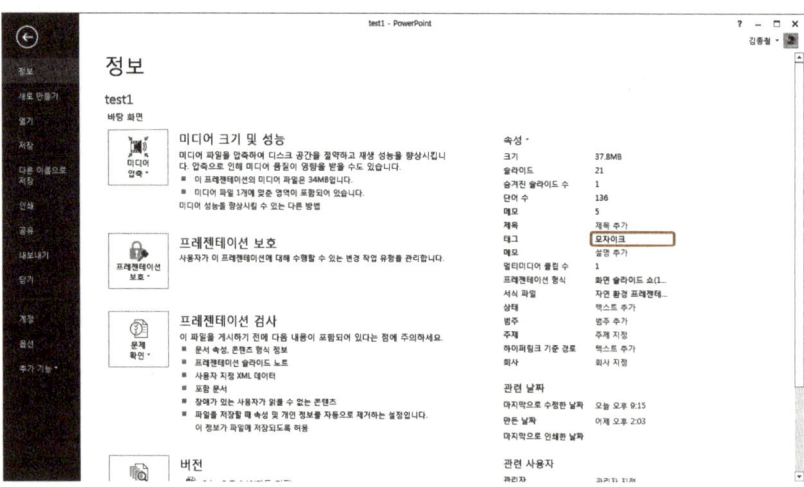

26. '맞춤법 및 문법 오류 숨기기'가 되도록 언어 교정을 설정하시오.

❶ [파일] 탭을 클릭합니다.

❷ [옵션]을 클릭합니다.

❸ '언어 교정'에서 '맞춤법 및 문법 오류 숨기기'를 체크 표시한 후 〈확인〉을 클릭합니다.

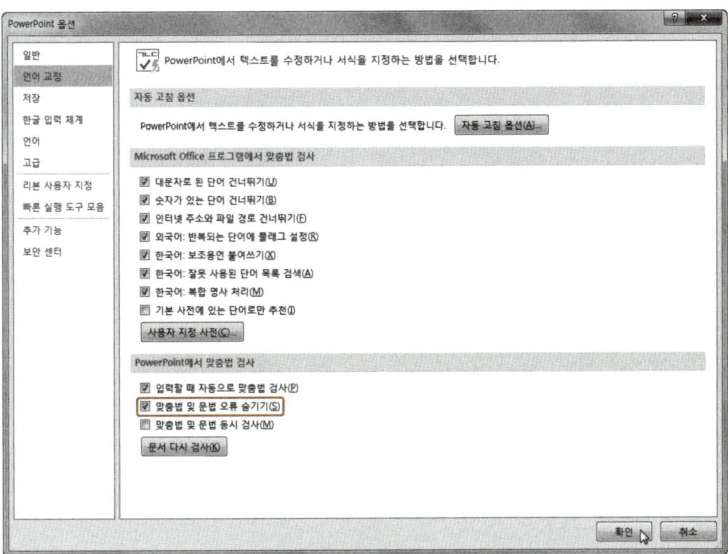

27. 프레젠테이션을 유인물 3슬라이드로 인쇄되도록 설정하시오.

❶ [파일] 탭을 클릭한 후 [인쇄]를 클릭합니다.

❷ '이 곳을 클릭한 후 '유인물 : 3슬라이드'를 선택합니다.

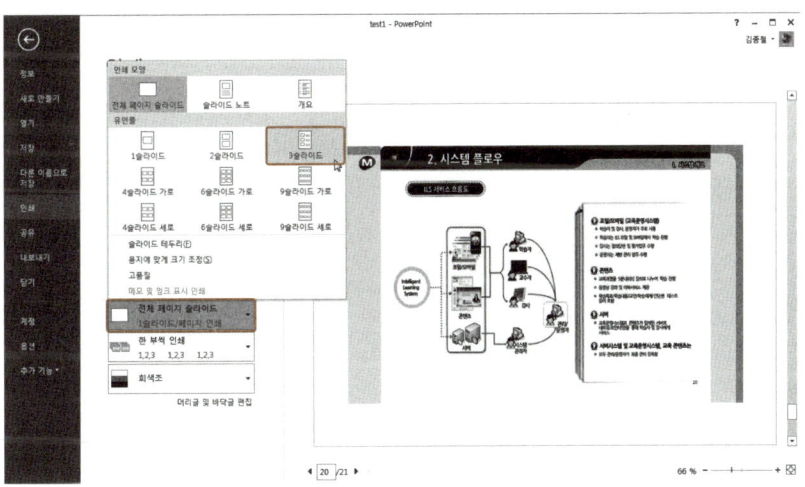

28. 글꼴이 포함되도록 설정한 후 프레젠테이션을 저장하시오.

❶ [파일] 탭을 클릭합니다.

❷ [옵션]을 클릭합니다.

❸ '저장'에서 '파일의 글꼴 포함'을 체크 표시한 후 〈확인〉을 클릭합니다.

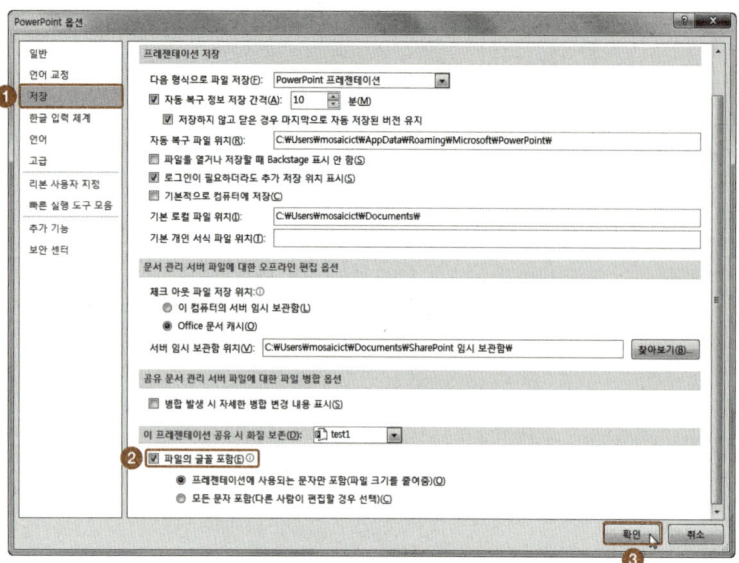

❹ '빠른 실행 도구 모음'의 '저장'을 클릭합니다.

02회 기출유형 모의고사

◉ 예제 : test2.pptx   ◉ 결과 : test2(완성).pptx

1. 슬라이드 마스터를 이용하여 크기를 '화면 슬라이드 쇼(16:10)'로 설정하시오(콘텐츠 크기를 '맞춤 확인' 할 것).

❶ [보기] 탭-[마스터 보기] 그룹-[슬라이드 마스터] 명령 단추를 클릭합니다.

❷ [슬라이드 마스터] 탭-[크기] 그룹-[슬라이드 크기] 명령 단추를 클릭한 후 '사용자 지정 슬라이드 크기'를 선택합니다.

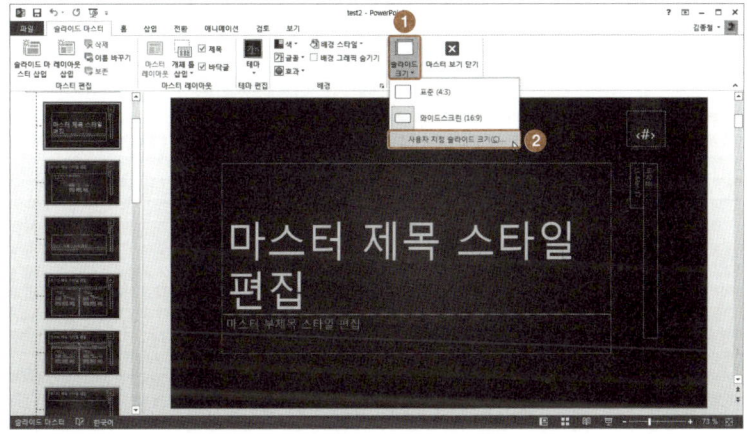

❸ [슬라이드 크기] 대화 상자가 열리면 '슬라이드 크기' 항목의 목록 단추를 클릭한 후 '화면 슬라이드 쇼 (16:10)'를 선택한 후 〈확인〉을 클릭합니다.

❹ 〈맞춤 확인〉을 클릭합니다.

2. '이온' 슬라이드 마스터를 이용하여 다음과 같이 그림 파일을 삽입하시오.

그림 파일	크기	위치
logo	높이 : 1 cm, 너비 : 1.5 cm	오른쪽 하단

❶ [보기] 탭-[마스터 보기] 그룹-[슬라이드 마스터] 명령 단추를 클릭합니다.

❷ 슬라이드 마스터 화면으로 전환되면 '이온 슬라이드 마스터'를 선택한 후 [삽입] 탭-[이미지] 그룹-[그림] 명령 단추를 클릭합니다.

❸ 그림 파일(C:₩MOS2013₩POWERPOINT₩logo)을 선택한 후 〈삽입〉을 클릭합니다.

❹ 오른쪽 아래로 이동합니다.

❺ 삽입한 그림 위에서 마우스 오른쪽 단추를 클릭한 후 '크기 및 위치'를 선택합니다.

❻ '크기'에서 '가로 세로 비율 고정'의 체크 표시를 해제합니다.

❼ '높이 : 1 cm, 너비 : 1.5 cm'로 설정합니다.

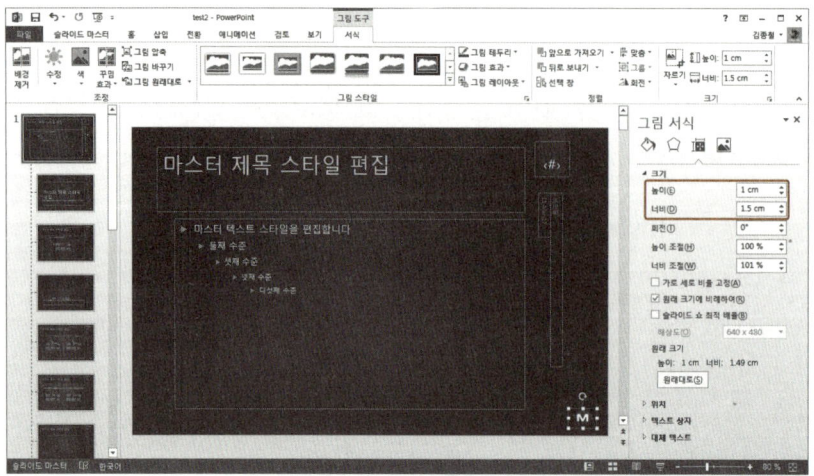

❽ 기본 보기 화면으로 전환하기 위해 [슬라이드 마스터] 탭–[닫기] 그룹–[마스터 보기 닫기] 명령 단추를 클릭합니다.

3. 마지막 슬라이드의 개체 틀에 그림 파일(IoT)을 삽입하시오.

❶ 마지막 슬라이드를 선택한 후 [삽입] 탭–[이미지] 그룹–[그림] 명령 단추를 클릭합니다.

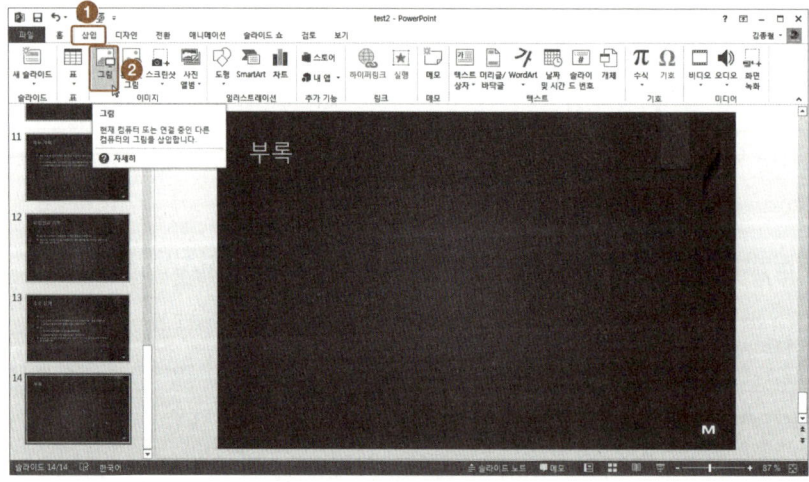

❷ 그림 파일(C:₩MOS2013₩POWERPOINT₩IoT)을 선택한 후 〈삽입〉을 클릭합니다.

4. 그림에 테두리를 '1pt'로 설정하시오.

❶ 그림을 선택한 후 [그림 도구]-[서식] 탭-[그림 스타일] 그룹-[그림 테두리] 명령 단추를 클릭합니다.

❷ '두께 : 1pt'를 지정합니다.

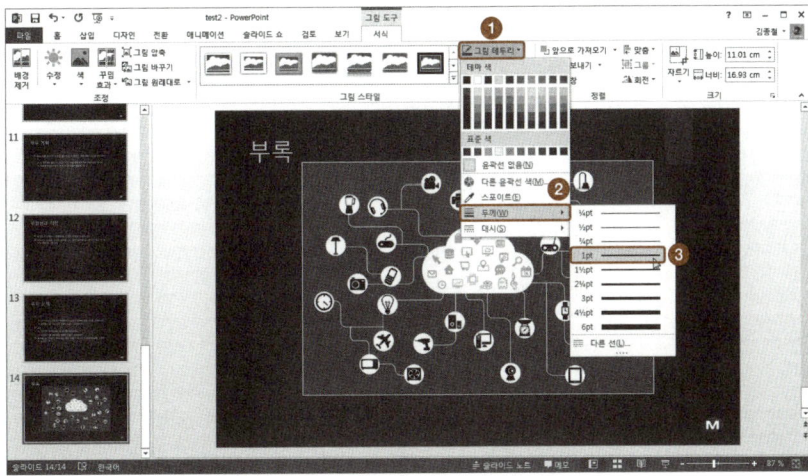

5. 6번 슬라이드의 레이아웃을 '비교'로 변경하시오.

❶ 6번 슬라이드를 선택한 후 [홈] 탭-[슬라이드] 그룹-[레이아웃] 명령 단추를 클릭합니다.

❷ '비교'를 선택합니다.

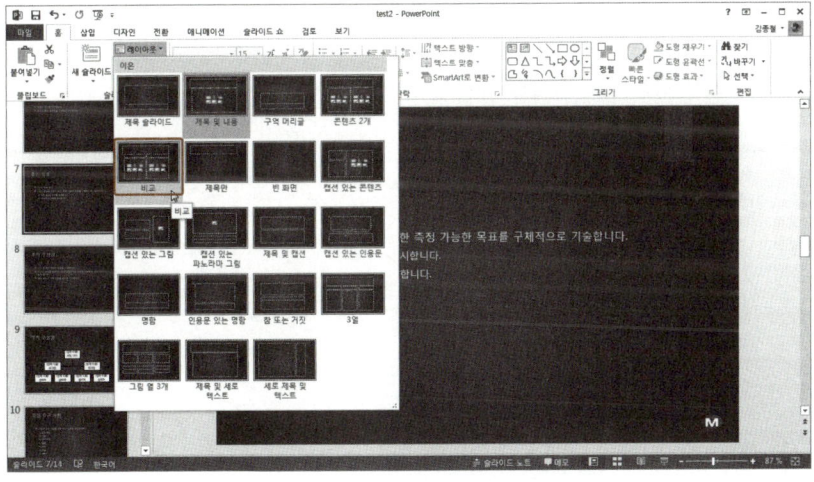

6. 슬라이드 개요를 이용하여 13번과 14번 슬라이드 사이에 텍스트 파일(전략계획서)을 삽입하시오.

❶ 13번 슬라이드를 선택한 후 [홈] 탭-[슬라이드] 그룹-[새 슬라이드]의 목록 단추를 클릭합니다.

❷ '슬라이드 개요'를 선택합니다.

❸ 텍스트 파일 'C:₩MOS2013₩POWERPOINT₩전략계획서'를 선택한 후 〈삽입〉을 클릭합니다.

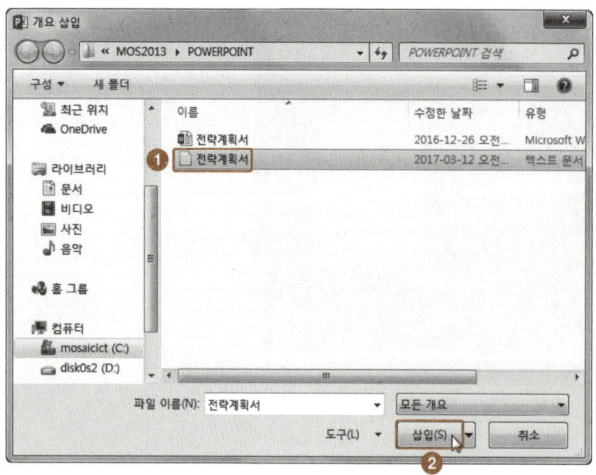

7. 19번과 20번 슬라이드 사이에 'C:₩MOS2013₩POWERPOINT₩시스템개요서'를 이용하여 2번 슬라이드를 다시 사용하시오.

❶ [홈] 탭-[슬라이드] 그룹에 있는 '새 슬라이드'의 목록 단추를 클릭한 후 '슬라이드 다시 사용'을 선택합니다.

❷ [찾아보기]를 클릭한 후 '파일 찾아보기'를 선택합니다.

❸ 'C:₩MOS2013₩POWERPOINT₩시스템개요서' 파일을 선택한 후 〈열기〉를 클릭합니다.

❹ 19번 슬라이드를 선택한 후 '슬라이드 2'를 클릭합니다.

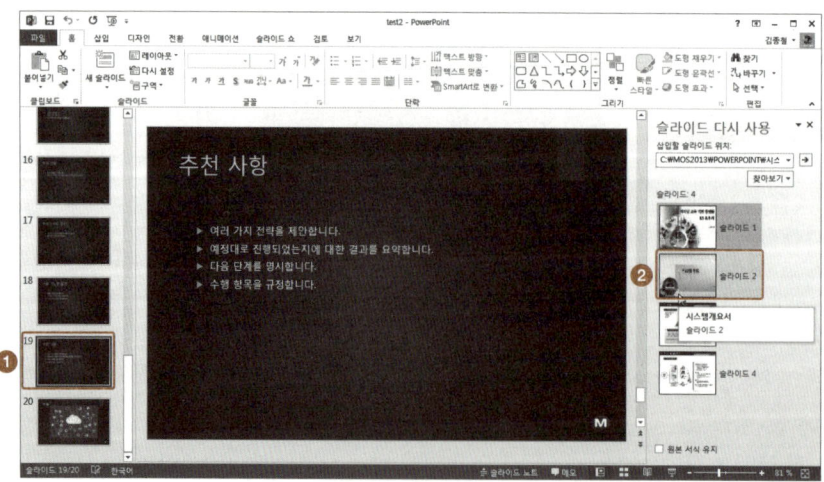

8. 7번 슬라이드에서 3~4번째 텍스트를 '수준 2'로 변경하시오.

❶ 7번 슬라이드에서 3~4번째 텍스트를 선택합니다.

❷ [홈] 탭-[단락] 그룹-[목록 수준 늘림] 명령 단추를 클릭합니다.

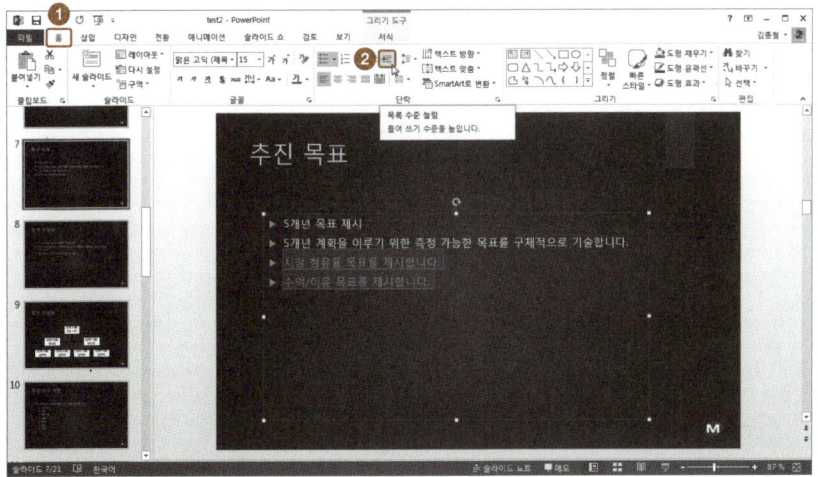

9. 15번 슬라이드의 텍스트 내용을 '목표, 목적, 관점'으로 변경한 후 SmartArt로 변환하시오 ('기본 프로세스형'으로 설정할 것).

❶ 15번 슬라이드의 텍스트 내용을 '목표, 목적, 관점'으로 변경합니다.

❷ 텍스트를 선택한 후 [홈] 탭-[단락] 그룹-[SmartArt로 변환] 명령 단추를 클릭합니다.

❸ '기본 프로세스형'을 선택합니다.

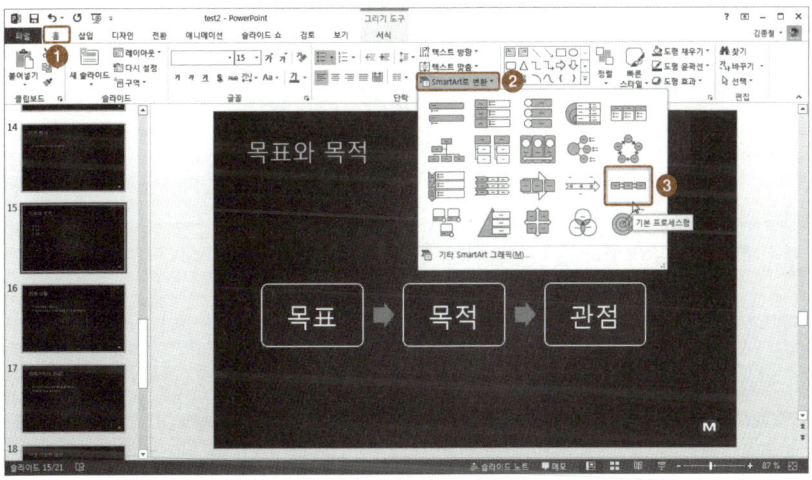

10. SmartArt의 레이아웃을 '연속 그림 목록형'으로 설정하시오.

❶ SmartArt를 선택한 후 [SmartArt 도구]-[디자인] 탭-[레이아웃] 그룹-'자세히' 단추를 클릭합니다.
❷ '연속 그림 목록형'을 선택합니다.

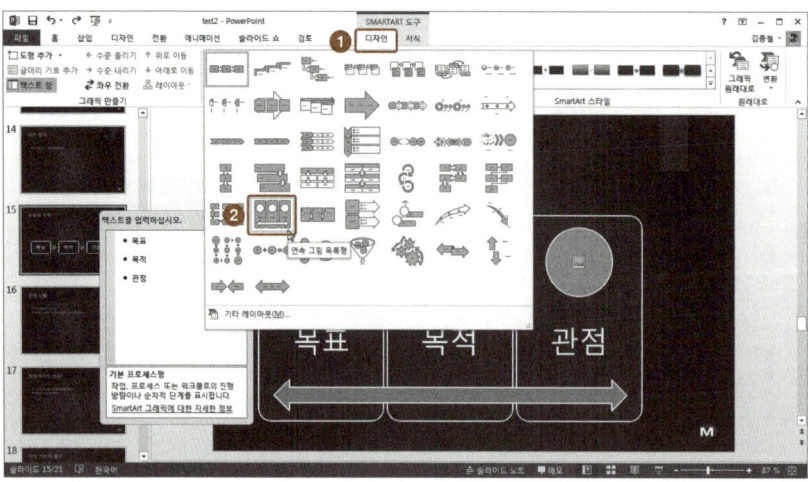

11. SmartArt의 첫 번째 도형 안에 그림(시계)을 삽입하시오.

❶ SmartArt의 도형을 선택합니다.
❷ [SmartArt 도구]-[서식] 탭-[도형 스타일] 그룹-[도형 채우기] 명령 단추를 클릭합니다.
❸ '그림'을 선택합니다.

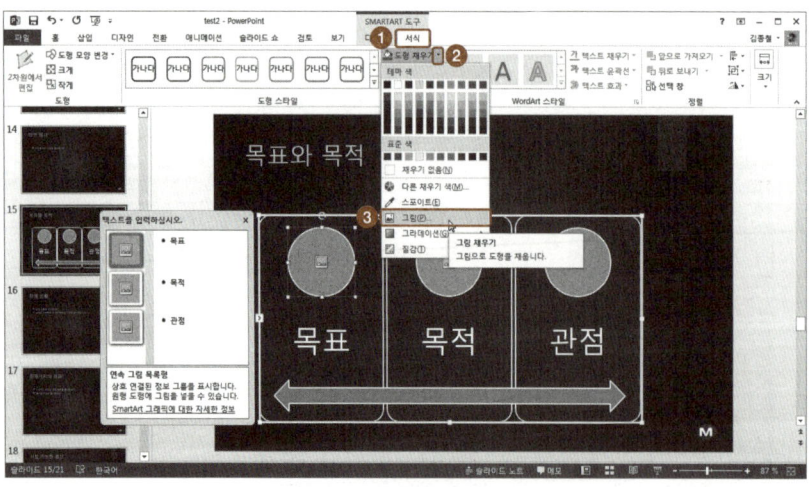

❹ '파일에서-찾아보기'를 클릭합니다.
❺ 'C:₩MOS2013₩POWERPOINT₩시계'를 선택한 후 〈삽입〉을 클릭합니다.

12. 2번 슬라이드에 있는 메모를 삭제하시오.

❶ 2번 슬라이드의 메모를 선택합니다.

❷ [검토] 탭-[메모] 그룹-[삭제] 명령 단추를 클릭합니다.

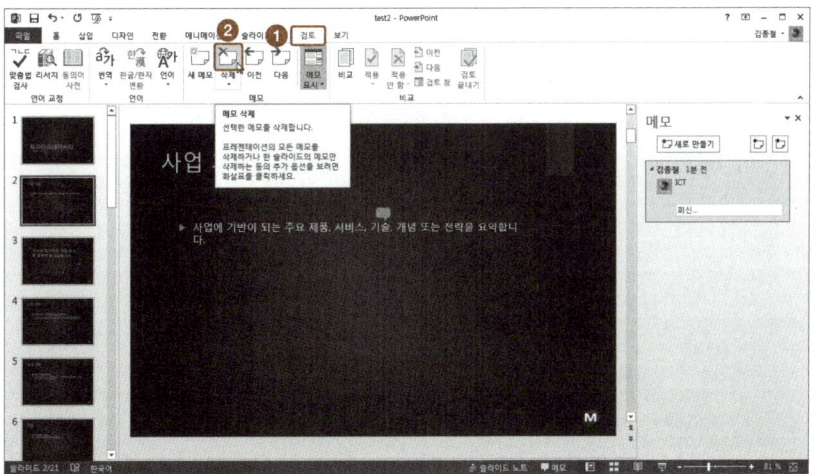

13. 15번 슬라이드의 제목 텍스트 개체의 윤곽선을 '흰색, 텍스트 1, 15% 더 어둡게'로 설정하시오.

❶ 15번 슬라이드의 제목 텍스트 개체를 선택한 후 [그리기 도구]-[서식] 탭-[도형 스타일] 그룹-[도형 윤곽선] 명령 단추를 클릭합니다.

❷ '흰색, 텍스트 1, 15% 더 어둡게'를 선택합니다.

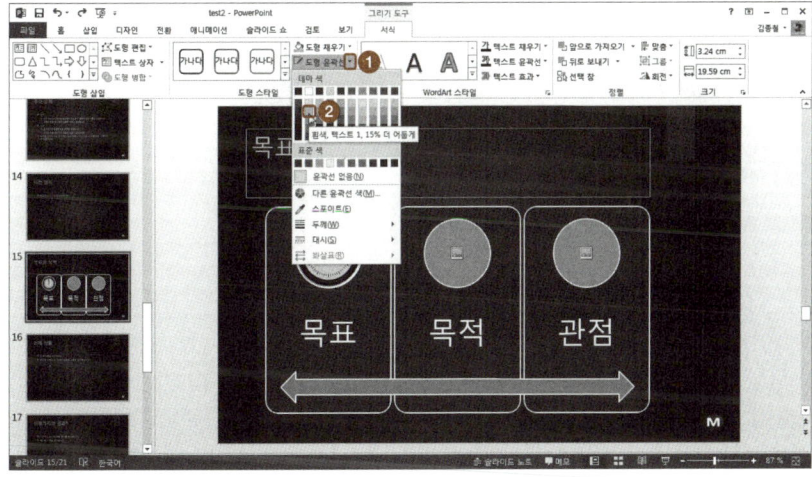

14. 14번 슬라이드의 동영상(드론)을 삽입하시오.

❶ 14번 슬라이드에서 [삽입] 탭-[미디어] 그룹-[비디오] 명령 단추를 클릭합니다.

❷ '내 PC의 비디오'를 선택합니다.

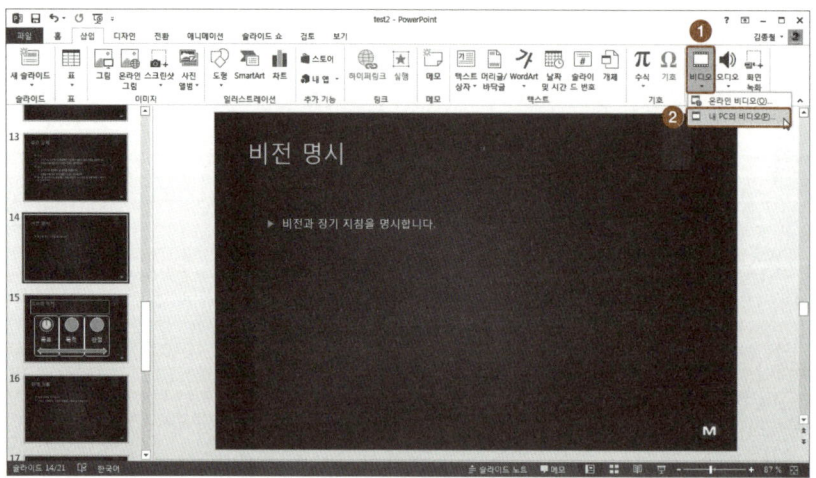

❸ 'C:₩MOS2013₩POWERPOINT₩드론'을 선택한 후 〈삽입〉을 클릭합니다.

15. 삽입한 동영상(드론)이 반복 재생되게 설정하시오.

❶ 동영상(드론)을 선택합니다.

❷ [비디오 도구]-[재생] 탭-[비디오 옵션] 그룹-'반복 재생'을 체크 표시합니다.

16. 2번 슬라이드에 '누적 세로 막대형' 차트를 삽입하시오.

	Mobile	IoT	AR
1학기	80	77	92
2학기	83	81	85

❶ 2번 슬라이드에서 [삽입] 탭-[일러스트레이션] 그룹-[차트] 명령 단추를 클릭합니다.

❷ '누적 세로 막대형'을 선택한 후 〈확인〉을 클릭합니다.

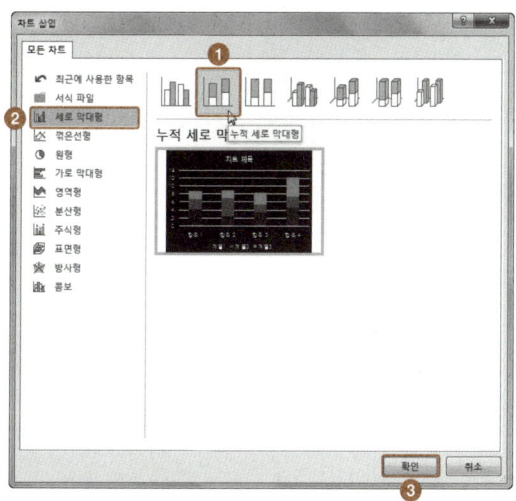

17. 차트 스타일을 '스타일 10'으로 설정하시오.

❶ 차트를 선택한 후 [차트 도구]-[디자인] 탭-[차트 스타일] 그룹에 있는 '자세히' 단추를 클릭합니다.

❷ '스타일 10'을 선택합니다.

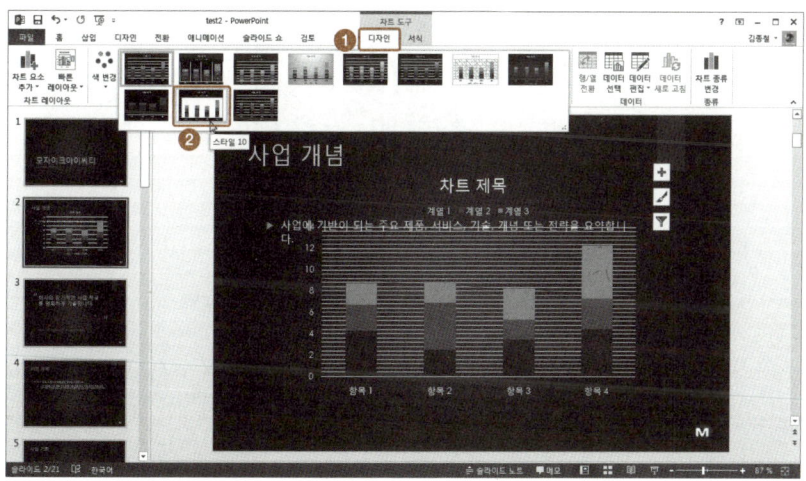

18. 9번 슬라이드를 숨기시오.

❶ 9번 슬라이드를 선택한 후 [슬라이드 쇼] 탭-[설정] 그룹-[슬라이드 숨기기] 명령 단추를 클릭합니다.

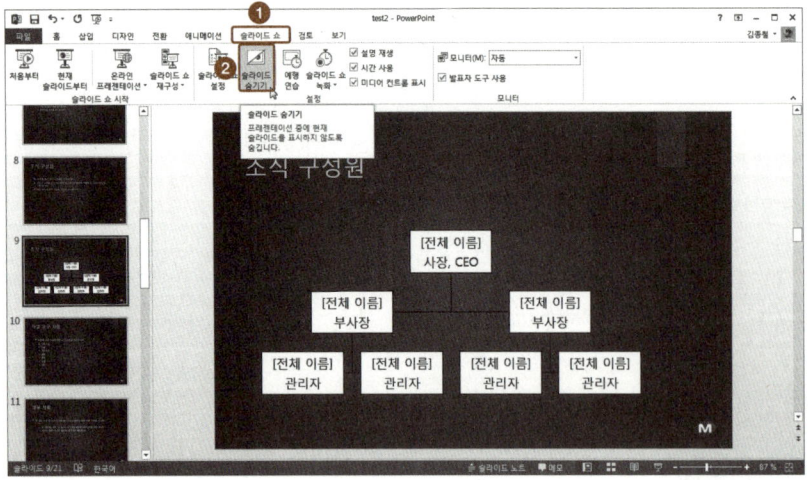

❷ 슬라이드가 숨기기 됩니다.

19. 21번 슬라이드의 그림에 '확대/축소' 나타내기 애니메이션을 설정하시오.

❶ 21번 슬라이드에서 그림을 선택한 후 [애니메이션] 탭-[애니메이션] 그룹-'자세히' 단추를 클릭합니다.

❷ '나타내기' 항목에서 '확대/축소'를 선택합니다.

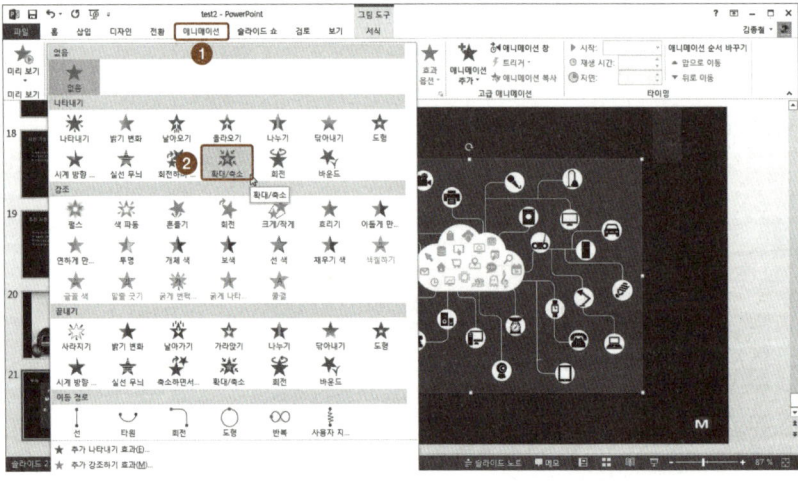

20. 21번 슬라이드에서 그림에 설정된 애니메이션의 지연 시간을 '00:30'으로 설정하시오.

❶ 21번 슬라이드의 그림을 선택한 후 [애니메이션] 탭-[타이밍] 그룹에서 '지연 : 00:30'으로 설정합니다.

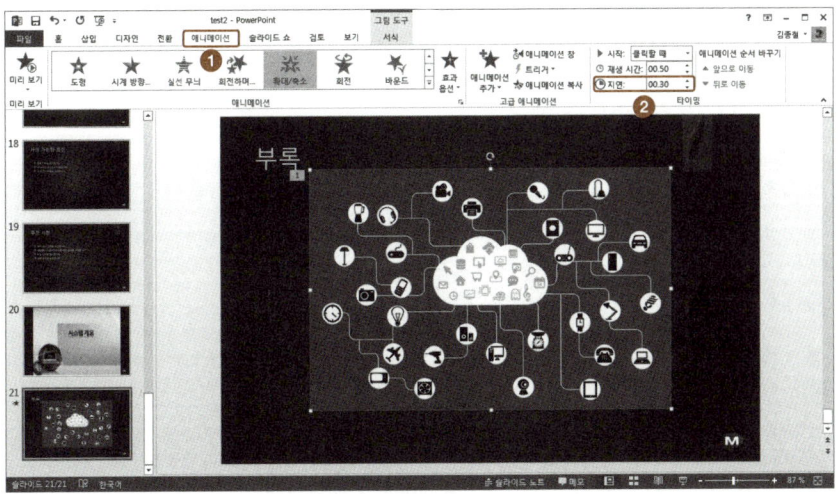

21. 3번 슬라이드의 텍스트 개체(회사의...)를 가운데 맞춤으로 설정하시오.

❶ 3번 슬라이드의 텍스트 개체(회사의...)를 선택합니다.

❷ [홈] 탭-[단락] 그룹-[가운데 맞춤] 명령 단추를 클릭합니다.

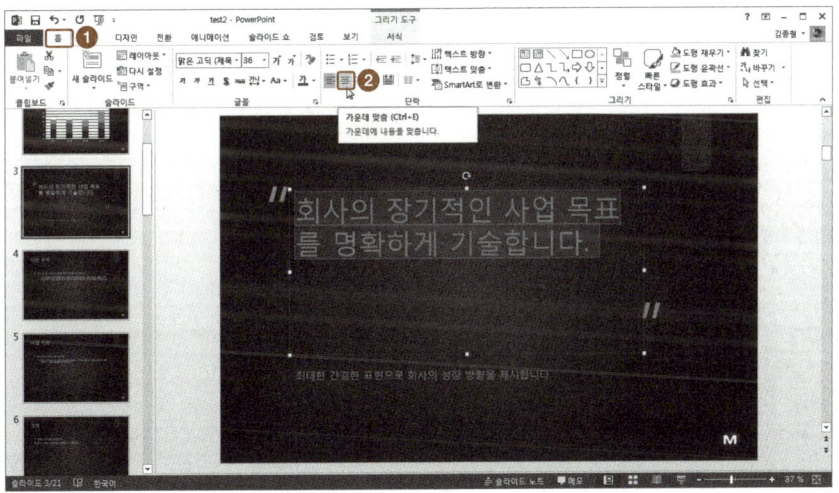

22. 15번 슬라이드를 제외한 모든 슬라이드에 '큐브' 화면 전환 효과를 설정하시오.

❶ 15번 슬라이드를 선택한 후 Crtl +A 를 눌러 슬라이드를 모두 선택합니다.
❷ Crtl 을 누르면서 15번 슬라이드를 클릭합니다.
❸ [전환] 탭-[슬라이드 화면 전환] 그룹-'자세히' 단추를 클릭합니다.
❹ '큐브'를 선택합니다.

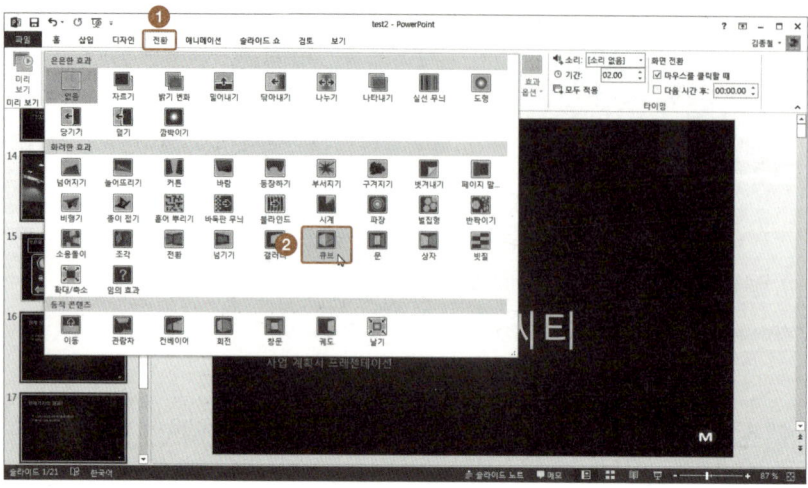

23. 20번 슬라이드부터 새로운 구역이 되도록 설정하시오(구역 이름은 '시스템개요'로 할 것)

❶ 20번 슬라이드를 선택한 후 [홈] 탭-[슬라이드] 그룹-[구역] 명령 단추를 클릭합니다.
❷ '구역 추가'를 선택합니다.

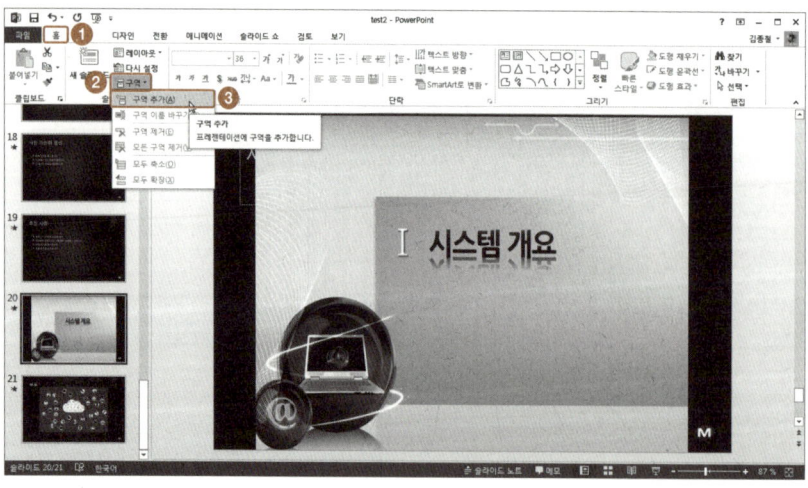

❸ [홈] 탭-[슬라이드] 그룹-[구역] 명령 단추를 클릭한 후 '구역 이름 바꾸기'를 선택합니다.
❹ '시스템개요'를 입력한 후 〈이름 바꾸기〉를 클릭합니다.

24. 슬라이드 쇼를 진행할 때 설정된 애니메이션이 나타나지 않도록 설정하시오.

❶ [슬라이드 쇼] 탭-[설정] 그룹-[슬라이드 쇼 설정] 명령 단추를 클릭합니다.

❷ [쇼 설정] 대화 상자가 열리면 '표시 옵션' 항목에서 '애니메이션 없이 보기'에 체크 표시한 후 〈확인〉을 클릭합니다.

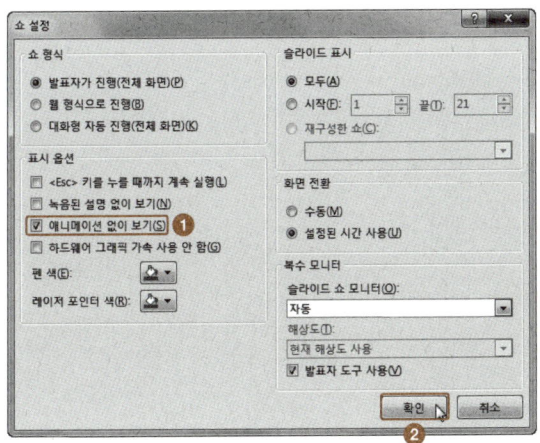

25. 프레젠테이션 속성(주제)에 '모자이크'를 추가하시오.

❶ [파일] 탭을 클릭합니다.

❷ [정보]-[모든 속성 표시]를 클릭합니다.

❸ '주제' 항목에서 '주제 지정'을 클릭합니다.

❹ '모자이크'를 추가합니다.

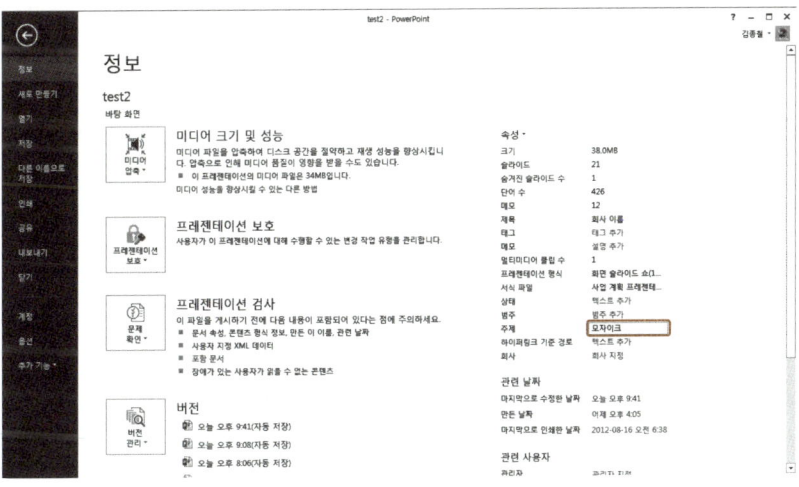

26. 프레젠테이션을 검사한 후 '문서 속성 및 개인 정보'를 모두 삭제하시오.

❶ [파일] 탭-[정보]-[문제 확인]-[문서 검사] 명령 단추를 클릭합니다.
❷ 파일을 저장하는 화면이 나타나면 〈예〉를 클릭합니다.
❸ '슬라이드 외부 내용'을 체크 표시한 후 〈검사〉를 클릭합니다.
❹ '문서 속성 및 개인 정보'에서 〈모두 제거〉를 클릭합니다.

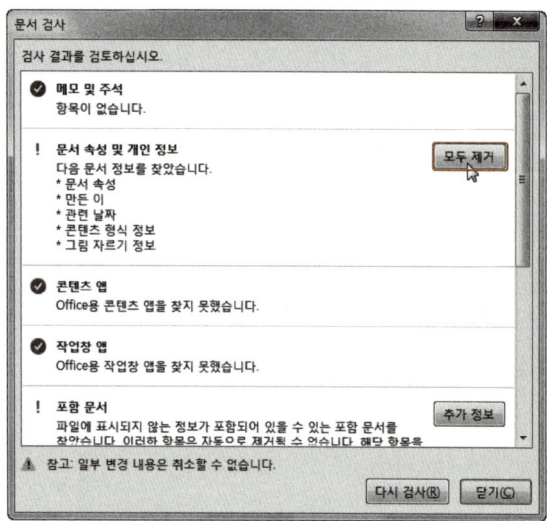

❺ 〈닫기〉를 클릭합니다.

27. 프레젠테이션을 고품질로 인쇄되도록 설정하시오.

❶ [파일] 탭을 클릭한 후 [인쇄]를 클릭합니다.
❷ '전체 페이지 슬라이드'를 클릭한 후 '고품질'을 선택합니다.

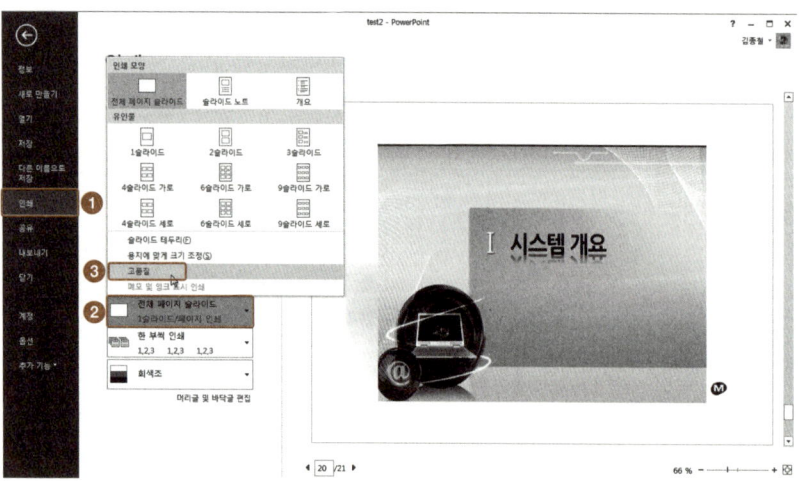

28. 글꼴이 포함되도록 설정한 후 프레젠테이션을 저장하시오.

❶ [파일] 탭을 클릭합니다.

❷ [옵션]을 클릭합니다.

❸ '저장'에서 '파일의 글꼴 포함'을 체크 표시한 후 〈확인〉을 클릭합니다.

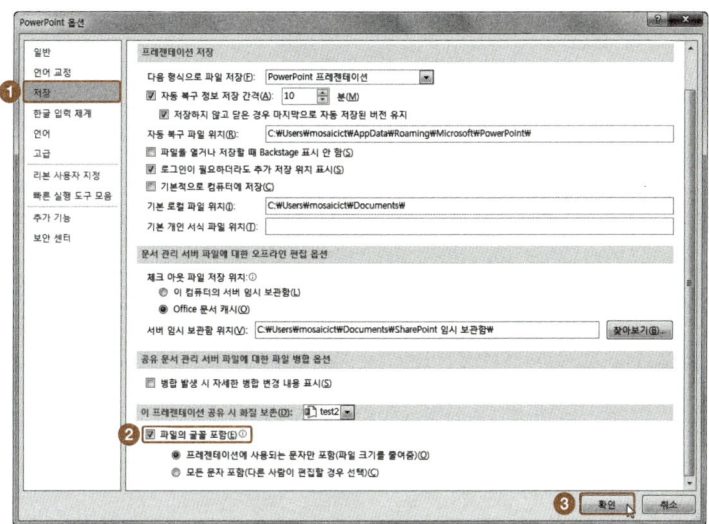

❹ '빠른 실행 도구 모음'의 '저장'을 클릭합니다.

03회 기출유형 모의고사

◉ 예제 : test3.pptx   ◉ 결과 : test3(완성).pptx

1. 슬라이드의 크기를 'A4 용지(210×297mm)'로 설정하시오(콘텐츠 크기를 '최대화' 할 것).

❶ [디자인] 탭–[사용자 지정] 그룹–[슬라이드 크기] 명령 단추를 클릭한 후 '사용자 지정 슬라이드 크기'를 선택합니다.

❷ [슬라이드 크기] 대화 상자가 열리면 '슬라이드 크기' 항목의 목록 단추를 클릭한 후 'A4 용지(210×297mm)'를 선택한 후 〈확인〉을 클릭합니다.

❸ 〈최대화〉를 클릭합니다.

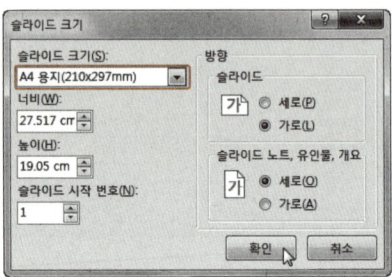

2. 슬라이드 마스터를 이용하여 '분홍 꽃 비단 무늬 슬라이드 마스터'의 글머리 기호 목록을 '대조표 글머리 기호'로 설정하시오.

❶ [보기] 탭–[프레젠테이션 보기] 그룹 –[슬라이드 마스터] 명령 단추를 클릭합니다.

❷ 슬라이드 마스터 화면으로 전환되면 '분홍 꽃 비단 무늬 슬라이드 마스터'를 선택한 후 '글머리 기호' 개체 틀의 내용을 드래그해서 선택합니다.

❸ [홈] 탭–[단락] 그룹의 '글머리 기호'의 목록 단추를 클릭한 후 '대조표 글머리 기호'를 선택합니다.

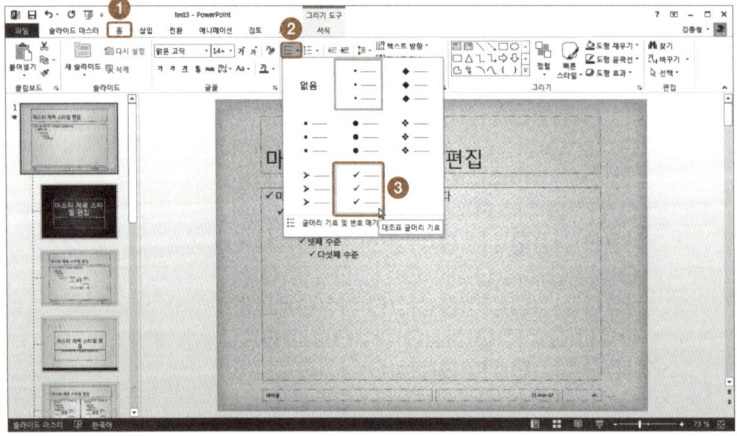

❹ 기본 보기 화면으로 전환하기 위해 [슬라이드 마스터] 탭-[닫기] 그룹-[마스터 보기 닫기] 명령 단추를 클릭합니다.

3. 8번 슬라이드의 오른쪽 개체 틀에 그림 파일(IoT)을 삽입하시오.

❶ 8번 슬라이드의 오른쪽 개체 틀에서 '그림'을 클릭합니다.

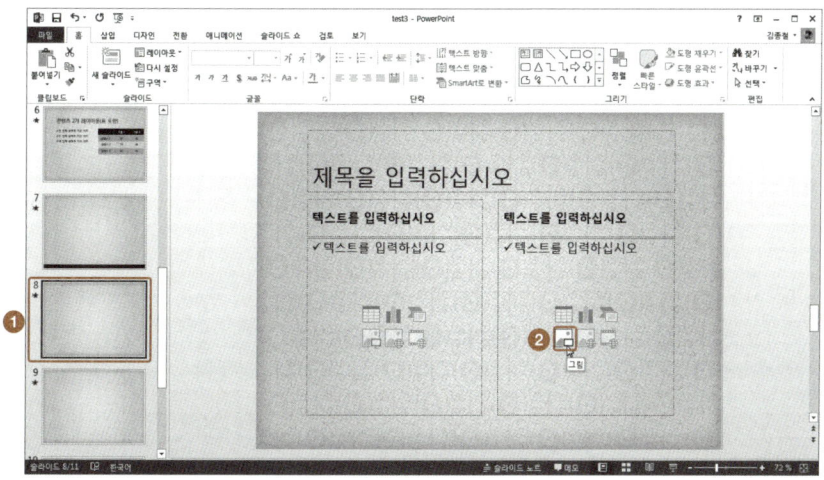

❷ 그림 파일(C:₩MOS2013₩POWERPOINT₩IoT)을 선택한 후 〈삽입〉을 클릭합니다.

4. 그림에 네온 효과를 '빨강, 8 pt 네온, 강조색 3'으로 설정하시오.

❶ 그림을 선택한 후 [그림 도구]-[서식] 탭-[그림 스타일] 그룹-[그림 효과] 명령 단추를 클릭합니다.

❷ '네온'-'빨강, 8 pt 네온, 강조색 3'을 선택합니다.

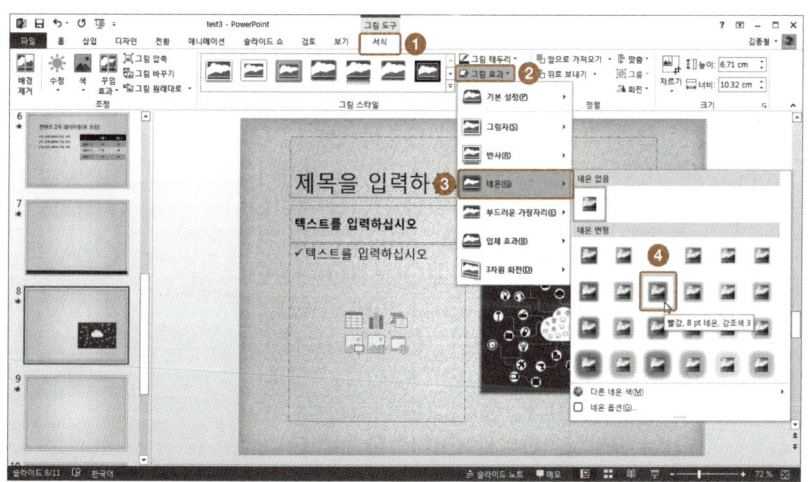

5. 7번 슬라이드의 레이아웃을 '빈 화면'으로 변경하시오.

❶ 7번 슬라이드를 선택한 후 [홈] 탭-[슬라이드] 그룹-[레이아웃] 명령 단추를 클릭합니다.

❷ '빈 화면'을 선택합니다.

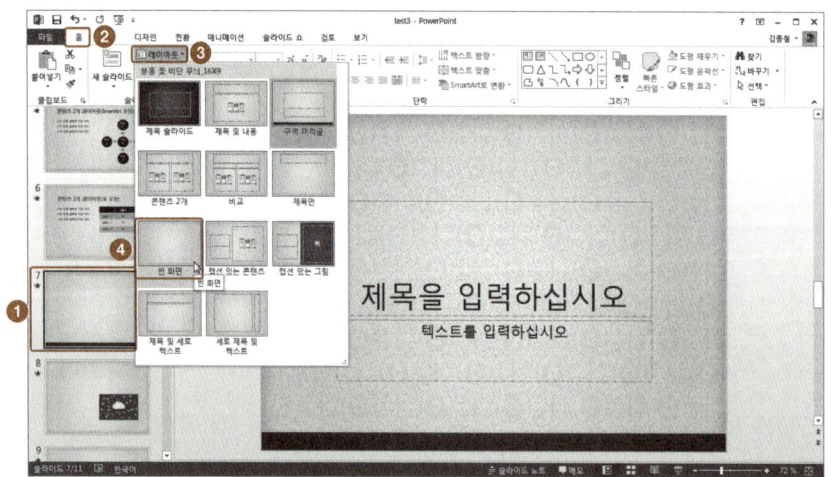

6. '슬라이드 노트 보기'를 이용하여 8번 슬라이드에 슬라이드 노트(IoT Map)를 추가하시오.

❶ 8번 슬라이드를 선택한 후 [보기] 탭-[프레젠테이션 보기] 그룹-[슬라이드 노트] 명령 단추를 클릭합니다.

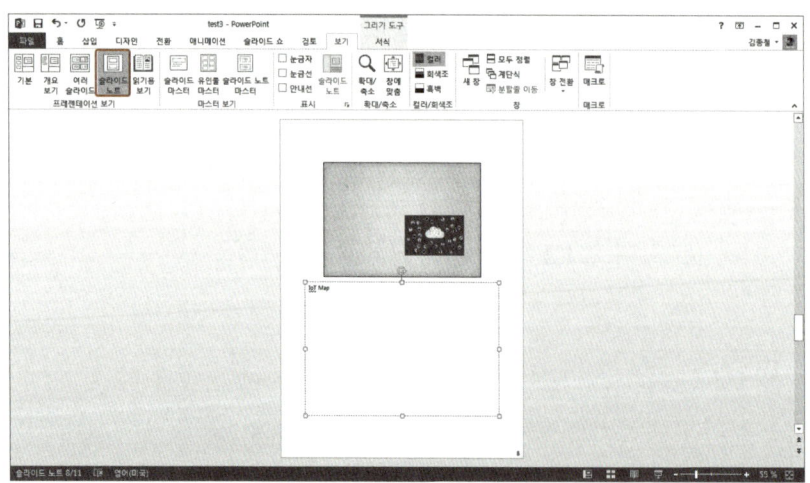

❷ 'IoT Map'을 입력합니다.

7. 2번 슬라이드의 글머리 기호를 번호 매기기(①, ②, ③ …)로 변경하시오.

❶ 2번 슬라이드의 내용 텍스트를 선택한 후 [홈] 탭-[단락] 그룹-[번호 매기기]의 목록 단추를 클릭합니다.

❷ '①, ②, ③'을 선택합니다.

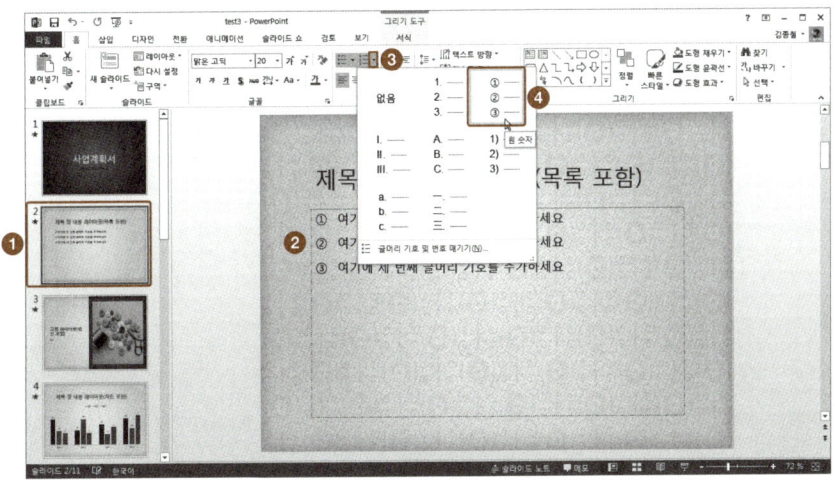

8. 6번 슬라이드에 있는 표의 스타일을 '보통 스타일 1 – 강조 3'으로 설정하시오.

❶ 6번 슬라이드의 표를 선택한 후 표 스타일 [표 도구]-[디자인] 탭-[표 스타일] 그룹에 있는 '자세히' 단추를 클릭합니다.

❷ 스타일 목록에서 '보통 스타일 1 – 강조 3'을 선택합니다.

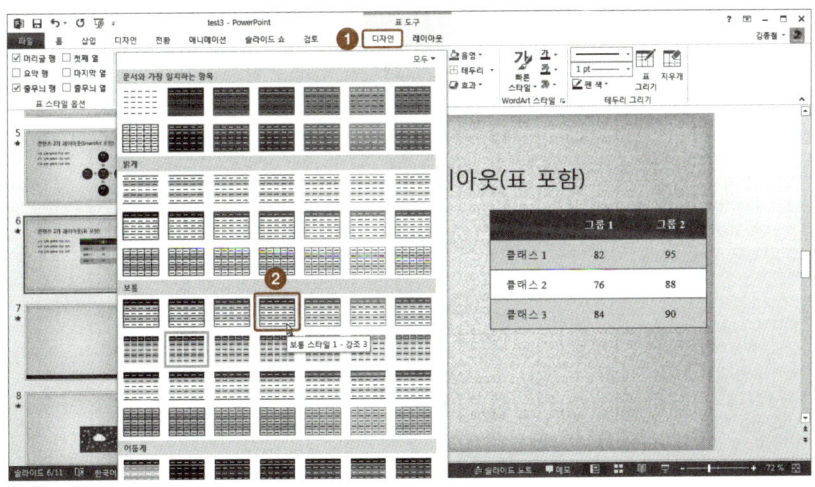

9. 5번 슬라이드의 SmartArt의 스타일을 '경사'로 설정하시오.

❶ 5번 슬라이드의 SmartArt를 선택합니다.

❷ [SmartArt 도구]-[디자인] 탭-[SmartArt 스타일] 그룹-'자세히' 단추를 클릭합니다.

❸ '경사'를 선택합니다.

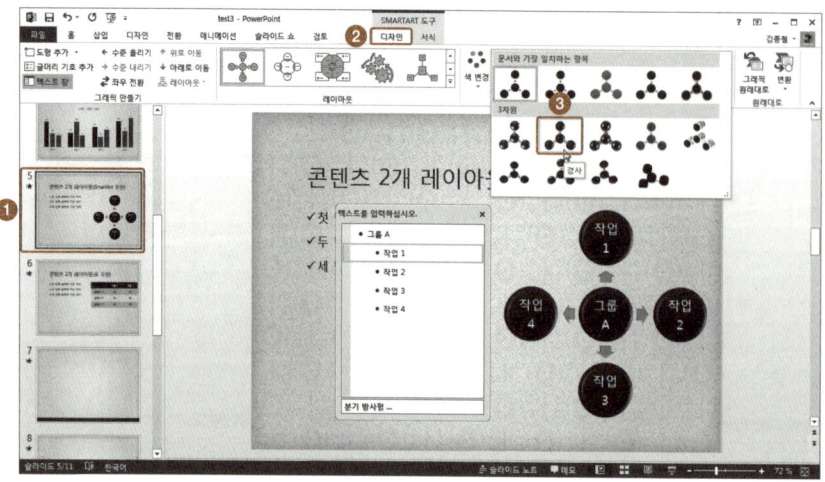

10. SmartArt의 좌우를 전환하시오.

❶ SmartArt를 선택합니다.

❷ [SmartArt 도구]-[디자인] 탭-[그래픽 만들기] 그룹-[좌우 전환] 명령 단추를 클릭합니다.

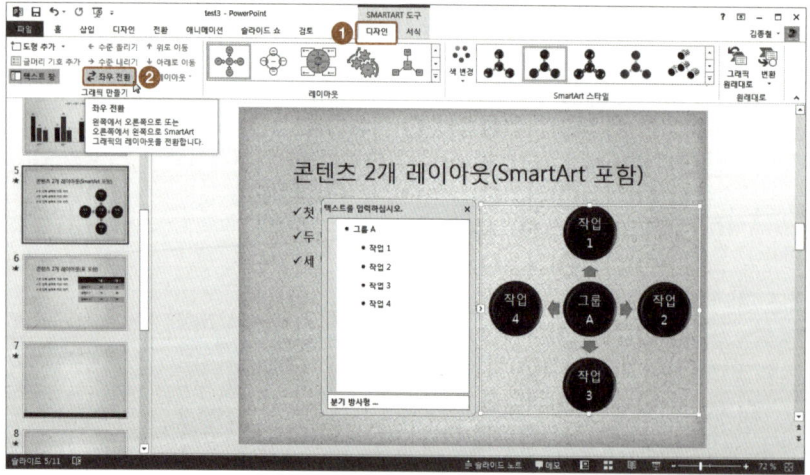

11. **3번 슬라이드의 그림에 메모(실무형 그림 삽입할 것)를 삽입하시오.**

　❶ 3번 슬라이드의 그림을 선택한 후 [검토] 탭-[메모] 그룹-[새 메모] 명령 단추를 클릭합니다.

　❷ '실무형 그림 삽입할 것'을 입력합니다.

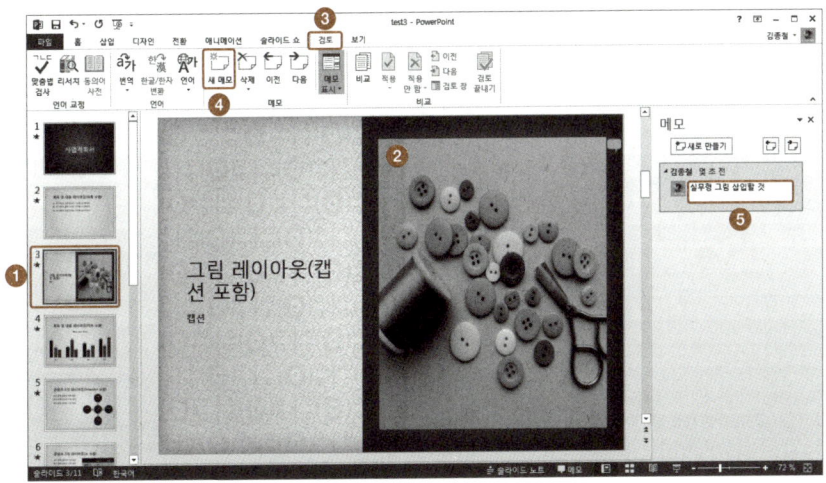

12. **2번 슬라이드 제목 텍스트 개체의 채우기 색을 '진한 보라, 강조 1, 80% 더 밝게'로 설정하시오.**

　❶ 2번 슬라이드의 제목 텍스트 개체를 선택한 후 [그리기 도구]-[서식] 탭-[도형 스타일] 그룹-[도형 채우기] 명령 단추를 클릭합니다.

　❷ '진한 보라, 강조 1, 80% 더 밝게'를 선택합니다.

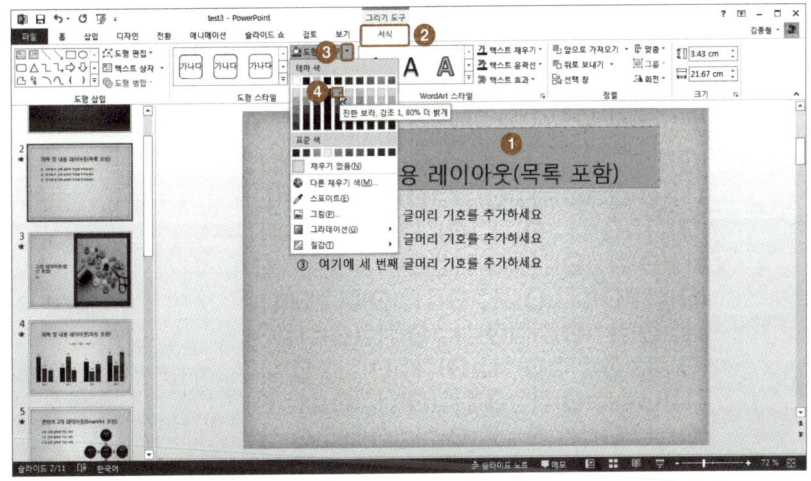

13. 10번 슬라이드에 동영상(드론)을 삽입하시오.

❶ 10번 슬라이드에서 [삽입] 탭-[미디어] 그룹-[비디오] 명령 단추를 클릭합니다.

❷ '내 PC의 비디오'를 선택합니다.

❸ 'C:₩MOS2013₩POWERPOINT₩드론'을 선택한 후 〈삽입〉을 클릭합니다.

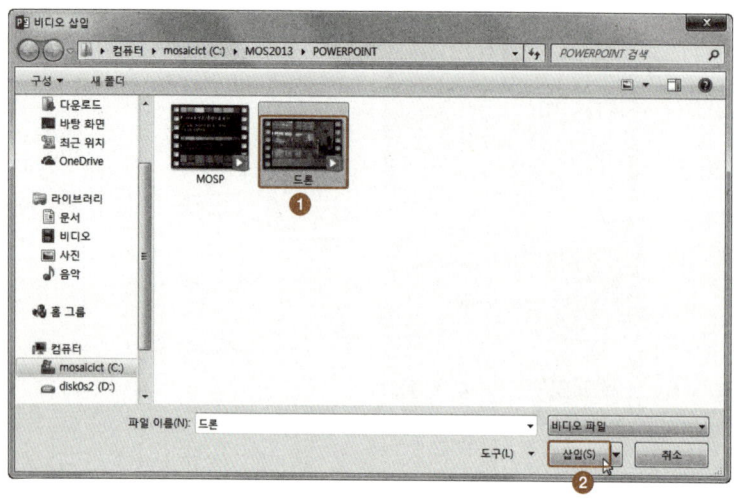

14. 10번 슬라이드에서 동영상(드론)의 크기를 '높이 : 10 cm, 너비 : 22 cm'로 변경하시오.

❶ 10번 슬라이드의 동영상(드론) 위에서 마우스 오른쪽 단추를 클릭한 후 '크기 및 위치'를 선택합니다.

❷ '가로 세로 비율 고정'의 체크 표시를 해제합니다.

❸ '높이 : 10 cm, 너비 : 22 cm'로 변경합니다.

15. 삽입한 동영상(드론)의 볼륨을 '낮음'으로 설정하시오.

❶ 동영상(드론)을 선택합니다.

❷ [비디오 도구]-[재생] 탭-[비디오 옵션] 그룹-[볼륨] 명령 단추를 클릭합니다.

❸ '낮음'을 선택합니다.

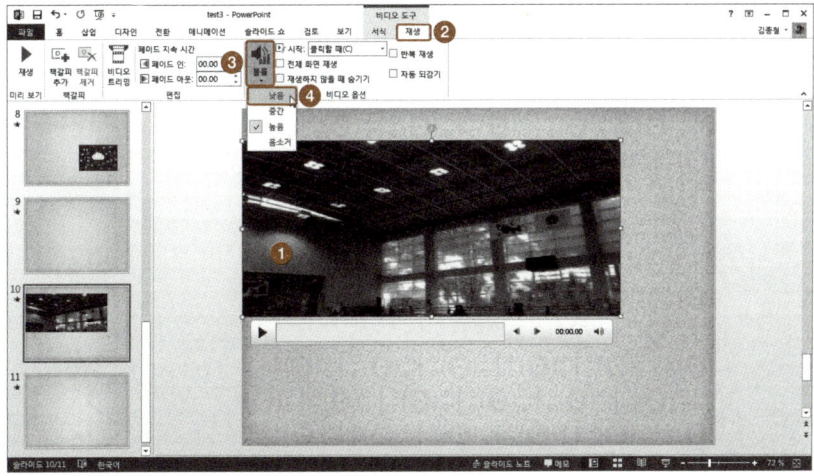

16. 4번 슬라이드에서 새로운 계열(계열 4)을 추가하시오(데이터 값은 '3,3,3,5'로 입력할 것).

❶ 차트를 선택한 후 [차트 도구]-[디자인] 탭-[데이터] 그룹-[데이터 편집] 명령 단추를 클릭합니다.

❷ '데이터 편집'을 선택합니다.

❸ '계열 4: 3, 3, 3, 5'를 입력합니다.

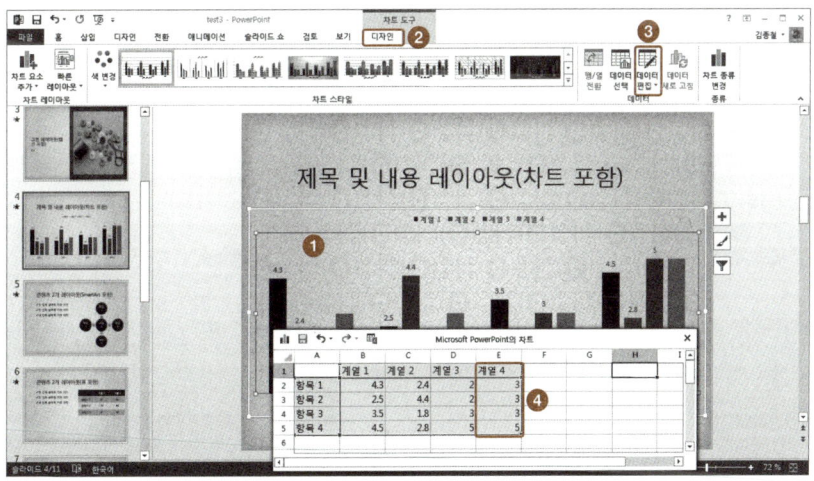

❹ 데이터 편집창을 닫습니다.

17. 차트의 데이터 행과 열을 전환하시오.

❶ 차트를 선택한 후 [차트 도구]-[디자인] 탭-[데이터] 그룹-[데이터 선택] 명령 단추를 클릭합니다.

❷ 〈행/열 전환〉을 클릭한 후 〈확인〉을 클릭합니다.

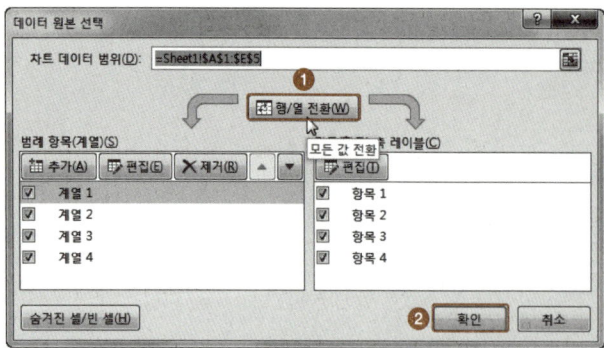

❸ 데이터 편집창을 닫습니다.

18. 7번 슬라이드를 숨기시오.

❶ 7번 슬라이드를 선택한 후 [슬라이드 쇼] 탭-[설정] 그룹-[슬라이드 숨기기] 명령 단추를 클릭합니다.

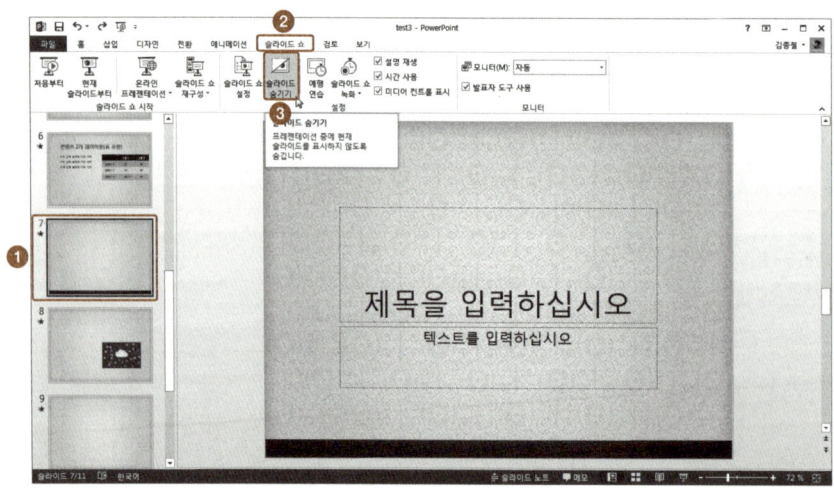

❷ 슬라이드가 숨기기 됩니다.

19. 10번 슬라이드를 8번 슬라이드 앞으로 이동하시오.

❶ 10번 슬라이드를 드래그해서 8번 슬라이드 앞에 놓습니다.

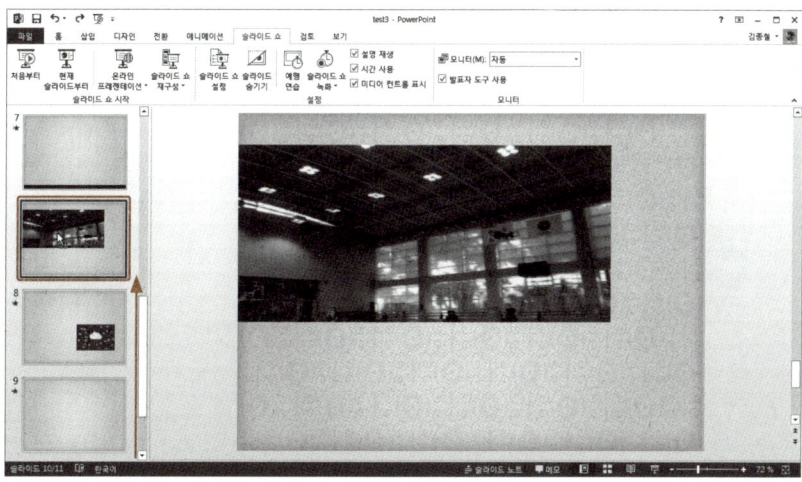

❷ 10번 슬라이드가 8번 슬라이드 앞으로 이동됩니다.

20. 8번 슬라이드의 동영상에 '날아오기' 애니메이션을 설정하시오.

❶ 8번 슬라이드에서 동영상을 선택한 후 [애니메이션] 탭-[애니메이션] 그룹-'자세히' 단추를 클릭합니다.
❷ '날아오기'를 선택합니다.

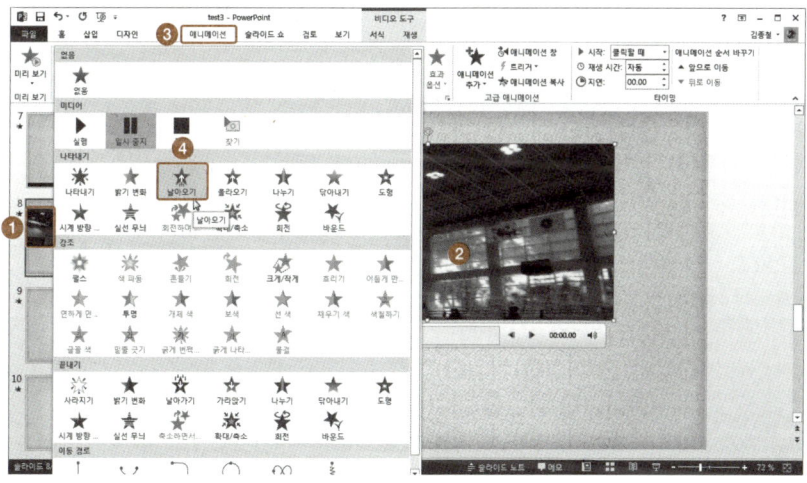

21. 8번 슬라이드에서 동영상에 설정된 애니메이션의 지연 시간을 '00:25'로 설정하시오.

❶ 8번 슬라이드의 동영상을 선택한 후 [애니메이션] 탭–[타이밍] 그룹에서 '지연 : 00:25'로 설정합니다.

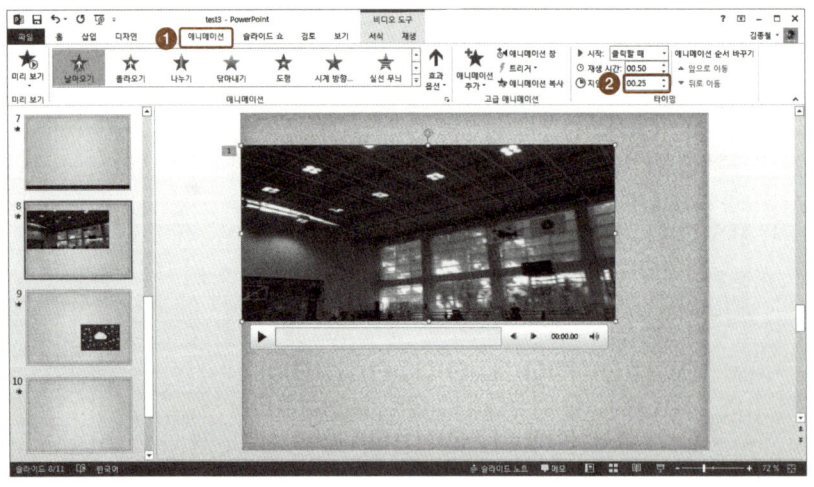

22. 3번 슬라이드의 텍스트(제목) 개체의 자동 맞춤을 해제하시오.

❶ 3번 슬라이드의 텍스트(제목) 개체 위에서 마우스 오른쪽 단추를 클릭한 후 '도형 서식'을 선택합니다.

❷ '크기 및 속성'을 클릭합니다.

❸ '자동 맞춤 안 함'을 클릭합니다.

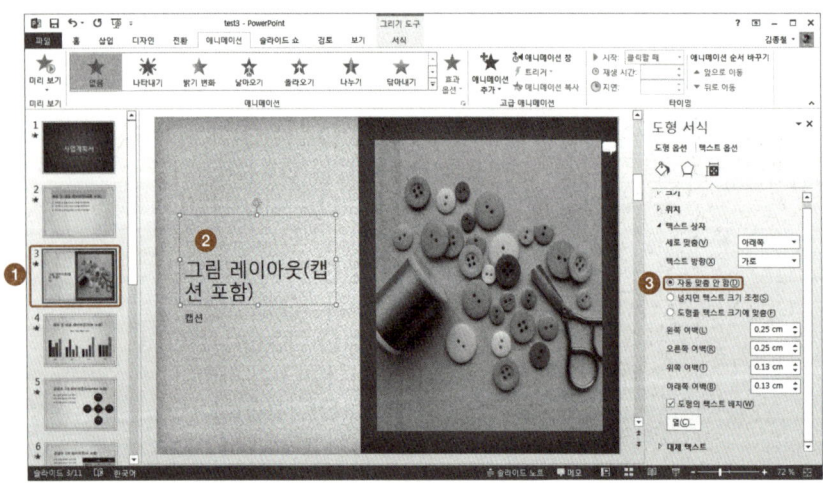

23. 1번 슬라이드는 '바람', 나머지 슬라이드는 '갤러리' 화면 전환 효과를 설정하시오.

❶ 2번 슬라이드를 클릭합니다.

❷ Shift 를 누르면서 11번 슬라이드를 클릭합니다.

❸ [전환] 탭–[슬라이드 화면 전환] 그룹–'자세히' 단추를 클릭합니다.

❹ '갤러리'를 선택합니다.

❺ 1번 슬라이드를 클릭합니다.

❻ [전환] 탭-[슬라이드 화면 전환] 그룹-'자세히' 단추를 클릭합니다.

❼ '바람'을 선택합니다.

24. 다음과 같이 슬라이드 쇼를 재구성 하시오.

쇼 이름	슬라이드
10분	2~5

❶ [슬라이드 쇼] 탭-[슬라이드 쇼 시작] 그룹-[슬라이드 쇼 재구성] 명령 단추를 클릭한 후 '쇼 재구성'을 선택합니다.

❷ [쇼 재구성] 대화 상자가 열리면 〈새로 만들기〉를 클릭합니다.

❸ [쇼 재구성 하기] 대화 상자가 열리면 '슬라이드 쇼 이름 : 10분'을 입력한 후 2~5번 슬라이드를 선택하고 〈추가〉를 클릭합니다.

❹ 재구성 할 슬라이드를 추가했으면 〈확인〉을 클릭합니다.

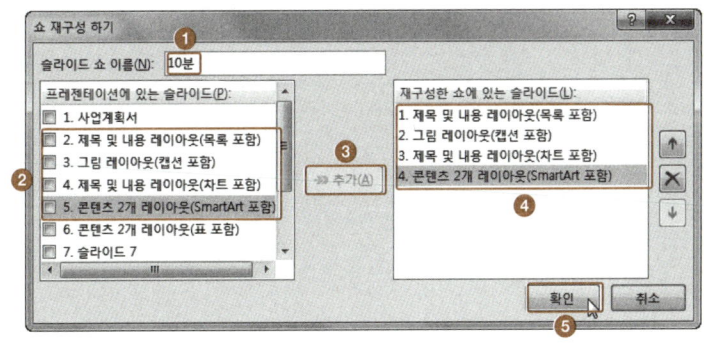

❺ [쇼 재구성] 대화 상자로 되돌아오면 〈닫기〉를 클릭합니다.

25. 재구성한 '10분' 사용자 지정 쇼에서 '콘텐츠 2개 레이아웃(SmartArt 포함)'을 맨 위로 이동하시오.

❶ [슬라이드 쇼] 탭-[슬라이드 쇼 시작] 그룹-[슬라이드 쇼 재구성] 명령 단추를 클릭한 후 '쇼 재구성'을 선택합니다.

❷ 〈편집〉을 클릭합니다.

❸ '콘텐츠 2개 레이아웃(SmartArt 포함)'을 선택하고 〈위로〉를 클릭합니다.

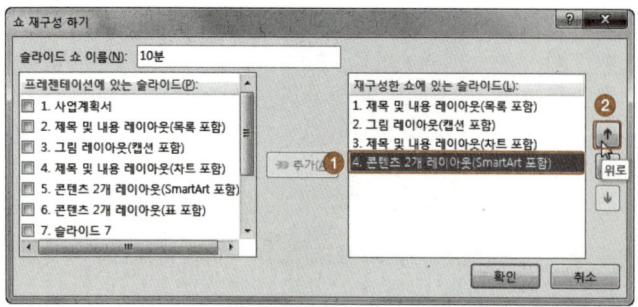

❹ 두 번 더 〈위로〉를 클릭합니다.

❺ 〈확인〉을 클릭합니다.

❻ 〈닫기〉를 클릭합니다.

26. 프레젠테이션 속성(키워드)에 '모자이크'를 추가하시오.

❶ [파일] 탭을 클릭합니다.

❷ [정보]-[속성]을 클릭합니다.

❸ '고급 속성'을 클릭합니다.

❹ '키워드 : 모자이크'를 입력한 후 〈확인〉을 클릭합니다.

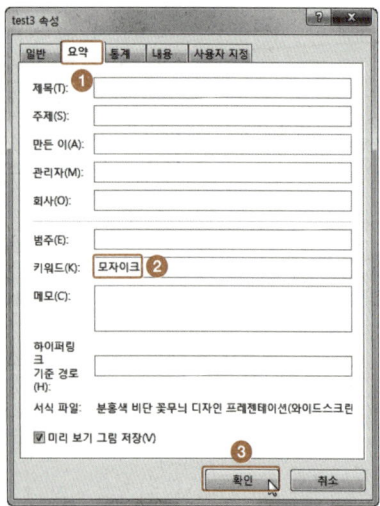

27. 프레젠테이션을 검사한 후 '메모 및 주석'을 모두 삭제하시오.

❶ [파일] 탭-[정보]-[문제 확인]-[문서 검사] 명령 단추를 클릭합니다.
❷ 파일을 저장하는 화면이 나타나면 〈예〉를 클릭합니다.
❸ 〈검사〉를 클릭합니다.
❹ '메모 및 주석'에서 〈모두 제거〉를 클릭합니다.

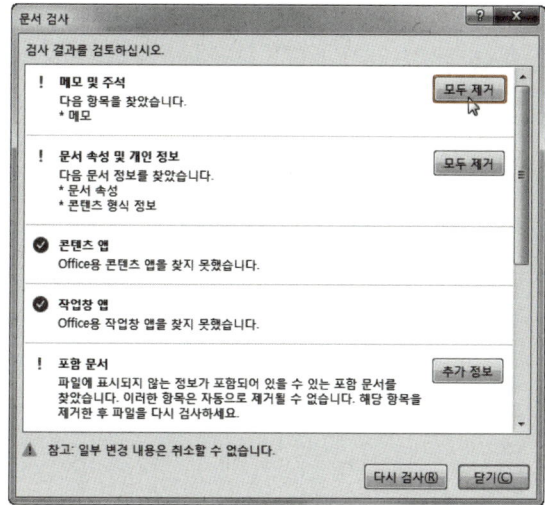

❺ 〈닫기〉를 클릭합니다.

28. 프레젠테이션을 흑백으로 인쇄되도록 설정하시오.

❶ [파일] 탭을 클릭한 후 [인쇄]를 클릭합니다.
❷ '회색조'를 클릭한 후 '흑백'을 선택합니다.

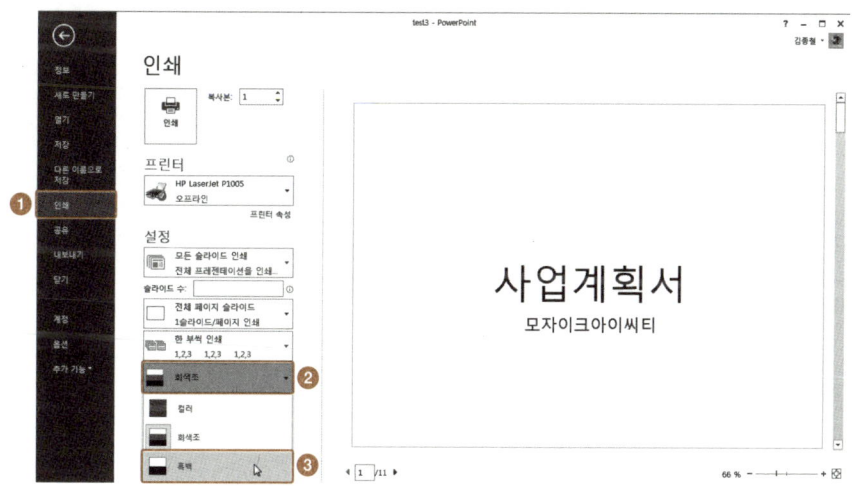

저자 김종철(kjc006@nate.com)

- 현 (주)모자이크아이씨티 CEO
- 전 삼육의명대학 컴퓨터정보과 겸임교수
- 2005년도 평생교육강사대상 수상(한국평생교육강사연합회)
- 한국표준협회 / 삼성에듀 튜터
- MOS Master / ICDL Certificate / ICDL Korea 공인강사
- EBS ICDL / 11번가 쇼핑몰 창업 강의

주요저서
- MOS 2000/2002/2003(18권) 집필(길벗 시나공)
- CDL 2003/2010 Word, Excel, PPT, Access 집필(길벗 시나공)

MOS 파워포인트 2013 Core

2017. 4. 10. 1판 1쇄 인쇄
2017. 4. 17. 1판 1쇄 발행

저자와의 협의하에 검인생략

지은이 | 김종철
펴낸이 | 이종춘
펴낸곳 | BM 주식회사 성안당

주소 | 04032 서울시 마포구 양화로 127 첨단빌딩 5층(출판기획 R&D 센터)
10881 경기도 파주시 문발로 112 출판문화정보산업단지(제작 및 물류)
전화 | 02) 3142-0036
031) 950-6300
팩스 | 031) 955-0510
등록 | 1973. 2. 1. 제406-2005-000046호
출판사 홈페이지 | www.cyber.co.kr
ISBN | 978-89-315-5448-9 (13000)
정가 | 15,000원

이 책을 만든 사람들

기획 | 최옥현
진행 | 최창동
교정·교열 | 인투
전산편집 | 인투
표지 디자인 | 박현정
홍보 | 박연주
국제부 | 이선민, 조혜란, 고운채, 김해영, 김필호
마케팅 | 구본철, 차정욱, 나진호, 이동후, 강호묵
제작 | 김유석

www.cyber.co.kr
성안당 Web 사이트

이 책의 어느 부분도 저작권자나 BM 주식회사 성안당 발행인의 승인 문서 없이 일부 또는 전부를 사진 복사나 디스크 복사 및 기타 정보 재생 시스템을 비롯하여 현재 알려지거나 향후 발명될 어떤 전기적, 기계적 또는 다른 수단을 통해 복사하거나 재생하거나 이용할 수 없음.

※ 잘못된 책은 바꾸어 드립니다.